那些角儿

THOSE PROTAGONISTS

一个"外行"眼中的梨园

白燕升 著

张火丁 莫言 裴艳玲 郭宝昌 计镇华 马兰 陈智林 王君安 吴江 谢涛 张克 韩再芬
孟广禄 李胜素 时白林 金芝 常香玉 胡炳旭 吴琼 于魁智 徐玉兰 王文娟 周东亮 王冠丽
梁伟平 李桂英 赵志刚 史依弘 黄新德 张建敏 李小锋 张宁 王蓉蓉 杜鹏 王惠 杨赤
吴凤花 张建国 杨俊 丁凡 沈铁梅 尚长荣 马金凤 黄宗江

目录 CATALOGUE

生命与职业的"人戏不分"	——谢青桐	004
众里寻他千百度	——赵忠祥	006
序	——余秋雨	008
热衷"包养"是一种耻辱	——自　序	010

张火丁：嫁给了舞台	016
莫　言：我要写戏	022
裴艳玲：把男人演透了	028
郭宝昌：不懂美学　别糟蹋国粹	036
计镇华：演戏的大王	040
马　兰：情归何处	048
陈智林：没有艺术家，只有艺术品	058
王君安："宝玉"归来"芳华"依旧	064
吴　江：行者无疆	074
谢　涛：表演不"留缝"	080
张　克：章子怡的京剧老师	086
韩再芬：徽州女人	092
孟广禄："哗众取宠"	100
李胜素：不爱侠女爱青衣	104
时白林　金　芝：往事并不如烟	112
常香玉：谁说女子不如男	118
胡炳旭：京剧交响第一人的情与爱	120
吴　琼：追赶什么	126
于魁智：想当兵	132

徐玉兰 王文娟：红楼一梦五十载	138
周东亮：小戏大做	144
王冠丽：评剧情 大鼓缘	150
梁伟平：淮剧岂能在上海消失	156
李桂英：锡剧不是小剧种	164
赵志刚：越剧王子的皇帝梦	172
史依弘：依然弘扬京剧	178
黄新德：不要把肉麻当有趣	184
张建敏："断桥"情难断	190
李小锋 张 宁：秦腔是中国最古老的摇滚	196
王蓉蓉 杜 鹏：戏为媒	202
王 惠：中州铿锵第一人	208
杨 赤：叱咤山海间	212
吴凤花：越剧霸王	218
张建国：打开了另一扇门	224
杨 俊：天仙配未了情	230
丁 凡：看戏买票才光荣	236
沈铁梅：麻辣诱惑	242
尚长荣：永远不称派	248
马金凤：愿为奥运再挂帅	256
黄宗江：戏痴的三层初恋	262

感恩"对话"	——后记	270
戏里不知身是客	十年砍柴	282

生命与职业的"人戏不分"

谢青桐

在"5·12"汶川地震一周年之际，2009年5月23日上午，白燕升在北京西单图书大厦举行新书《冷门里，有戏》和演唱专辑《燕歌行》签售活动。那天正好周末，他花了100分钟连签600本，直到把书店存书全部签完，并通过中国红十字会捐赠十万元给灾区下肢残疾的孩子。签售完毕，他陪女儿到国家大剧院看了一部以色列儿童剧《魔·幻》。白燕升就是这样度过了他40岁的生日。

从事电视主持人行业，做新闻节目过耗心力，做娱乐节目流于浮浅，时间做久了，都会焦虑，抑或迷失。而做戏曲不一样，天长日久沉迷其中，越发能感觉到戏曲中举手投足的精致、婉转与美丽，台上花谢花落的布景，忠奸善恶的较量，宕荡起伏的人生，风起云涌的世事。于是，心就能越发地沉静下来，细细品味，什么是颔首沉吟，什么是面若桃花，什么是倚栏长叹，什么是惊鸿一瞥。

但另一方面，与新闻、娱乐等收视群体广泛的电视节目相比，戏曲算是一个费力不讨好的节目门类，但白燕升选择了它，却有了一个幸运的开始。你可以赞叹他智慧，也可以认定他狡猾。躲开了世事纷杂和红尘喧嚣，白燕升一头扎进了古旧而绮丽的梦，那不是逐利虚浮的梦，恰恰是淡泊空灵的梦，那个梦境里拒绝谎言和做秀，那个梦里崇尚唯美的生生死死和真实的爱恨情仇。作为一个职业电视主持人，远离时政财经、娱乐时尚的白燕升潇洒游走梨园史诗，获得了个体生命与职业生涯的"合二为一"，这就是白燕升的"人戏不分"。

生长于燕赵大地的白燕升，听着河北梆子的慷慨悲歌成长，《冷门里，有戏》书中，我们看到了他亲历的成长轨迹，理解了他是如何步入梨园的。这位懂戏、有书卷气的主持人，从小就喜爱家乡"河北梆子"的白燕升，从上世纪90年代中期就开始主持央视戏曲节目。14年来对戏曲的研究积累，让白燕升通晓了众多剧种，并且出了多张演唱专辑，所主持的大大小小的节目难计其数。

白燕升是沧州黄骅人，今春我刚好到沧州公务出差。头一回踏上沧州地界，大约因为有燕升这样一位朋友的缘故，那片土地让人倍感亲切。白燕升不断发短信，问有什么需要帮忙的，有什么需要安排的，我回短信调侃说："沧州是武术之乡，我想学武术，你能教吗？"燕升不答。告别沧州时，有感于那片土地的人文厚重，发短信由衷赞叹。燕升答："难得你如此钟情于这片贫瘠的土地"。自谦与纯朴之情溢于言辞。

白燕升以电视为媒，传播中国传统戏曲文化，传承绚烂的中华非物质文化遗产，他为这个传统文化颓落的时代创造、贡献着特有的价值。举手投足从容优雅，访谈说唱多才多艺，你看那《燕升访谈》，为中国戏曲、梨园艺人不经意地整理出一部部色彩斑斓的口述历史，无论采访对象是名家还是新辈，无论介绍哪个剧种，白燕升的电视叙事中充满人生的欢乐与激情，饱含深沉的沧桑与忧愁，每一档都在展示如梦如幻的审美意境和艺术人生。

十几年来，白燕升曾采访过的各剧种、各流派的大师、名家和新人数以千计，并与一些艺术家结下友情。他们的人生开阔如沧海，在与大师名家们职业性的访谈和私人化的交往中，白燕升的视野也变得越来越辽阔，越来越大气。他与常香玉同台演出，白燕升觉得常香玉大师给豫剧、给河南留下的最宝贵的财富不是常派唱腔，而是她对艺术的独到见解——创新。白燕升推崇的女武生裴艳玲代表作《钟馗》，这出戏里裴艳玲前半段唱小生，后半段演花脸，情绪力度层层翻迭出神入化。钟馗"变鬼回家探望小妹"的一段短短唱词，钟馗在妹妹门前徘徊，流连难舍。唱到情深处，裴艳玲眼泛泪光。白燕升读的书籍里比我们多了一种，他读艺人这一本本活书，每一位艺人也都是一部岁月的书卷，阅尽人生沧桑，睿智而厚重，我终于明白，这就是白燕升越发稳健儒雅，也越发明快大气的原由。他在戏里读懂人生，在梨园行中参透了事理，人戏不分，戏如人生。

他"不惑"的岁月里不止于梨园人事或事业江湖，还有宁静的栖居，生活的感恩，天伦的浓情，故人的回忆。他温和优雅地营造着生命的梦乡，戏里戏外表里如一，用爱经营着支撑着他的家，儒雅的外表下藏着刚毅，担当生活的苦楚，相守病妻，"牵手"女儿，化风雨为彩虹，享受人生的收获。

他最有资质主持戏曲节目，因为他本人就是专家型主持人，不仅说得到位，而且唱得有板有眼，有滋有味，既有含蓄深切、传递爱情的浅吟，又有明朗真挚、思乡恋旧的轻歌；既有堪称国粹艺术的京剧，又有南国的乡土黄梅。他的《风尘女画家海滩别》和《锁麟囊春秋亭》颇具专业水准。在某期的访谈节目中，当他和马兰珠联合璧地深情对唱《海滩别》时，我就在想，能把《海滩别》唱得这样如泣如诉、凄婉惆怅，"白燕升和马兰版本"绝对值得记忆和珍藏。

白燕升在"戏迷"和梨园专业人士心里有着无法替代的分量，由他主持的戏曲栏目不仅不土气，相反有着相当厚重的文化感。白燕升最大的贡献不仅限于通过电视形式来展现异彩纷呈的戏曲舞台，也不仅仅限于突出戏曲的观赏价值和审美价值。最重要的，他内心有担当着传播民族文化、振兴传统戏曲的理想，他一直在时尚洋气的"舞美"中将戏曲推广到年轻人面前，推广到"外行"中去，让戏曲走入他们的人生。用他自己的话说，"我相信戏曲的魅力。我所做的节目，更想为非戏迷观众走进戏曲大门搭建一座桥梁，这个过程很艰苦。我一直认为：凡是津津乐道于让内行看的文学艺术门类都将走向灭亡，凡是着眼于让外行看的，能让外行感兴趣的艺术门类一定翻身。历史上京剧、地方戏、小说、诗歌繁盛的时节，都是因为外行人对它感兴趣。"

青春版《牡丹亭》激活了中国昆曲，戏曲必须寻找到古老表现和时尚元素的节点，才能接近青年，接近大众，接近国际。作为一个"充满人文关怀"的主持人，这是白燕升的忧虑，也是他的努力。

2009年6月10日

(本文作者系新闻同行 澳大利亚访问学者)

众里寻他千百度

赵忠祥

媒体人出书不少。仅央视主持人近年出的书就能码一层书架，燕升书位列其中。主持人出的书使一部分观众转而为读者，让转瞬即逝的一期节目经过作者重新加工创造成丰富的积淀，形成可以反复阅读的人生阅历与参考，于是这种从荧屏走入书架的延伸很受青睐。

翻开大多访谈类书籍的目录，访谈嘉宾大体不外乎两类，一是影视明星；一是财经专家。这类书好卖，迎合了人们的两种口味——娱乐和获利，名人的生活和赚钱的捷径都会让人萌生兴趣。

燕升的访谈录在探讨什么呢？

显然，他的书不包含在那两类兴奋点之中，按他的话说，那是有——在冷门中。

我问燕升："冷门里能看什么？"

燕升说："看角儿，看戏吧……"

一直在小众视野里耕耘不辍的人令我感慨，因为他们从来都无法预料或并不期望是否有"一鸣惊人"的那天，但他们一直持之以恒地做着冷门里的这件事。人生贵在坚持，坚持者未必都能成功，但成功者一定就是那百折不挠，义无反顾坚持下来的人。他终久会看到别人早早驻足半途而废，未能涉猎的无边景色。

燕升在这本书中要把他看到的稀有的风景为我们一一展开，首先，还是要说，这真的是个小众的节集，您要耐心地看下去。

目录中的人名大多不是那么赫然入目，不是那么如雷贯耳，而燕升却用了一百多个日日夜夜，从采访过的数千位与戏有缘的台前幕后的从业者中，悉心挑选出44位"角儿"请入书中并呈现在您的面前，当然有它的道理。我相信，每个"角儿"都是各自领域的佼佼者，"虽非栋梁材，亦非寻常木"，没有杰克逊拥有的上亿粉丝之众，却也都拥有成千上万的追随者。

毋庸讳言，"台上振兴，台下冷清"是戏曲的现实。以京剧为例，上世纪二三十年代"京城到处店主东"的局面实难再现，那是文化样式太过单一；而上世纪六七十年代，八亿人学唱样板戏，极为特殊。总之，戏曲在过去相当长的岁月里，占有过大众视线，而且是相当大的一个方阵。总之如今它有点曲高和寡，风光不在了。当然，文化多元，审美多元，这本身也是一种社会进步的表现。

可是，说不完的"唐三千，宋八百"，演不完的"三列国"，戏曲几乎都涵盖了。一部分人坚信戏曲的独家优势，他们坚持向更多人推广，让更多人重拾它的广博，感知它的魅力，痴心不改，始终如一地在岑寂中做了很多工作，也的确感染了很多新人观赏认知。燕升，就是这其中很重要的一位使者。

燕升做了十几年的戏曲大使，专精一门，很令人敬佩。

他把我当作他来央视的一个见证人，他来台应试时，我是主考官。我经常会想到他刚来台时的样子，记得他的第一份答卷，那是篇作文。笔试的第二天，当时我宣布的评语是："白燕升的作文是所有考生中离题最远的。"作文应是《9·23断想》，1993年的9月23日，中国申办2000年奥运会未果。而燕升却作了一篇与此毫不相干的文章，主题是"写在中央台台庆时刻的建设构想"，他把"9·23"错读成"9·2"中央台台庆日了。他描摹得梦想虽很宏伟，但却离题千里。而燕升仍以优异的素质过关，进入了央视。我们合作不多，但却十分投缘，可能爱好相同吧。

他曾请我到《戏苑百家》作过一次访谈，让我也有机会梳理了点缀在我人生里的戏曲记忆。我的播音功底离不开戏曲念白，离不开青年时代对戏曲的入迷。那是回味不尽的往昔。念白也好，朗诵也好，日积月累，持之以恒，其乐也无穷。

我们都走上了屏幕和舞台，舞台也有大有小，有热有冷。在冷门里干活，难免彷徨孤寂，一干就是十几年，燕升也有茫然困惑的时候，偶尔也会把我当成兄长般地倾诉。我也能觉察出他还有一些棱角，这些棱角有时会让他感到刺痛，但也让他执拗地坚挺前行。

燕升条件很好，什么节目都能主持，但他偏偏选择了戏曲，而且主持这么长久，已经不能简单归结为兴趣使然了。我的理解：戏曲里定有偶被淡忘的失落，也定有暗香浮动的奥妙。

如果你相信燕升，那就相信他的选择，相信他的眼光，并和他一起在书中回味过去，畅想未来。

序

余秋雨

　　燕升在中国戏曲界，不是演员，不是导演，不是编剧，不是作曲，也不是哪个剧团的团长，哪个省市的戏剧家协会的负责人。但奇怪的是，他却在几乎所有的剧种中享有很高的知名度。有人甚至不无夸张地说，当代戏曲的生命，在很大程度上是他在维系着。至少，因他的存在，全国观众知道了不少剧种的存在。

　　当然，这首先应该归功于电视的力量。作为中央电视台戏曲栏目的长年主持人，燕升为戏曲艺术打开了一个恒定的窗口。电视本是戏曲的"冤家对头"，不仅无情地夺走了戏曲的观众，还改变了观众的审美方式和欣赏节奏，使戏曲从社会关注的中心地位慢慢向边缘移动，甚至移到了关注圈之外。但是，谁又想得到呢？到头来真正让戏曲喘一口气，露一下脸，亮一个相，闪一次光的，还是电视。在这种情况下，燕升在公共传媒中的那一点权力，也就转变成了戏曲艺术在今天广大民众间的话语权力。

　　然而，事情又没有那么简单。如果燕升只是一个按部就班的节目主持人，只是一个循规蹈矩的窗口看守者，他就不会引起全国戏曲同仁的如此关注。他，恰恰是一位超级戏迷，一位真正的内行，一位够资格的剧评家，这使局面发生了根本的变化。尽管戏曲在整体上还是很不景气，但是，无论是演员还是观众，都从他那里听到了一种很专业的声音，看到了一种很诚恳的眼光。这让大家产生一种信心，觉得原先熟悉的艺术逻辑还在延续，又进入了前所未有的宏观比较，情况也许比想象的好。

　　燕升熟悉戏曲，更熟悉电视。因此，又善于以高透明度的公平原则来坦示各个剧种的现状，把广大电视观众置于一种"全知"状态。他介绍了很多剧目，但这种介绍并不是一种"政府推荐"、"国家奖励"，而只是展示实情。传统剧目的长处和短处，现实处境的艰难和困惑，都在他的介绍中一一展露无遗。中国戏曲的得意和萧瑟，也从来没有像现在这样被那么多人清晰直观。他所采访到的那些戏曲人物，各自述说着自己的想法，这些想法未必高明，也未必是他所赞同的，但作为一个传媒人，他如实地让观众了解这些戏曲人物的真实心态，看到他们究竟抱有什么样的志向，又遇到了什么样的困难。这种大幅度的沟通，就是我在《观众心理学》一书中所论述过的"宏观反馈循环圈"。这样的反馈循环圈在电视普及之前其实很难真正做到，现在经由燕升和其他各个电视台戏曲栏目主持人的努力,做到了。因此,今天中国戏曲遇到的得失成败,是一个敞开的课题。一敞开,就容易产生集思广益的判断。在我看来,这是当代文化转型的基础。

戏曲的命运,首先当然决定于它本身尚存的生命力和它与当代观众的磨合程度,但既然是当代,传媒也起了关键的作用。我在《中国戏剧史》中提到,在二十世纪前期,中国京剧试图在欧美世界探寻和试炼新的生命力的过程中,固然有梅兰芳、程砚秋等艺术家身体力行,但是,像焦菊隐,齐如山、余上沅等懂得国际传播语汇的文化人也起了很好的推波助澜作用。现在,我们有了比他们更先进的传播手段,传媒人物的作用就更大了。到今天为止,白燕升的名字,已经很难被中国当代戏曲的关注者们轻易删除,就是一个证据。这是一件值得敬佩,又值得祝贺的事。

是为序。

二〇〇九年六月二日

热衷"包养"是一种耻辱

自序

有句老话：三岁看大，六岁看老。

换句话说，童年的举止能预见未来，未来的言行也能从童年追根溯源。

我的童年，也不都是贫穷落后的黯淡无光，或许还比周围的孩子多了一份执着痴迷的乐趣，那就是对家乡戏河北梆子的喜爱。

从上世纪70年代末到整个80年代，在京津冀，河北梆子很盛行。一有空儿，我便打开收音机聆听慷慨悲歌。

从我记事儿起，似乎天然地习惯河北梆子的高亢激越。

各个时期的河北梆子名家甚多，比如响九霄、魏连升、侯俊山、何景山、小香水、金钢钻、银达子、贾桂兰、刘香玉、李桂云、韩俊卿、金宝环、宝珠钻、王伯华、王玉磬、张淑敏、张惠云、阎建国、巴玉岭、刘玉玲……在河北出生的京剧大家东光人荀慧生、高阳人盖叫天、南宫人尚小云等，早年都曾为梆子演员。

写这篇序文时，我耳边听的就是张淑敏天籁般的演唱《杜十娘》选段。

我一直认为，做为新中国成立后培养起来的河北梆子的杰出代表张淑敏，尽管她37岁在"十年浩劫"中英年早逝，尽管她只有20多年的艺术人生，但她却坚实地筑就了河北梆子的一座高峰。

她有着一条高音清脆锐利、低音浑厚遒劲、中音圆润通透的极富感染力的好嗓子，只听声音就能看到鲜活人物。她先从李桂云学艺，后拜贾桂兰为师，既融汇了李桂云的润腔，又掌握了贾桂兰激昂的"硬上弓"的梆子腔，形成了自己独特的高超的演唱风格。后来她又受教于梅兰芳、荀慧生、常香玉、袁雪芬等艺术家，加之勤奋刻苦和聪慧悟性，她集各家各派之长，取姊妹艺术精华，颇有时代精神气质，别开生面，独树新风。

她的《杜十娘》，被评论家誉为"精彩细腻，简直是一件成熟的艺术精品"，"达到了炉火纯青的地步"。

小的时候，我时常抱着收音机，沉醉在艺术家们声情并茂荡气回肠的世界里，或喜或悲或爱或恨，忘却了写作业，忘却了放羊，忘却了吃饭……

十来岁的时候，我彻底兴奋了一回，现在想起来还是激动。有一天，天津的河北梆子名家女老生王玉磬老师到我们村来演出，接待并照顾她起居的，是我的姐姐，我至今都后悔没能近水楼台和她说几句话，准确地说，当时真是不敢走近她，只能远远地看着。

看见从收音机里走出来的真人，我更加纳闷疑惑：偏矮偏瘦的个头儿，哪来的气贯长虹穿透九霄响遏行云的嘹亮？

20年后的1999年，我终于有了去天津采访她的机会，那天我同样很激动。记得王玉磬老师在她老伴的陪同下走进宾馆大堂，我像看见久违的亲人一样赶紧迎上去，王玉磬老师对我似乎也不陌生，一老一少一见如故，我跟她说起20年前的往事，她笑的开心极了。

采访非常顺利，我圆了20年的梦，喜形于色；王玉磬老师也很满意，看得出，她很喜欢我。我相信缘分！

回到北京没几天，我收到一箱子音像制品，全是王老师的戏，她让老伴给我寄来的，里面还有她的一封信。我喜出望外，如获至宝，至今珍藏。

…………

2007年1月20日王玉磬老师去世了，心里话，我很想去天津送她，但那几天一直在录像，没能成行，总觉得缺失了什么。

2008年，在第二十四个教师节到来之际，我特别制作了"追忆大师，赏析精华"系列访谈，其中就有"铿锵玉磬——王玉磬"专辑，献上了我及河北梆子戏迷的真挚怀念和深情追忆。

河北梆子伴随我走过了美好的童年少年，印象最深的电影是1976年北京电影制片厂拍摄的由河北省跃进河北梆子剧团演出的《宝莲灯》，是由齐花坦、裴艳玲、田春鸟、周春山等主演的。我拎着小马扎走街串村的也不知看了多少遍，那个时候除了觉得电影神奇，也感到了河北梆子的震撼和伟大，很长一段时间，它占据着我的精神生活，尽管同一时期也看了大量其它剧种的电影。

我长到十五六岁的时候，燕赵大地刮起了一阵河北梆子旋风——河北电台举办的京津冀鲁河北梆子"鸣凤奖"大赛，那是一场真正的河北梆子总动员，几乎所有的演员和戏迷都行动了起来。

1984年首届"鸣凤奖"，张惠云夺冠，戏剧家范钧宏称她的演唱是"正宗河北梆子"；

1986第二届"鸣凤奖"，刘玉玲获旦角第一名。确立了她京梆子的独当一面。

像后来的张秋玲、彭艳琴、陈春等都是在20多前的"鸣凤奖"中脱颖而出的。

主持戏曲节目以来，自然接触了不少家乡戏演员，也做了不少节目，2009年8月11日还将播出我主持的"京津冀河北梆子青年名家专场"，除了当红的女演员许荷英、陈春、王洪玲外，还有几位难得的男演员，河北梆子声腔男女同宫同调，对男演员的嗓子是个极大的挑战，幸好现在还有王英会、刘凤岭、邱瑞德、李斌等为数不多的"男高音"支撑。

一方水土孕育一方艺术，河北梆子理应成为河北文化的重要符号。

记得2005年"五·四"前夕，我被授予"河北青年文化大使"。在河北省会石家庄举行的颁奖晚会上，主持人问我如何理解"河北文化"？

我说："提到河北文化，我想起了燕赵大地的慷慨悲歌之士，黄帝、赵武灵王、廉颇、毛遂、刘备、赵云、李渊、魏征、黄巢、赵匡胤等等，不论是各朝各代的开国皇帝还是武将名相，都称得上是英勇大义、智慧宏达。

东晋北伐名将、中华英雄祖逖的闻鸡起舞，元代杂剧作家关汉卿的《窦娥冤》中感天动地的挣扎、呐喊，《单刀会》里大江东去的苍劲豪迈……

从戏里戏外的这些人物身上，我看到了一种'穷且益坚，不坠青云之志'的精神。挣扎和呐喊应当是河北文化的显著特点之一，这一特点在我们的家乡戏河北梆子里彰显无遗。"

"挣扎和呐喊"是河北梆子的显著气质，似乎也是戏曲现实的写照。不是吗？据上个世纪50年代的一项调查统计，中国共有367个戏曲剧种。但如今地方戏曲剧种出现了前所未有的生存危机，在生存边缘挣扎的剧种不在少数。30多年中已消亡了100余种。

如果相信"物竞天择，适者生存"的法则，也许并不需要为此担忧。问题是，戏曲生态本身确实有病且积重难返，从而加速了它的毁灭。

有专家认为：100多个剧种湮灭于世，主要原因之一，就是丢了赖以安身立命的根本——"曲"，所以也就没了"戏"。

实话实说，中国戏曲创作"重戏轻曲"的现象的确严重。全国现有的200来个剧种里，专业作曲寥寥无几，以京剧作曲为例，全国恐怕不超过10人。在2008年中国京剧节上，就出现了一人包揽了近一半参赛剧目作曲的尴尬。

如果我们的"梨园"，继续只关心自己的"一亩三分地"，很狭隘很封闭地画地为牢闭门造车；排戏演戏只想着"钱"、冲着"奖"，无形中贪欲自私弥漫身心还全然不知；自视高雅精致外加博大精深，无视天翻地覆的社会变迁和现代审美需求……就是某些所谓的大剧种，即便不"亡"，充其量只能是苟延残喘回光返照。以京剧剧目数量为例，旧戏班有"唐三千，宋八百，演不完的三列国"之说，虽没有一个精确的剧目数量，但后来据统计，京剧剧目约五千出，多为传统戏。拥有四五千出传统戏的京剧，经过几代人的努力，目前充其量也就剩下二百出了，那么能主演二三十出戏的中青年演员又有多少呢？没有了数量的累积，厚积薄发又从何谈起？没有了量的积累，质又如何升华？人与戏的品质又何以呈现呢？

按照这样的发展趋向，再过几十年，您再说自己是"博物馆艺术"恐怕都晚了，因为能进博物馆的首先要有品质；到那时，您既当不成钉在标本盒里的干蝴蝶，或许也没了气力充当在空中飞来飞去的'花大姐'了。

传统的东西也要在现代化中讨生活。传统的艺术可以到'非物质文化遗产'名单里求生存，但更要到人民群众喜闻乐见中求发展。国家每年花大量的钱保护非物质文化遗产，这诚然是挽救的必要措施，但是靠国家能养到多久呢？要想赢得了更多人的尊重和喜爱，要想让更多人买账，传统艺术迫切需要积极探索自己的活法。

俗话说，"艺高人胆大"，靠自己的真本事向市场要饭吃，不丢人，而是光荣。如果连主动"走市场"的意识和勇气都没有，而只愿惯性地依赖并热衷于政府"包养"，这是"艺术家"的悲哀也是一种耻辱。

多年来，透过河北梆子人和戏，观照其它剧种，我找到了一条捷径，我用大学里学的"比较文学"的方法去衡量去对比各个剧种的人和戏，河北梆子成了我坚实的依靠和坐标。

感谢河北梆子"引路"！

感谢父母"启蒙"！

感谢家乡"水土"！

看懂了家乡戏，似乎也找到了通往其它剧种甚至其它艺术的门径，加上职业的缘故，至今，至少看了150多个剧种的戏了。

这是继《冷门里，有戏》后的又一本书，两本书最大的不同就是由"看我"到"我看"。本书是我"不惑之年"看戏的感受点滴，很多戏都是因人而生动，所以我看戏更多的是看人，我认为：在当今，"角儿"依然最重要！

此书涉及了昆曲、川剧、粤剧、晋剧、淮剧、锡剧、婺剧、茂腔、京剧、评剧、豫剧、越剧、黄梅戏、秦腔等十几个剧种，聚焦了37位演员，除此以外，还有与戏有缘的作家、导演、剧作家、曲作家、指挥家等等。年龄最长的是极富传奇色彩的一位杂家黄宗江先生，2009年他88周岁；年龄最小的是一位创造了京剧"程派传奇"的中国戏曲学院青年教授张火丁。

多年来，在与受访者零距离的交流碰撞中，启引受访者打开心扉倾吐畅谈，以此彰显受访者的真性情与真感觉，力求做到坦诚、平易、独家、新鲜。倾听这些我敬佩或至少是我感兴趣的人物，并从他们那里获取营养，这是我的幸福，我把这份幸福与您分享，但愿还将惠及更多的人。

感谢每一个接受我采访的人！

"冷门里"的人和戏，我会继续"书"写下去。

2009年 6月13日

第四个中国文化遗产日

那些角儿 THOSE PROTAGONISTS
一个"外行"眼中的梨园

张火丁：嫁给了舞台
ZHANGHUODING

张火丁

现受聘于中国戏曲学院。京剧程派名家。

她，风姿万千：春秋亭下婉转娇嗔，金山寺旁柔肠仙态，春闺梦里痴而不悯；她，含蓄方正，从不多言一字，从无苟且一笑，让观众如痴如狂，紧紧相随。不落俗流的她造就了骨格清奇的独特，成为当今中国杰出的京剧程派传人。2007年1月3日，她在人民大会堂举办的"新年京剧交响音乐会暨张火丁个人演唱会"反响震撼空前，创造了140万的惊人票房，成功拍出了38万元的天价演出服，让艺术市场叹为观止。

张火丁原名"张灯"，不知名字是否包含某种宿命，也不知她为何改名，但张火丁真的"火"了！

京剧程派一定不是旦行里最"完美"的流派，也不是最"华丽"流派，但是，程派"清脆似笛，和婉如箫"的明暗疏密，顿挫跌宕却带给了人们别样的审美愉悦，让人流连回味。

十三年前，即1996年"第二届中国京剧之星"评选时，一出《锁麟囊》让我看好火丁的未来，今天看来，庆幸自己的眼光和判断。地点：人民剧场。

1999年，应火丁邀请，主持了她的个人专场，领略了她全面的技艺，尤其是她的《绝路问苍天》，半小时的独角戏，仅靠唱，让观众走进了祥林嫂的悲惨世界。地点：人民剧场。

传统戏，火丁演得很娴熟了。现代戏，《北国红姑娘》不敢评判，因为没关注。《江姐》的上演，惊讶于她的挑战！因为，歌剧、电影都有范本在先。

几年前的《江姐》首演，我去观看，看到一半，我趁暗场无人注意溜之大吉。地点：人民剧场。

事后不久，火丁约我参加她的《戏曲人生》，在录制现场，我还坦诚地说《江姐》没看完就先走了，似乎表达了对火丁创新的疑惑。

火丁每有新戏演出，我总能第一时间接到她的邀请。有一回，我带着不太爱戏的妻子去全国政协礼堂看火丁演出的《白蛇传》，《断桥》一大段唱下来，妻子早已泪流满面。回家的路上，妻子告诉我："张火丁就是白素贞。她对于京剧，就像我喜欢的王菲对于歌坛。"

火丁一向内敛、低调，不事张扬，但她倔强执著。起初，我们给她的访谈取了两个标题"程门冷艳"和"骨骼清奇非俗流"，我看都合适。很多人至今还记得我和火丁的那次特别对话——我问十句，她答一句。我喜欢那种交流，因为真实。

有一天，黄健翔打电话跟我要《绣红旗》的曲谱，他替远在南京的妈妈索要，黄妈妈是戏迷，唱这一段，参加区里的京剧比赛。与此同时，那段时间，我接到的观众来信里，不少人都表达了对火丁演唱的《红梅赞》《绣红旗》等唱段的喜爱。

我很受触动，在当今，一出新戏，一出现代戏上演后的两三年时间里，核心唱段能够流传，能够传唱，让人惊叹！

2006年12月11日上午在奥运新闻中心举行了"张火丁个人演唱会"新闻发布会，火丁早我先到，一见面我问她："今儿想说点儿什么？"，"别提啦，准备了三天，到这儿一紧张，全忘了！"火丁说完我俩都笑了。

发布会我主持，台上除了主办单位的老总、火丁，还请来了和京剧有着几十年缘分的本次演唱会指挥胡炳旭先生及晚会导演，媒体记者来了不少。原本是一次普通的发布会，由于不少火丁迷的到来使现场气氛变得温暖了起来。

我开场先讲了对火丁十年来的印象。我说，喜欢火丁的人很特别，很多并不是戏迷，也并不了解程派，他们或是被她特别的名字，或是被她含蓄内敛的气质，抑或是被她低回幽怨的嗓音所吸引，他们一下子就喜欢上了她。不少人虽然不懂程派，不了解程砚秋，但愿意从自己喜欢的火丁身上寻找认同！我身边就有不少这样的朋友，其中最痴迷的是一位部队干部叫樊清华，他对火丁有个评价：未成曲调先有情！几年前为了认识火丁，为了请火丁吃顿饭，竟然先想方设法认识了我，当然现在我俩也

在"锁麟囊·春秋亭"中饰 薛湘灵　　　　摄影 胡渝江

《锁麟囊》"朱楼找球"的瞬间
摄影 吴晨光

成了无话不说的好朋友。

发布会上，火丁"超水平"发挥，讲得干脆利落，自在从容，会后我"表扬"她，她说，这几天没白背，都想起来了。

让我感动的是"火之丁丁戏迷网络社区"的一帮年轻戏迷的发言和行动，他们显然做了充分准备，拿着工工整整的稿子动情地表达着对火丁的爱！还有的忙着拍照留资料，跑前忙后，俨然当成了自己的事。喜欢火丁的人可能骨子里有某些相似之处，看到这些可爱的年轻人，我也很激动，还和他们索要了一本"社区"自制的书《青衣休笑我》，里面的文字全跟火丁有关。这群年轻人用独特的方式表达了一种许多人难以理解的情感。书的扉页有这样一句话：所有喜欢火丁的人们——被火丁照亮，也相互照亮；被火丁温暖，也相互取暖。

对火丁的艺术见仁见智，自然不只有一种叫好之声！我也想告诉火丁，记不清谁说过，程腔应是：清新似笛，和婉如箫。既要明亮清脆，又要低回幽怨。我认同这种审美，也由衷地希望火丁能达到这种意境。

2007年1月3日，人民大会堂，张火丁京剧交响乐个人演唱会举行。我参与策划并主持了晚会。此时，火丁婉拒了美国林肯艺术中心授予的"亚洲杰出艺人奖"的颁奖。那天演出结束后，我仿佛经历了一场梦，一场在人民大会堂奏响辉煌序曲，150分钟后圆满而平静落幕的一场梦。兴奋得让我彻夜难眠，但那种空前的幸福感——来自对火丁、对梨园的百感交集，遥远而缥缈，时而触手可及，时而宛如幻梦。

张火丁不负众望，一个纤弱的身影，三套精美的华服，九段跨越古今的交响演唱，几句质朴温暖的问候和感激，足以震慑了。那夜华灯照耀下的人民大会堂。近五千位喜欢程派艺术，倾慕张火丁的观众济济一堂，少了几分戏园里的捧好热闹，多了几分宁静的欣赏和弥漫在整个会堂中心有灵犀的沟通。

"2007张火丁新年交响京剧演唱会"在中国乐坛杰出的指挥家胡炳旭先生的执棒下缓缓拉开序幕，中国歌剧舞剧院的音乐家们用西洋乐器开启了京剧程派演唱会的篇章。第一次和交响乐队合作，第一次整场清唱，第一次在中国最高级别的会堂展现程派的幽咽抑扬，这些第一次，对于火丁真可谓是个挑战。作为这次演唱会的主持人，作为和火丁多年的好朋友，从下午排练开始，到晚会结束，整整十个小时，我为她捏了一把汗。

显然，火丁是紧张的。不过，演员偶尔必要的紧张，可以兴奋地调动她最佳状态，可喜的是火丁的紧张的确带来了正面的影响，获得了满堂好。下午排练时我见到火丁，她一袭运动装，正和乐队、音响、整个会场的舞台布局紧锣密鼓地配合、排演。她告诉我前夜自己很早就躺下了，怕睡不着，吃了一片安定。她深吸了一口气，对我说："只希望今天早点过去。"我能理解，对于唱响人民大会堂的梨园第一人，所承载着的东西的确会让一个青年演员不好驾驭。火丁这次付出了胆识、勇气，我为她兴奋："今天你是主角，今天，整个人民大会堂都是属于你的。""怕的就是这个，我希望他们都别看我才好。"火丁向来低调，她的本色很特别。

北京那年的第一场大雪还未融化，近五千人无论从全国各地赶来，还是从海外飞来，他们来到人民大会堂，看的就是火丁。顺便说一句，当晚票房收入高达140万。

作为主持人的我，其实也有一些忐忑，除了替火丁捏了一把汗，我当晚还要客串一把"拍卖师"。这次演唱会，火丁要完成一个心愿，她要把当晚演出的一套白色真丝手绣旗袍现场拍卖，所得款项全部捐赠给全国妇女发展基金会发起的国家"母亲水窖"工程——这是一项造福于陕甘宁地区缺水的穷苦人民的举措。出席演唱会的全国妇联罗兰英部长告诉我："一千块钱就可以让一户人家喝上纯净、健康的饮用水。十万元人民币便可解决整整一个村落所有人的水源。"我憧憬着那个能解决整整一个村落的理想价位。

张火丁演唱的第二个篇章结束后，我这个非专业的拍卖师在人民大会堂主持了一场半个小时之久、此起彼伏的竞拍活动。这件白色手绣旗袍，经过激烈地频频上涨地喊价，最后成交的价格超出了当晚所有人的想象，没想到一位青年演员的演出服和一项爱心慈善事业的结合，可以带来如此空前的火爆。

最后，一位来自陕西的企业家拍走了这套洁白旗袍。全国妇联的罗部长为他颁发了证书，他上台领奖时激动异常，他的老家在陕北农村，老母亲还在那里，现在富裕了，他希望为家乡的人民做点事情，当然，这里也蕴含着对张火丁的支持和喜爱。

这次拍卖最后成交的价格竟高达38万元，这个价位远远完成了火丁的心愿，并能解决陕北近四个村落的饮用水，让更多的孩子和母亲拥有健康。我除了激动以外就只剩感动了……

在很多场合，我都会讲到这"38万"和"140万"！这里面有爱！有价值！更有尊严！如果多一些这样的"38万"和"140万"，舞台上下就都有了希望！

2007年10月2日、3日，北展剧场。每场近3000个座位，又是演出戏曲的一个考验！一出交响乐从头至尾伴奏的《江姐》，一出程派传统戏《锁麟囊》。这次，为了专心排练演出，她又一次婉拒了美国林肯艺术中心授予的"亚洲杰出艺人奖"的颁奖。

火丁的心中，观众至上！戏比天大！

火丁很低调，不了解的人说她"怪"，"孤僻"。不错，她不爱交往，但对艺术很较劲；她不愿入世，但艺术很入流。黄梅戏名家马兰说得好：作为艺术家，一定要保持和世俗的距离，这样，才会更纯粹更单纯地投入艺术！

火丁做到了。

但生活中的火丁也就有了"孤陋寡闻"的一面，十年前，有一次在外地演出，我和火丁同时乘电梯下楼，电梯里只有我俩，我随口说了一句：VIP待遇。火丁认真地问我：什么叫VIP呀？

我看了她一眼，笑着没解释，她也笑着没再问。

难道是她幽我的默?

想起我敬佩的戏曲名家裴艳玲说的话:我生活当中是个虚幻的,我真正的灵魂在舞台上。这与根据她亲身经历改编的电影《人鬼情》中秋芸的台词异曲同工:"我已出嫁,我嫁给了舞台"。

在我看来,火丁也是。

火丁一向惜字如金、惜羽如玉,很少接受访问,很少参加清唱晚会和综艺晚会。每次演出前一个月,更是拒绝任何应酬和采访,以保证排练演出达到最佳状态。她的工作室每年在京、津、沪等地的演出场次也都严格控制。火丁深知自己的演出市场需求但从不滥演,也不屈就演出商的临时加演安排,我行我素的个性,使得她有意无意地在市场上制造了"饥渴效应"。以至于每次演出场面之火爆,令人误以为进入当红港台歌星演唱会的现场。尤其演到戏的结尾处,观众纷纷起立,用掌声和伴唱为张火丁敲打节拍,炽热气氛几欲掀翻剧场顶棚。

2008年9月,火丁离开了国家京剧院,来到中国戏曲学院任教。一时间,让很多喜爱关心她的戏迷不解、失望,他们误以为从此难觅"偶像"踪影。事实上,校方真诚的邀请,是希望火丁的加盟以充实师资力量,同时非常支持火丁在艺术方面的执着追求和持续发展。院方领导向为张火丁艺术生命担忧的戏迷保证:一定会教、演结合,不让张火丁离开京剧的大舞台半步。

2009年新年伊始,教师身份的张火丁携中国戏曲学院学生班底重返京剧舞台,上半年,先后在北京、天津、上海等地演出,再次引起极大关注和热情期盼。

2009年10月16日和18日,张火丁将继续在北京上演《龙凤呈祥》和《锁麟囊》,届时我们将再次一同见证辉煌的程派传奇。

那些角儿 THOSE PROTAGONISTS
一个"外行"眼中的梨园

莫言：我要写戏
MO YAN

莫言

山东高密人，1955年生。1967年辍学务农。1976年2月应征入伍。1997年转业到报社工作。现供职于中国艺术研究院。先后毕业于解放军艺术学院文学系（1984－1986）和北京师范大学鲁迅文学院研究生班（1989－1991），获文艺学硕士学位。1981年开始发表作品。著有长篇小说《红高粱家族》《酒国》《檀香刑》《生死疲劳》等十部，中篇小说《爆炸》《透明的红萝卜》等二十余部，短篇小说《白狗秋千架》《冰雪美人》等八十余篇。还创作了《霸王别姬》《我们的荆轲》等话剧、电影文学剧本等。曾获国内外多种奖项，作品已被翻译成二十多种外文。

莫言是我非常敬重的大作家。

我的第一本书——自传体散记《冷门里，有戏》是莫言老师作的序。

莫言的作品影响广泛深远。他不但应允为我的小书写序而且做了我意想不到也不敢当的评价，我一直把这理解为一份感情，一份激励。

早在20年前，我上大学期间看过电影《红高粱》后，就记住了莫言的名字，同时被他作品的厚重、悲情，语言的大胆、凌厉所震撼。那时就认定：莫言定会成为当代文学巨匠。在以后的日子里，我读了他的很多作品，特别是以高密东北乡为背景的小说，如《红高粱家族》《丰乳肥臀》《檀香刑》《透明的红萝卜》《四十一炮》《梦境与杂种》《酒国》，还有前两年的章回体小说《生死疲劳》都写出了农民或弱势群体对生命无比执着的颂歌和悲歌。

2006年9月，七十多岁的日本资深作家、诺贝尔文学奖得主大江健三郎曾专门到莫言的故乡参观过。他在公开演讲中称：莫言是当前中国作家中有实力获得诺贝尔文学奖的"候补者"。而之前莫言谈到自己的创作时却说："我所以写作，不过是为了传达一个怕挨饿的孤单孩子，对过好日子的渴盼。"

他的童年可谓饥寒交迫，幸好有独特的家乡戏茂腔陪伴成长。在他20岁左右的时候，小说《檀香刑》的雏形就有了，当时就是给茂腔写的。《檀香刑》这个小说是有原始素材的，是根据高密的真人真事来写的。在1900年，德国人修建胶济铁路的时候，高密的一个农民领袖率领一帮人跟帝国主义的侵略对抗，最后被抓住了，处了极刑，这是一个真实的原形。他在写的时候，充分考虑到了茂腔的元素，想到了民间戏曲,因为戏曲最集中的反映了一个民族的道德和价值观念,所以他用小说的方式表现故乡的茂腔,或者用茂腔的方式,来写小说。当时他跟一个邻居,一个不识字但有文化的人,试图创造一个剧本,那时候白天干活儿太累,也没那么多的时间,只写出了一个提纲。过了几十年之后,终于用小说《檀香刑》圆了戏曲创作的梦。所以说《檀香刑》是一个小说化的戏曲,或者是一部戏曲化的小说。

白燕升:《红高粱》彻彻底底是您家乡的故事吗?

莫　言:应该是。这个小说是根据发生在我故乡的一个真实的事件来改写的。

白燕升:一个日本朋友看了电影《红高粱》后,就慕名到了高密,结果他一棵高粱也没有看到。

莫　言:不仅日本的朋友,也有法国的朋友,也有德国的朋友,包括当时在山东大学留学的很多欧洲留学生们都来高密看红高粱,结果来了以后,看到的都是玉米,没有高粱了。高粱在很早以前的时候有,我童年的时候高粱还比较多的,因为在上个世纪60年代,雨水比较大,高密东北乡地势比较低洼,种别的庄稼可能淹死了,所以种高粱比较多。但当年张艺谋拍《红高粱》的时候,那里已经没有茂密的红高粱了。

白燕升:于是您建议他到东北去拍?

莫　言:我当时希望他能够把我小说里所描写的那种壮阔的红高粱的那种场面拍出来,但是在高密,我知道是没有了,所以我希望他能够到东北,那边土地更加辽阔,种高粱的也很多,张艺谋他们坚持要来高密拍,说到东北没有那种感觉了。高密没有红高粱了,他执意要来拍,怎么办?当时县政府的领导出面来协调,跟当地的农民签订合同,让农民这一年不要种别的庄稼,就为剧组专门种了两块高粱地,一块是在高密的南部,一块在我的家乡,大概合起来有60多亩。

白燕升:张艺谋当时很年轻,他为什么执意要到高密来拍?高密什么样的特质打动了他?

莫　言:我想他可能要寻找到一种乡土的亲切,如果这个故事挪到了东北去,就找不到那种感受了。这个故事在高密拍的话,事件本身就在这个小桥上发生的,我们现在在电影里看到这个小石

桥，确实就是当年伏击打日本汽车的那个小桥，那个桥上现在还留有当年的弹孔。

白燕升： 特别的有趣是，电影里巩俐穿的那个红袄，还有骑的驴，都是莫言老师您老乡家的？

莫　言： 有一些特别破的衣服，是从老乡家找的，因为那个时候已经是1987年了，改革开放以后，农民的生活有了大幅度提高了，在乡下也找不到那么破的衣服了，突击去找，从箱子底下找出来，然后再做旧，再加工，戳上一些窟窿，沾上一点土。

白燕升： 实话实说，当时拍《红高粱》的时候，您会预测到后来那么火吗？

莫　言： 我没有想到会造成这么大的影响，当时我心里边也有一些把握吧，因为我觉得张艺谋作为摄影拍了很多很好的片子，像《黄土地》《大阅兵》，他对于色彩、造型这方面的把握在当时那个年代，应该是非常超前的，可以说是令人振聋发聩的。所以我想他担任第一部导演的影片，应该有他的个性和特色，但我没想到后来有那么大的影响。

白燕升： 您离开家乡那么多年，现在想到您的家乡高密，您脑海里浮现的第一个画面会是什么？

莫　言： 我想一个人对故乡的情感，实际上很具体的，尤其一个作家，对故乡的情感更加具体，具体到你村后的一条小河，村前的一条小路，村头的一颗大树，甚至具体到你家房梁上的一窝燕子。我对故乡的感觉首先就是很辽阔的土地，然后在我梦幻当中出现的那种一眼望不到边的红色高粱地，另外还有跟高密茂腔相关的旋律，所以故乡有声音，有颜色的。

白燕升： 您什么时候离开家乡的？

莫　言：我1976年入伍参军离开家乡，至今33年了。离开了高密，经常想起这个旋律，有时候在梦里面就听到茂腔了，会勾起很多的记忆。我想，一个人的故乡记忆实际上跟一个人的童年密切相关的，我的童年记忆，肯定是有茂腔在里面，茂腔扮演了一个很重要的角色。

白燕升：我看到的一些古诗或者是国画里的放牛娃，都是吹着笛子，唱着山歌。莫言老师的童年，可能没有那么诗情画意，但我想您是不是哼着茂腔在放牛、放羊？

莫　言：我小时候确实放过很长时间的牛，因为我小学五年级就辍学了，然后就回家劳动，年龄比较小，也参加不了太沉重的体力劳动，就让我放牛，经常会在一个人很寂寞的时候，哼两句茂腔的。在60年代那个时候，县茂腔剧团经常到乡下巡回演出，就在场院里搭一个土台子，老百姓都来了，那是一个隆重的节日。在春节前后，农闲的时候，每个村里面都有自己的业余剧团，也会排演一些茂腔戏上演，几乎人人都会唱那么三句两句的。我想茂腔是伴随着我们这一代人成长起来的，我们所有的道德教育、人生的价值观念、历史的知识，都是从茂腔戏里学到的。

白燕升：是的。当地有一句民谣——"茂腔一唱，饼子贴到锅台上，锄头锄到庄稼上，花针扎到指头上"。这当然是一个形象的说法，但也能看得出当地人喜欢茂腔到了入魔的程度。

莫　言：确实很入迷。我还听过一个更加神奇的故事。我们高密据说有一个闯关东的老太太，生命垂危了，他儿子就拿了一盘茂腔（盒带），用录音机给她一放，老太太从病床上一跃而起，然后下来吃一碗面条，就干活去了。说茂腔可以治病当然没有那么夸张，但是她长期不听到，偶尔听到那确实很激动。我自己的亲身经历就是有一年，我当兵两年以后，第一次回家，一出车站那个检票口，就听到车站广场旁边那个小卖部里面放茂腔的带子，一下子就热泪盈眶了。

白燕升：莫言老师讲得非常真切，我有同感，虽然我离开家乡没有莫言老师的时间长，也20多年了，只要听到我的家乡戏河北梆子，我可以什么都不做，提到家乡，说不出来的一种感觉。我们讲故乡情结，肯定是跟每一个人的地方戏紧密相连的。

莫　言：是的。我也反复说过，假如说我的故乡有一个主旋律的话，那么这个主旋律就是茂腔。您故乡的主旋律，肯定是河北梆子。

白燕升：您成名之后，利用您的文学影响在《人民日报》上发表了很多报告文学，都是写家乡高密的为改革者摇旗呐喊的文章，像《高密之星》《高密之光》《高密之梦》等等。所以有一段时间有人戏言说："《人民日报》快成了《高密县报》了！"您听到过这个说法吗？

莫　言：有人开过这样的玩笑。

白燕升：尽管写了那么多歌颂家乡的报告文学，我知道，莫言老师对于自己的故乡高密的情感很复杂，更准确地说并不都是爱。有这样一段文字，您在《红高粱》里虚构的这个高密东北乡，您这样形容到："这无疑是地球上最美丽，最丑陋，最超脱，最世俗，最圣洁，最龌龊，最英雄好汉，最王八蛋，最能喝酒最能爱的地方……"我今天念这样一段文字，我心里也很复杂，一些老作家笔下的故乡，都是弯弯的月亮，美丽的小河，几乎都是美好。但您在提到自己家乡的时候，做了这样一番坦诚和大胆的描述。

莫　言：这样写当时是比较冒险的。故乡实际上确实存在着对立的两个方面，就像我在《红高粱》开篇里所描述的一样，我想我个人的经验可能也决定了我写出这样的话，因为我是1955年出生的，七八岁的时候生活很困难，在我整个的童年记忆里边、饥饿、寒冷、实际上跟我们老百姓是没有分开的。乡村并不是一个伊甸园，乡村里面也存在着激烈的斗争和矛盾，也存在着很多落后和愚昧的现象。假如我们把愚昧的和落后的这一面给掩盖起来，我觉得这不是一个有良心的作家的作为，如果要做一个有良心的、有实事求是精神的作家的话，那么就应该把我家乡美的方面和丑的方面全部写出来，然后让我们读者能够从中认识到我们究竟应该做什么，不应该做什么。

白燕升：您离开家乡33年了，再回过头去看家乡高密，有什么新的认识吗？

莫言：一个人在局里面，老话说当局者迷，如果长期在一个地方，没有跟外边进行比较的话，你就发现不了它的长处，也发现不了它的短处。一种艺术也是这样，如果我们只听过茂腔，没有听过京剧、河北梆子、黄梅戏，你不知道我们高密茂腔的特点在什么地方，长处短处在哪个地方，我们有比较才能有鉴别。所以只有跳出去，然后再回来观照才能够发现长处和短处。

白燕升：莫言老师的一番深切体会，印证了那句话"爱之深，责之切"。今天的高密跟33年前已经完全不一样了，您觉得今天家乡的吸引力在什么地方？

莫言：家乡的吸引力一方面是可以看的到的，高密最近几年在财富上的巨大增值。这跟全国一样，改革开放以来我们发生了天翻地覆的变化，老百姓的物质生活有了巨大的提高；再一个就是精神面貌方面，过去高密人就跟茂腔里唱的一样，是悲悲切切的，现在我想有很多欢乐的因素融入到我们老百姓的日常生活当中去，年轻人的眼界也非常开阔，现在在高密的人也不像过去那么封闭，高密人也是走遍天下了，在北京一召集，可以召集上千人，今年我去美国，在旧金山也好，洛杉矶也好，纽约也好，去欧洲，在罗马也好，都会碰到我们高密的学子在那边求学。在文化方面我觉得高密是一个文化积淀比较丰厚的一个县份。立县大概有2000多年了，尤其是最近几年，市委市政府在文化建设方面下了很大的力气，包括振兴茂腔。茂腔这个小剧种尽管外地人听起来，可能没有像我们听的那么样热血澎湃，柔情万种，但是作为一个地方戏，它确实有它非常深厚的历史文化渊源。

白燕升：我知道当地非常重视茂腔，2006年5月，山东高密的茂腔已经被国务院列为国家级非物质文化遗产名录。对于培养年轻一代的茂腔演员也做了很多切实的工作，比如把他们送到了潍坊艺校去学习。

莫言：成立了茂腔少年班，有40个小学员，我上个月回高密探亲，去潍坊看过他们，训练尽管才几个月的时间，但是已经我觉得他们上路了。我想假以时日，高密茂腔会后继有人的，当然我也希望他们不仅仅也学茂腔，要学好文化，也需要向别的剧种来学习，学人家的戏，吸收其他剧种的养分。

白燕升：高密的有关领导没跟您提过要求？请您在方便的时候写一个茂腔剧本，提过吗？

莫言：我已经主动请缨了。我今年上个月回去，召开了两次关于茂腔剧本创作的座谈会，把我们剧团的人我们文化系统的老的创作者，包括现在一些业余的诗人、小说作者，大家集中到一块儿商量怎么写一个新的、现代的茂腔剧本。因为我觉得任何一个剧种，老演帝王将相、才子佳人是不行的，传统戏当然要演，我想跟老百姓的日常生活发生联系的、还是反映当代生活的，所以我希望能够写一个反映我们当代生活的茂腔剧本，当然并不是靠我一个人的力量，现在我找了几个小兄弟，我们一块儿把大概的情节侃出来，让他们先执笔写出一个草稿，在这个基础上，我来抽时间来修改。

白燕升：您希望茂腔的未来是个什么样？

莫　言：我看了很多剧种，我有了比较，我才意识到茂腔实际上它的唱腔还是比较简陋的，剧本应该说是比较土的，当然土也是个优点了，有非常浓重的生活气息，乡土气息。但是我想，如果要作为一个艺术的精品，要走出去的话必须进行大胆的改革。首先就是在剧本方面，我想应该先写，出一个具有很高文学水准，思想性和文学性都很高的剧本，要改变过去那种局限——只有高密人才能够听懂的那种唱词上。有些土话就不能要，思想性和立意一定要高，不能再抱守着过去那种老剧本。我也希望在茂腔的唱腔音乐方面，大胆地吸收别的剧种和地方民间音乐，保持茂腔一种基本的旋律，再来突破再来借鉴。我们的演员也应该广泛地向其它剧种的名角儿学习。我希望假以时日，我们高密能够推出一台在全国造成一定影响的剧目，然后在这个基础上再不断地往前发展。

莫言对自己的家乡戏——山东高密茂腔，语重心长地提出了深切的希望。我一直认为最好的乡音就是家乡话和家乡戏。听到乡音，每一个人都能找到家的感觉。

莫言老师很恋家，早已在北京安居乐业的他经常回老家高密探亲访友，除了剪不断的乡音乡情外，或许还要时不时地接接家乡地气，汲取创作灵感。他很低调，不管是短信还是通电话，他的话都很简短，就像他的名字一样，惜言如金。说话不多但精准明了，语调不高但掷地有声，不苟言笑但宽容如佛。

提到佛，想起了莫言的长篇小说《生死疲劳》扉页上有一句话："佛说：生死疲劳，从贪欲起。少欲无为，身心自在。"它非常接近于我对生活的感受。这是佛教经典《八大人觉经》第二觉经的一句话。它所表达的就是六道轮回，生灵在这六道当中的生生死死，是相当疲劳的状态，人只有脱离了这个生死轮回的状态，进入佛的境界，才可以脱离苦海。

知道了贪欲是使我们众生有生死疲劳的原因，远离贪欲，随遇而安，才能得到真正的解脱自在。九法界(菩萨法界、缘觉法界、声闻法界、天法界、阿修罗法界、人法界、畜生法界、饿鬼法界、地狱法界)众生都是有作有为，唯有佛一人，才是无所作无所为，才能称得上真正的解脱自在。

莫言老师曾跟我说，人为什么会有痛苦和疲劳，就是因为人有各种各样的欲望，欲望越多实现的可能性越小，痛苦就越大。一个人为什么会软弱？为什么会害怕？为什么会投降？就是因为有欲望。如果没有欲望，就可以保持刚正不阿的品格和人性良知，这是大家都非常熟悉的常识，关键看个人的修行了。

莫言老师的作品不论叙事气氛是华丽、荒诞还是鬼魅，他写出的时空感生命感与镂金错彩繁华奢侈的辞锋总是能叫人叹为观止——诚如台湾作家张大春在为他的《红耳朵》作序时所言："千言万语，何若莫言"！

那些角儿 THOSE PROTAGONISTS
一个"外行"眼中的梨园

裴艳玲：把男人演透了
PEI YANLING

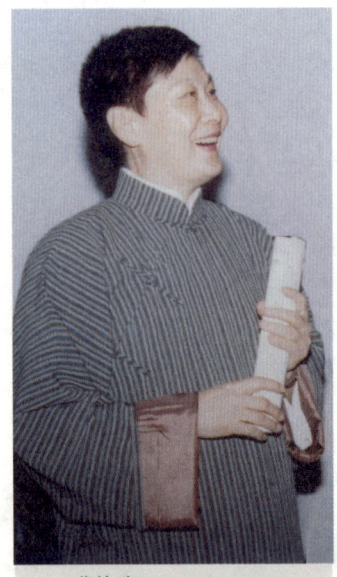

裴艳玲
中国文联副主席，河北省文联主席，河北省京剧院院长。
她率先在全国实行京剧、昆曲、河北梆子"三下锅"的演出形式，以"敢为天下先"的精神走在戏剧改革的潮头。她曾以《林冲夜奔》《南北和》《钟馗》《武松》《响九霄》等戏赢得中国戏剧"梅花大奖"，主演电影《人鬼情》两次获得国际大奖。
她的表演张扬、硕大、如泣如诉，又呈现得准确、多情、绝代无双。她自身的英气和执著已与角色浑然天成，似乎永远演什么像什么。因此被戏剧大师曹禺、吴祖光称为"国宝"。

　　如果说梅兰芳把女人演透了，那裴艳玲就把男人演透了。这就仿佛女人的柔只有男人最懂，而男人的刚也只有女人最爱。

　　2008年6月4日晚上，裴艳玲在北京长安大戏院上演了她的新编京剧《响九霄》。凭借此戏，2009年5月18日，她荣登中国戏剧"梅花大奖"宝座。这个奖项早在我意料中，颁奖第二天，我给她发去短信：猿吟鹤唳本无意，不知下有行人行。很快接到回信：吾本无心种绿柳，意外猛见柳成荫。

　　其实早在2008年5月18日，我们在上海参加全国昆曲界赈灾义演时，就约好北京见。我当时问她怎么想到排《响九霄》这个戏？她说，这个念头已经有好几年了。她在法国一个图书馆的角落里见到了他（指响九霄）的相片，他踩着跷、贴着老式云片。她看了他的资料，知道他花旦、青衣、武生、老生、小生各行当样样齐全，而且他也是河北人。当时就有一种冲动想把这位戏剧大师呈现在舞台上，但一直没有机会。

　　我追问道：您的创造冲动一定是源于从田际云（艺名"响九霄"）身上看到了自己的影子。她笑着点头称是，并且笑得很单纯很可爱！

　　说来也巧，田际云演出的代表剧目中《乾元山》、《八大锤》等，恰好也是裴艳玲从小就上演的拿手好戏。如果这些算是巧合，还有更神奇的：当年，田际云在河北梆子不景气的情况下，聘请了当年诸多红极一时的京剧名角，组创了京梆两下锅同台演出形式。一时间，盛况空前，成为梨园界一大盛事；裴艳玲从小坐科京剧，后调入河北梆子跃进剧团，一呆将近30年，难怪包括我在内的许多人一直以来都把她和河北梆子划等号。可仔细想来，她确实没留下什么梆子腔的痕迹，唱的更多的是京昆。昆曲《夜奔》尤擅。其间历尽舞台上下的岁月磨砺，正当艺术炉火纯青之时，走马上任河北省京剧院院长。她一路风霜，穿越了一条曲折而美丽的人生弧线。她的大体经历居然也和田际云有着惊人的相似。更富有戏剧性的是，两位相隔近一个世纪的同是河北老乡的艺术大师却在远隔重洋的法国相会了！

她告诉我："一定要将这位远在异国他乡的故人请回老家，我是怀着对前辈艺人的崇敬之情和对戏曲艺术的虔诚来编排的。我很投入，常常流着眼泪'默戏'，尤其是最后《哭坟》一场，我要求自己每次表演都要临场即兴发挥，每次表演都要有所不同，这对我来说，也是一个考验。我想留下一部能够传世的作品。"

饰 响九霄

6月4日晚上，我坐在台下，说是看戏，其实只想等着这位年过花甲的艺术家出场。看她的戏中戏，看她的长靠短打，亦旦亦生，看她超越年龄限制的出神入化。艺术创作有一句十分经典的话：戴着镣铐跳舞。即在艺术的规范或条件限定下，寻找到艺术自由的灵魂之舞。对于不再年轻的裴艳玲来说，这是一次"戴着镣铐的舞蹈"。她别有洞天地展现了自己深厚的传统功力，舞得让人动容，舞得让人心醉！

在艺术精神上，裴艳玲也与响九霄息息相通。裴艳玲敬畏艺术尊重传统，但她从不保守，始终没有停止过创新探索。这正如响九霄的艺术道路。为了艺术，他可以牺牲生命，而为了国家，他可以舍弃一切。我想这就是《响九霄》的思想价值所在。

《响九霄》是为裴艳玲量身定作，响九霄侠骨柔肠的性格被她塑造得酣畅淋漓，支持变法时他义无反顾；面对爱徒的坟茔，他无法掩饰内心的情感波涛，"隔着三尺土，轻声把徒儿叫，听师父心碰心对你把心交……"。一时间，我马上想起《钟馗》中的"来到家门前，门庭多凄冷，有心把门叫，又恐妹受惊，未语泪先淌，暗呀暗吞声"，凄婉哀怨，撕心裂肺。裴艳玲如吟如诵的演唱,细腻深沉的表演,同样让人落泪。

在这部戏里,裴艳玲又一次充分挥洒了自己的艺术才情,让观众领略了一位表演艺术家在精神与艺术之间自由行走的帅美状态。

演出结束后,我激动地走上舞台,把一大束百合花献给了她。她没想到,起初很惊讶,继而紧紧相拥。

裴艳玲是我老乡,河北沧州人。是从我少年时起就深深记住且给我影响的人。不管是劈山救母的沉香,翻江倒海的哪吒,还是悲情嫁妹的钟馗,裴艳玲通过大银幕让更多的人越过遥不可及的舞台,陶醉在戏曲的魅力之中。1993年拍戏曲片《钟馗》的时候,我当时还在河北台,有一天还悄悄到600平米演播室去看拍摄。近在咫尺却从未和她面对面。或许是因为她神奇的艺术和传奇的经历让人敬畏给人震慑。

完整的听到裴艳玲的故事,是著名作家蒋子龙根据裴艳玲的人生经历完成的那篇叫《长发男儿》的纪实文学,很传奇。当时在《沧州日报》连载,读后很振奋,似有发配到沧州的林教头之风骨。

后来又看了著名导演黄蜀芹的《人鬼情》。当年黄蜀芹读完这篇《长发男儿》,很受震撼,正逢裴艳玲到上海演出,黄蜀芹拜访裴艳玲,两位在电影和戏剧领域的杰出女性,心有灵犀,最终决定把这部文学作品搬上银幕,于是就有了蜚声海内外的《人鬼情》。只是裴艳玲婉拒了女主角秋芸的出演,而是粉墨登场,扮演戏里的钟馗。电影脱离了传奇的色香味,而变得深沉和悠远。 直到今天,评论界一直认为《人鬼情》是中国最具女性意识的一部电影,一个女人借助舞台,借助男儿身,获得身份的认同,性别的补充,更深刻的是,女性趋于梦幻特质的一面得到了极为深刻的延展。

《人鬼情》之后,著名导演陈凯歌找到裴艳玲,据说陈凯歌的父亲陈怀皑也亲自打电话邀约,希望她来扮演电影《霸王别姬》里的霸王,演员排序在张丰毅、张国荣、巩俐的前面,并允诺了丰厚的报酬。陈凯歌欲让裴艳玲与张丰毅在戏里戏外遥相呼应,与虞姬和戏外的张国荣共谱一段爱情悲歌。裴艳玲觉得自己演这个霸王不是特别合适,于是婉言谢绝。

裴艳玲的性格就像个谜。有人说她古怪,有人说她清高,就算是这样,充其量也只是她个性中的一面,不信看看我十三年前对她的即兴采访,愿与您一同重温她的率性和真切。

(1996年5月 石家庄 裴艳玲的家里)

白燕升: 裴老师,您是从什么时候登台唱戏的?

裴艳玲:五岁。

白燕升: 唱得怎么样?

裴艳玲:好啊!

白燕升: 谁说的?

裴艳玲:别人都这么讲,我自己也这么看,有人是"六岁红""七岁红",我五岁就红了。

我们都笑了,话匣子慢慢打开……

白燕升: 您早年学的京剧,对后来学河北梆子有什么影响吗?

裴艳玲:太有影响了。京剧是个大剧种,程式多,套路多,足以让我在学梆子时借鉴,吸收,消化。

白燕升: 做为女性演男性,有什么障碍吗?

饰 钟馗

年过六旬的裴艳玲首次贴云片演旦角

裴艳玲：没什么障碍，女演男，男演女，中国戏剧有这个传统。如果一位女人出现在我的视野，也许我不太注意，如果是男士，我会对他的一举一动，音容笑貌抓得很准。男演男一般是演自己，我塑造的是我心目当中的理想的男性形象，这样，或许比男人塑造得更鲜明。

白燕升：您在舞台上塑造了众多男性形象，这其中包括凶神恶煞般模样的钟馗，您觉得美吗？

裴艳玲：美，当然美！

白燕升：为什么？

裴艳玲：说不清。

白燕升：看"嫁妹"一场，我哭了，您在表演时调动了生活中和谁的情感？

裴艳玲：说不清，当时在台上的已不是我了，也许我和你一样在台下看自己呢？

白燕升：看您的表演，恕我直言，只有"过"的时候，没有不及的时候，唱做及情感释放都非常抓人，甚至有点飞扬跋扈。

裴艳玲：过与不过，我不知道。如果说"过"，那就是缘于我太投入了。我也许把生活中的酸甜苦辣都宣泄到了舞台上，都给了我塑造的人物了。

白燕升：您是目前河北梆子界获得荣誉最高，奖项最多的艺术家，获奖是件高兴的事儿，还有别的感受吗？

裴艳玲一时语塞……

白燕升:您不会觉着受之有愧吧?

裴艳玲:有,看跟谁比,梅兰芳、程砚秋大师唱了一辈子得什么奖了?我只演了几出戏,政府和人民给了我这么多荣誉,这样不好,但是与这"星"那"星"比,我又强多了。

白燕升:戏曲是讲究"角儿"的艺术,您怎么理解"角儿"?

裴艳玲:你想尽办法获这奖、那奖成不了角儿,要靠自己的艺术和影响带领百八十号人养家糊口,那才叫"角儿"。

白燕升:以后还有什么打算?

裴艳玲:老天爷赏我这碗饭吃,这条路我只能走下去了。

采访结束后,我问她,感觉如何?她笑着说,你总诱导我,我从没说过这么多话。

这期节目播出后,得到观众、专家和领导的好评,也荣获了第11届星光奖。

刚刚获悉:中国文联、中国戏剧家协会、河北省京剧院联合投资将她的新编京剧《响九霄》拍成京剧故事片,力争向国庆60周年献礼。这也是裴

饰 武松

艳玲继《宝莲灯》《哪吒》《钟馗》《人鬼情》之后的第5部戏曲电影。

舞台剧改拍电影,对演员以及电影创作人员都是新的挑战。老导演丁荫楠亲自出马,他曾执导过《周恩来》、《孙中山》《邓小平》《逆光》《鲁迅》等电影,影响深远。他在开机仪式上兴奋地说:"我们利用了最先进的电脑技术对电影进行创作,以国画作背景表现国粹京剧,这是从来没有过的戏剧样式,对我们来说是个挑战。裴先生的演出轰动大江南北,我们要在轰动的基础上再轰动。"

30年来,裴艳玲吸引我的到底是什么呢?

裴艳玲身上有一种征服人的强大力量,能征服人的艺术就会有生命力,著名作家蒋子龙曾说过:"对裴艳玲来说,形式本身只是路,而不是墙。"

对于5岁登台,10来岁挑班,在艺术上已臻炉火纯青、自成一家的裴艳玲,我喜欢她的理由恐怕还在于:她上台很自信,下台很自卑;在戏曲舞台上是公认的名角儿,在生活舞台上却不会演戏。

饰 王安石

那些角儿 THOSE PROTAGONISTS
一个"外行"眼中的梨园

郭宝昌：不懂美学 别糟蹋国粹
GUO BAOCHANG

郭宝昌
著名影视剧导演。1965年毕业于北京电影学院导演系。曾拍过众多影视剧，但在新世纪来临之际，他编剧导演的《大宅门》出手不凡，红遍大江南北，让人惊叹刮目。

他是一位大气的导演，编排剧情扣人心弦，不可料想；他是一位有趣的导演，塑造人物如同山水写意，或诙谐或奔放；他还是一位懂戏的导演，一声京胡、两曲皮黄，信手拈来，勾勒情节跌宕。专精而多才、执著而贯通。

　　电视连续剧《大宅门》的编剧、导演都是郭宝昌先生，他的人生富有传奇色彩，他的幕后故事，比屏幕前的故事还要传奇。襁褓之中，他就经历了人生的大起大伏，这种起落在青年时期，又出现过几次，每一次面对人生的起伏，他都经历了比常人更多的痛苦，同时也积累了不少的财富；他既是贫家子弟，又是富家后裔，他曾经一贫如洗，也曾经家财万贯；他既是开风气之先的第五代导演的良师益友，又是一位超级戏迷，是一位传统艺术的追星族。

　　他先是喜欢武戏，特别是猴戏，后喜欢花脸，继而老生，中学以后迷恋上花旦、青衣。为了看梅兰芳先生的《霸王别姬》，居然能从早上八点到第二天中午十二点排队二十八小时买票，那种苦中作乐的享受是非戏迷们很难理解的。

　　多年来，痴迷京剧的他一直想着如何用全新形式表现京剧的魅力，2004年底，他在北影厂做"新概念戏曲电影"《春闺梦》开机前准备工作时，曾大胆地表达了对京剧电视剧《锁麟囊》的不满，"演员竟然拿着马鞭在真实的场景里跑马！穿着戏服的演员竟然能够上真实的楼梯！京剧是惟美虚无的艺术，连常识都不懂就不要拍了，这种做法，不仅浪费了钱财，还破坏了中国京剧传统的戏剧美学。哪里是弘扬国粹，简直就是糟蹋国粹！"

　　郭导觉得，作为中国的导演要想拍出中国味道的东西，就要对中国的传统美学有很深的了解和造诣，毫无疑问京剧是这方面的代表，就是现在它里面所包含的美学观念也非常的超前。郭导认为现在的导演应该在传统文化上多下点功夫，《大宅门》比起其他电视剧最大的不同就是所有插曲和主题曲都是以京剧曲牌为主旋律做的。《大宅门》中许多精彩的场面，郭宝昌用的全是京剧曲牌，七爷一出场配乐是"四击头"；白玉婷与照片拜天地时的配乐是"柳青娘"；七爷结婚的场面是"大开门"……

白燕升：您跟戏的缘分，五六岁就开始了，北京的几个老戏园子，都有您家的包厢，家庭条件非常优越了，属于大户人家，自然跟梨园界有不少接触，哪些带给了你最深的影响和震撼？

郭宝昌：我从小喜欢表演，少年时代看戏，真正使我震撼的，就是那些最著名演员的精彩表演，像裘盛戎的《姚期》，我大概看了不下二十遍，只要贴这个戏，我就去看。我觉得用我们民族的传统艺术形式，来体现古代人物，尽管它全是虚拟的，写意的。但是那种真实感，比看电影还过瘾，我那会儿，几乎一个星期至少要看五次戏，看五天。

白燕升：长期在那样一个环境里熏陶，您会理解戏曲艺术的真谛。也会用心去喜欢一个艺术家。听说当年程砚秋先生去世的时候，您在家里戴孝三天？

郭宝昌：对。我太崇拜他了。我从小就知道那么一句话：余音绕梁、三日不绝。但我从来没经历过，第一次经历这种情况，就是程先生的《荒山泪》，我才知道什么叫三日不绝，不管是骑车上学走在路上，回家躺在床上睡觉以前，还是吃饭的时候拿起饭碗，全是他的旋律。当时我对他简直崇拜得五体投地，我觉得这样的大师，突然间去世了，我根本不能接受，我完全不能接受，我真是痛心疾首，我难过得难以形容，我不但戴了三天孝，我还两天没吃饭，吃不下，一口都吃不下。后来我妈妈就劝我，说程砚秋死了，你也不至于不吃饭吧。妈妈端着饭碗到我跟前说，宝啊，你吃两口吧。我说吃不下，就到这儿上。我想不单是我母亲，恐怕相当一部分人都理解不了。

白燕升：我理解，我也喜欢程派。您后来走上文艺这条路，对您影响最大的是谁？是家人吗？

郭宝昌：不是。一个是我小学的老师侯远帆老师，一个是我大学的老师，田风教授，他影响了我一生的艺术道路。

主持人：田风教授都给你了什么？

郭宝昌：要谈这个的话，我觉得跟你所宣扬的戏曲有很直接的关系，因为他非常重视戏曲。他给我们上的第一课，就语重心长地告诉我们：作为一个中国的电影导演，不懂得中国的传统美学，不懂得中国的京剧，就不可能成为一个中国的好导演。他是1959年提出来的。

白燕升：1959年田风教授就说过这样的话？

郭宝昌：对。1959年，相当超前的，因为那会儿京剧戏迷很多，但是作为一个中国电影导演，到底是跟京剧会有什么渊源，你会从这里边吸取什么东西，为什么不懂京剧就不能做中国的导演，能够认识到这些的很少。所以当时我们大家也很震惊，因为在班上，恐怕只有我一个人是懂京剧的，没有第二个。那么大家跟我交往的时候，都希望我给他们讲讲戏曲方面的东西。我们每星期有一次戏剧观摩课，一般都是看话剧，歌剧，但是我们班当时规定，必须去看戏曲，像高甲戏、川剧、京剧、评剧都有了接触，都要看。当时有很多人还很重视，当然也有些人很不理解，就很不重视。到后来在创作电影或者是电视剧的时候，有很多人感到，当年没有很好地听老师的话去学习了解京剧，是非常大的遗憾。

白燕升：不光是田风教授，如果我没记错的话，我们曾经的一位文化部官员，也说过类似的话：在中国是一定要懂一点儿传统文化，像戏曲学一点儿什么东西的。记得您曾经说过，平生有两大愿望，一个是拍摄《大宅门》，这是您耗费了半生心血的一个作品，极其成功，在中央电视台播出的时候，曾创下了收视率最高，并且重播了好几次。另一个愿望，就是拍一部戏曲电影，应该说愿望都实现了。戏曲影视剧的创作由来已久，从中国电影诞生那天起，就跟戏曲结下了不解之缘。

近些年来，戏曲影视剧的创作您怎么看？

郭宝昌：这个课题非常深，说这些事情，很容易得罪人，但是在中国，戏曲影视剧走到这种程度，我觉得已经到了非说不可的地步。很多导演、演员，拿戏曲来过电视剧瘾，我特别不能理解。怎么可以这样呢，电视剧就是电视剧，戏曲就是戏曲，搞戏曲你完全按照电视剧的拍法去拍，那拍电视剧好了，戏曲的东西没有了。我前些日子看了一个戏，大家都粘着胡子，在实景里拍。

过去大家觉得，京剧改革一下，就不对了，或者创新一下，就不是京剧了。这种胡拍，为什么没有人说，这还是京剧吗？没有人谈，没有人讲，大家觉得很可以理解似的，他们理解的是什么呢？就是认为影视手段是生活化的手段，戏曲是最写意的东西，完全没有生活化的东西，于是把两个生硬地结合了。

这是一个科学的课题，这是需要我们无数的艺术家坐在一起，认真研究的一个课题，现在非常容易地就把它融合了，怎么融合呢？让戏曲向影视靠拢，让写意的戏曲去生活化地靠拢影视，这是一个巨大的误区，而且是个非常危险的误区，在当今这种很浮躁，名利很重的情况下，这是一个巨大的陷阱，非常可怕，我不知道，走到悬崖边的车能不能够刹得住。

有些导演觉得这个很过瘾，过什么瘾呢？过拍电视剧的瘾。拍电视剧，干嘛演着演着，忽然来一段唱，干嘛呢？没有必要！影视和戏曲结合点在哪儿？影视的时间和空间的处理，和戏曲舞台上时间空间的处理，绝对有合拍的东西。

白燕升：我喜欢戏曲电影《野猪林》，您喜欢吗？

郭宝昌：我非常喜欢。中国戏曲电影的发展，一开始的《定军山》，那属于纯纪录的，我觉得这个无可厚非，刚起步嘛。解放后像吴祖光先生拍的梅先生的纪录片，那也属于纪录片的范畴。但是慢慢的，观众不满足了，创作人员也不满足了。能够通过真正电影的手段，来组织戏曲的语言，我觉得最成功的应该是崔嵬导演，崔大师有很深的造诣，他非常懂戏曲，他在做《野猪林》的时候，毫无疑问，创造了一个高峰，而且这个高峰一直到现在，无人逾越，这就很值得研究了。崔导组织的上下场，场次之间的衔接，场景的虚幻，既是舞台，又不完全是舞台，像这种探索，相当的宝贵，怎么会没有人去总结这个东西呢？非常奇怪，我们现在的创作，反而在倒退。

白燕升：尤其是《白虎大堂》一场，镜头的运用太了不得了。那纯粹是电影的东西。但是它完全保留了戏曲传统美学的特点，丝毫没有破坏。

郭宝昌：现在您把胡子一粘，演什么？所有髯口上边的功夫，全都没有了。我们老祖宗创作的这么完美的髯口功夫，您就给扔了，这对吗？你说我这是电视剧，你是什么电视剧，你不是戏曲电视剧吗？要不然你把戏曲二字拿掉，你别给我用这个名，那不是！为什么到现在没有人去认真地研究，怎么样去结合。现在把真马弄上去，我觉得很可笑、很滑稽。这不是说多么高深的学问，不是的，这是一个有一定文化水平的人，都可以理解的东西，为什么没有人去研究？！

白燕升：您的这番话，可能会点悟很多有悟性有良知的人，我相信不光不会得罪人，很多人会很感激您的。就像您讲的，戏曲的写意，影视的写实，不能轻易地，那么草率地给它互相地妥协，互相地做加法。

郭宝昌：对。一加一不等于二。

白燕升：以后再拍戏曲电视剧的时候，远的不讲，看一看戏曲艺术片《野猪林》还是可以借鉴的。您现在无论如何也不算年轻了，我还是能从您身上看到一种对于艺术、对于审美鉴赏的一种坚持。您对于戏曲影视剧的观点，我非常赞同，我也相信您的声音会影响到我们许许多多的同道。

聊点轻松的，您影视界的戏迷朋友多不多？

郭宝昌：不多，非常少，非常可惜。

白燕升：但是在您的《大宅门》里，受您的影响还是有几位呀？比如说斯琴高娃，我觉得她就受您的影响？

郭宝昌：对。

白燕升：还有刘佩琦。

郭宝昌：对。拍完这部戏斯琴高娃就拜了陈永玲先生为师。

白燕升：是您给她建议的吗？

郭宝昌：没有。是她自己，但是拜师的时候，我去了。她学了一出《醉酒》，那天还唱了，唱得很不错。后来蒋雯丽，好像也要拜杜近芳先生。

白燕升：《大宅门》里面有不少的戏曲的元素，气质上似乎和戏曲有着某种暗和，您对于戏曲元素运用的那种娴熟那种到位，我非常叹服。再到后来，您又拍了戏曲电影《春闺梦》，拍了讲老戏班故事的《粉墨王侯》，您从被戏曲影响，到影响戏曲，有没有想到某一天，拍一出以戏曲本体为主的戏？

郭宝昌：当然有这个愿望了，就像《野猪林》那样的。但是现在困难重重，一是京剧过于地不景气，观众很少。原因非常多，跟体制啊，跟演员的素质啊，跟教学，跟市场运作都有直接的关系，这个不是喊两句振兴京剧，就能振兴得了的。市场的衰危就直接影响到投资人的利益，投资人望而却步，投资人不肯加大成本，现在拍摄这样的片子，非常困难。我始终认为，政府应该支持，应该投资，应该下大功夫，这样它才有希望。假如单单地指望民间去运作，只有继续地衰危下去，没有什么前途。政府是应该投资的，假如以市场运作规律为主导，一下子就扔给民间，我觉得这是不负责任的态度。

一位对传统戏曲艺术如此敬重的大导演，一位无论任何都不算年轻的资深望重的名票，还有着这样一份难得的激情和坦荡，我很感动。

郭宝昌导演说的每句话每个观点未必都是真理，但我相信他说的都是真话，都是实话，我非常喜欢听，我也希望戏曲同行同道，能够从中悟出一些什么。

那些角儿 THOSE PROTAGONISTS
一个"外行"眼中的梨园

计镇华：演戏的大王
JI ZHENHUA

计镇华

昆曲名家，上海昆剧团国家一级演员。生于1943年，1961年毕业于上海戏曲学校，工老生。他的出现，打破了昆曲"三小戏"的格局，独树一帜堪称一派。

他的扮相清秀刚正，嗓音苍劲雄沉，表演重视内心体验，唱念音色随人物感情予以变化，表演精练、准确、真实、美观、传神，成功地塑造了一系列艺术形象。代表作有《烂柯山》《钗头凤》《长生殿弹词》《蝴蝶梦》《蔡文姬》《十五贯》《邯郸梦》等，还出演过电影及电视剧。

人们说，有他的舞台犹如火山爆发，他把同台的演员烧得滚烫；有人说整个剧场可为他所用，观众随着他化神成魔又成仙。

2009年5月29日，上海昆剧团在杭州红星剧院上演《邯郸梦》，"昆坛第一老生"计镇华领衔，梁谷音、方洋、张铭荣、刘异龙四位国宝级艺术家同台助阵。

早在两个月前的三月份，计老师到北京给北昆排戏时，跟我说，五月底要到杭州演《邯郸梦》，最后一次演这戏了，准备"封箱"，你如有时间去看看。

2009年5月29日，我如约专程赶到了杭州。我没有告诉计老师，也没去打扰他。有时侯，不打扰是最好的尊重。当天晚上，我和众多喜爱他的观众一样早早地走进剧场，准备好好享受计老师带给我们的138分钟的"跌宕人生"。

《邯郸梦》与《牡丹亭》《南柯记》《紫钗记》一道并称为汤显祖的"临川四梦"。这次的《邯郸梦》是新中国成立以来第一次被完整搬上舞台。《邯郸梦》因成语"黄粱一梦"而为世人熟知，和《牡丹亭》的"情爱之梦"不同，这是一个"人生之梦"。讲述了吕洞宾欲点化卢生，让其枕磁枕而梦，梦中历经人生悲欢荣辱，醒来后顿悟成仙。这也是一出讽刺中国传统知识分子的喜剧。汤显祖在剧本里表达了对人生际遇、官场险恶、百态众生、炎凉世态的感慨。

编剧王仁杰保留了原剧的精髓，将原本的30折浓缩为10折，还增加了对现实社会的调侃和嘲讽。导演谢平安遵循"仿古不复古，创新不离谱"的原则，围绕"梦"字激活舞台。在尊重昆剧传统的基础上，运用了现代的舞台调度，剔除人物上下场的形式，用灯光明暗连接剧情转换，使全剧结构严谨、节奏流畅。因舞美简约，这为演员的表演留足了空间；强化灯光，以营造全剧"梦幻人生"的氛围。

计老师要从卢生的青年时代演到老死的全过程，涉及了小生、老生、小花脸等多个行当，这对于一个67岁的艺术家来说是个挑战。再说，他从1990年起进入了艺术生涯的

"冰冻期",当时的领导甚至宣布:计镇华等演员不要再上台了,主要工作是教学。当年他还不到五十岁,正是一个戏曲演员艺术最成熟,经验最丰富的时期。

没戏演了,他也曾心灰意冷,但很快调整了状态,从1990年到2005年演出机会很少的15年里,他一直坚持练声,储备能量。

终于在戏迷的千呼万唤下,在新任领导的支持下,15年没主演过大戏的计镇华决定重出江湖。正当人们为计镇华的复出而兴奋不已,他却宣称,这部《邯郸梦》就是自己的"封箱戏"了。我曾问他何故?对此计老师感慨良多:"从当年打算排汤显祖'临川四梦'中这最后一梦到如今,已过了十多年,我始终觉得《邯郸梦》是自己心里一件没做完的事。虽然我想排的戏还有很多,但一茬茬的学生正在成长起来,我要为学生们让出舞台。我最感动的是,因为我十几年没有在新编大戏里演过主角了,我的师姐师兄梁谷音、方洋、刘异龙、张铭荣他们,知道我接了这出戏以后都说,只要是你主演的,让我们来

演任何角色都会鼎力相助。像刘异龙演的那个医生,其实上场就一两分钟,但他们甘当绿叶,还都为我在身段、唱腔、表演方面出主意。"

那天的《邯郸梦》演出,从始至终掌声不断,笑声不断,彩声不断,我邀请的从未看过昆曲的几个朋友被震撼被"惊"着了,瞬间迷上了计镇华,并强烈要求和计老师见面请计老师吃个饭以表敬意。

演出结束后,我激动地怀抱五束鲜花上台,先把一束送给了站在舞台正中央谢幕的计老师,他很惊讶也很开心。我随后把鲜花一一送给梁谷音、方洋、张铭荣、刘异龙四位国宝级的艺术家。

我动情地对观众说:计老师的这出戏"封箱"了,他的艺术永远不会"封箱"。五位艺术大家的这次空前大合作,以后恐怕难以再现,他们当中年龄最小的是计老师,67岁了,最年长的是刘异龙老师,70整了。我们有幸见证了这次群星荟萃的盛况,让我们祝福艺术家们,感谢上海昆剧团和杭州红星剧院。

昆曲大家计镇华是我非常敬重的一位艺术家,有人说他是"不慌不忙,演戏的大

王"，昆曲大师俞振飞先生曾撰文赞叹道："计镇华没有照抬别人牙慧，而是把多种艺术方法熔铸到他自己所具备的戏曲四功五法基础中，这是炉火纯青，是表演艺术从必然王国进入自由王国的表现，也是对于传统戏曲艺术由模仿式的继承发展成为创造地表现。"

白燕升：昆曲很早就形成了小生、小旦、小丑这三个行当为主的一个格局，但是您的出现打破这个格局，昆曲要重新为这个格局来定位，因为您改变了老生在昆曲中一贯的配角地位。但我听说，您第一次登台是救场？

计镇华：我年龄比刘异龙，蔡正仁他们都小，刘异龙比我大三岁，岳美缇比我大两岁，那时候我十岁走进昆曲演员训练班（就是后来俗称的"昆一班"），不大懂事，接受能力不是太强，所以老是坐冷板凳，基本上没演戏，龙套也没接。老师喜欢学戏快的人，我学戏比较慢，分到了小生组。沈传芷老师也不是太喜欢我，学小生戏，里面有配角是老生，叫我去搭一个配角。沈老师很会选人，他感觉这个老生还可以，马上我就分到老生组去了。分到郑传鉴老师那儿，那时候倪传钺老师还没有来，老师都是这样，喜欢

聪明学生，我学戏慢还是靠边站。那次1956年的第一次演出，演《白兔记》里面《出猎．回猎》这出戏。结果我们老生组唱刘知远的那人正在变声，正好是十四五岁的时候，嗓子都没有了。沈传芷老师说，计镇华会。因为我是在小生组学过的，但是在这之前，咱一直坐冷板凳。

白燕升：您听到这个消息兴奋吗？

计镇华：很紧张，不兴奋。我从来没演过戏，我很紧张，吓坏我了，并且说今天晚上是重要演出，那时候确实很木，什么也不知道，就知道紧张。看师兄师姐在那儿演出，我很羡慕，但是真叫我上，我特紧张。马上到了后台，我第一次进后台，好多名家，化妆也不会化，沈传芷老师给我化的妆。纱帽一勒，这个帔一穿，沈传芷老师傻了："这个小孩真是漂亮！"这出戏是糊里糊涂下来的，但是没出什么纰漏。

白燕升：您的第一次登台，特别有喜剧色彩，也特别有传奇色彩，因为台底下的这位重量级的人物不是别人，就是毛泽东主席。

计镇华：对。谢幕的时候陈大濩第一个讲"毛主席万岁"，我看毛主席在下面，我的印象当中他挺高的，脸好像黑黑的，可能跟他经常游泳有关系。这是我一生当中第一次粉墨登场，沈老师帮我化的妆，观众对象是最高首长。所以这一天对我来讲记忆非常时刻，那天是1956年3月26日，星期三，我始终没忘记。

白燕升：2008年的五一期间，上海昆剧团隆重推出了《长生殿》。这个戏无疑是2008年上海昆剧团的一个宏大制作，连续四天十个小时的演出，主角显然是唐明皇杨贵妃，您的戏份应该说不多？

计镇华：对。不多。

白燕升：但是独具魅力。我听说了一个小故事，很多戏迷，甚至有些残疾人朋友，坐着轮椅，就来听您这不多的几段唱。还有我们新中国的开国元帅叶剑英，曾经听计镇华老师的《弹词》听了不下四十遍，是这样吗？

计镇华：真的是这样。有一次演出，在锦江礼堂，那天点我的戏。我起先还不知道叶剑英元帅看过我那么多次，突然那天上午，我们剧团接到通知，那时剧团刚成立不久，大概是1979年，让我演《弹词》，我一下子就紧张起来。这个《弹词》我没演过，只是1975年拍过一次电影，当时是中央领导说要整理资料，拍成电影，我去参加这个工作，对我帮助非常大，那次完全按照洪昇文学本的原著，它跟演

出本是不一样的,一共十二首,从早到晚,你想电影拍下来,这个戏已经熟透了。1979年叶剑英要点这个戏,我心里当然紧张,但是我心里也有底。当时郑传鉴老师也在,我说郑老师,帮我说一说吧,我这个戏没演过。上午排完,马上就演出,招待叶帅。吹笛子的叫顾兆琪,他跟叶帅比较熟,后来叶帅跟他说,自己是在中南海看这个《弹词》,看了四十遍。

白燕升:您桃李满天下,我也认识您很多学生,并且也跟他们同台演出过。我想这些学生恐怕光跟您学戏还不够,恐怕您的生活习惯,审美的品味,他们都得全方位地学,才会跟您靠近。

1981年,在电影《风流千古》中,计镇华和王馥荔分别扮演陆游和唐婉

计镇华:我觉得演戏就是一个思想,审美。每个人都有每个人的审美观,每个人的条件都不同,要根据自己的条件,自己的审美观去做,也不一定要去学我,学我是不好的,我不希望他们学我,我的老师郑传鉴老师讲了一句话我记忆非常深刻,他说:"计镇华好啊!好在他不像我!"

白燕升:老师很开明啊。

计镇华:很开明。老师领进门,修行在自身。

白燕升:教跟学一定是双方的,我们听到评价年轻的后辈时常说,不错,有点像师父了。觉得这是对学生的赞美,甚至有很多老师也以此为荣,恐怕这个观念这个想法要改改了。上海昆剧团从1978年成立到现在三十多年了,这其中您似乎沉寂了好多年。

计镇华:大概1990年开始吧,一直到2005年。这十几年当中演戏比较少,主观原因客观原因都有,我这个人不大容易去争,我这个人要有人来推。昆剧团成立时,领导老

推我，什么戏都给我演，所以那时候是我的黄金时刻，最好的时间，就是在1978年一直到1985年。我非常热爱这个舞台。但是我的个性又决定着我的命运，在1995年，我排过《一捧雪》，那么里面我有一场戏《审头刺汤》，你知道京剧也有这个戏。当时我逮住这个戏，仔细地研究人物，把京剧好多精锐的东西借鉴进去，我一定要在舞台上发光，发光也不是凭空而发光的，你要有很好的准备。

白燕升：您沉寂了那么长时间，找到了这样一个角色，您会不会把您个人的一些无奈和经历也融入进去。

计镇华：我是发泄。哈哈。我在研究这个人物，我觉得我恰如其分，"汤老爷，请坐。"他念白都带有点贬损的，不像《十五贯》况钟，完全不一样。有点阴阳怪气，开始骂他的时候是真骂，这个念白处理节节高，所以我一上场一个引子下来就满堂彩。结果下面正好是白玉兰评委在看戏，这一个小角色他们惊讶了，我第二次得白玉兰，就是这个小角色得的。

白燕升：在2009年1月份，在上海大剧院，您的个人专场，我非常荣幸去主持，并且我也见到了您的老师，依然健在的百岁老人倪传钺老先生，当

时可能没有跟舞台监督沟通好，没有想到这么快就把老先生给请了上来，结果您还没从下场口绕到上场口，我看您三不并做两步赶紧跑过来推着老师走上台来。台底下的观众沸腾了。 这个细节让我想到了当年章太炎先生到北京讲学，已是著名学者的鲁迅和钱玄同坐在底下听，老师讲完一段，鲁迅和钱玄同就上去擦黑板。那天我看到您推老师那一幕，我觉得特别温暖，通过这个细节看得出您对于老先生的敬重。

计镇华：是。老师某些方面比父母还重要。解放前那么穷困，他们的翻身后，到了戏校教学，教我们的时候真是完全投入，全力以赴地教我们，真是像教小孩一样，我跟郑老师、倪老师，都差三十五岁。

白燕升：我跟上海的白玉兰奖有缘，主持了七八届颁奖晚会。您的这三次白玉兰奖，如果我没有记错的话，不论是主角奖配角奖都是榜首，第一次是1990年的《十五贯》，您跟《十五贯》的缘分有多少年了？

计镇华：五十几年了。当时周传瑛老师的况钟，王传淞老师的娄阿鼠，真是演活了。我两次印象最深的演出，一个是1960年自己的少年时期，一个是自己应该说艺术上较为成熟的1978年了。

白燕升：再说第三次，我非常有幸在现场看了，2008年在国家大剧院您演的《十五贯》。

计镇华：《牡丹亭》进入上海大剧院演出，我心里非常羡慕。看看自己已经六十几岁了，这辈子，这个殿堂大概进不去了。去年我非常有幸，国家大剧院邀请我们上海昆剧团演出《十五贯》，我真是非常重视这场演出。但是这场演出又非常仓促，因为这个舞台非常紧张，没有给我走台的余地，所以在休息厅里面走台时我心里非常着急，租金很贵，那么我怎么办呢？要凭我自己经验，那我先到舞台上看一下，感觉。因为一个演员到了舞台上，要有感觉的，你现在走到这个大厅，这个观众的距离，第一排和最后一排的感觉。我在舞台上释放的能量是不一样的，我首先要观察一下这个舞台，左右、前后、它的空间多大，这个舞台多大，舞台小有舞台小的演法，舞台大有大的演法。然后我再走到观众席去看一看，走到第一排，坐到最后一排，演员是为观众服务的，我要感受一下，今天我释放的能量应该是多少。

白燕升：您一定要给我们年轻的后辈点拨一下，如何练就演戏不慌不忙，如何成就演戏的大王？用最简单的话告诉大伙儿您的秘诀。

计镇华：没什么秘诀。演戏很复杂演戏很难，我觉得很复杂的事情要简单化，复杂的事情简单做，简单就是每一

《长生殿·弹词》计镇华 饰 李龟年

《蝴蝶梦》中饰 楚王孙

《邯郸梦》中饰 晚年卢生

个东西认真去做。您练一项东西,台步就是台步,声音就是声音,你把这些分解了以后,就很简单了。但是你必须要认真去做,除了认真,还要加上一个:重复去做,每天坚持重复做。这个人生啊,其实就是一个重复的过程。每天练,重复地练,觉得很单一、很枯燥,但是一年两年下来,你再带有创造性地重复,你演戏,不要想太复杂,但是你必须要那么去做,才会有创造。

"认真地重复简单的事情",这是计镇华老师遵循的信条。认真,重复,简单,这些词再平凡不过了,但艺术的精髓和伟大,就孕育诞生于此。

计镇华老师经历了舞台上的惊喜、辉煌、失意和振作,他的表演进入化境。他提出"封箱",我深感遗憾,甚至还有几分难过,因为还有太多人没见过他的好,我相信:但凡看过他的表演,你或许就会爱上昆曲——哪怕你对昆曲一无所知。

记得2009年1月17日晚上19点,我从山东赶到上海大剧院主持"计语华章——计镇华昆曲传承艺术专场"。计老师率领着他天南地北的众学生倾情演绎,又一次震撼了台上台下的我们。从这些学生身上,我看到了几分计老师的影子,这就是一脉相承的"传帮带"。在演出进入尾声之际,我激动地表达了蕴藏心里已久的"一家之言":半个世纪的昆曲人生,计老师以老生行当为昆曲打开了崭新的局面。计老师的传统戏有创新,新编戏有传统,形成了自己独特的演绎风格,如今也有满天桃李。尽管新中国成立后,种种原因很少有流派产生,但此刻我想说,从今天开始,让我们把"计派"叫响吧!

我的感言,得到了观众雷鸣般的掌声响应,中国京剧研究所所长赵景勃等专家也纷纷上台发言,支持这一说法。

我曾问过计老师,国家财政部和文化部每年要给昆曲拨1000万元,您认为这钱最应该用在哪儿?他说,应该用在传统昆曲的整理和恢复上,这是保住昆曲的最好办法。一些院团投入了几百万排新编戏,能留住的、能传下去的有几出?传统戏本子虽然是老的,但是演员生活在新时代,演员完全可以赋予人物时代感。昆曲在发展的过程中总归会有所变化,但有些强调改革、创新的新剧,我认为离开传统昆曲太远了,看了以后总感觉不像昆曲。

张元秀的十六个瞬间

那些角儿 THOSE PROTAGONISTS
一个"外行"眼中的梨园

马 兰：情归何处
MA LAN

马 兰

黄梅戏名家，曾多次荣获舞台剧全国最高奖项，电视剧表演全国最高奖项。2007年荣获美国纽约市文化局，林肯表演艺术中心和美华协会颁发的"亚洲最佳艺术家终身成就奖"。被学术界认为"当代把东方艺术传统和现代精神结合的最好的极少数表演艺术家"。

大家对"马兰"这两个字一定都不陌生。

我就是这样，小时候听过童话剧叫《"马兰"花开》；长大以后听说我国第一颗原子弹试验的地方也叫"马兰"；上了点"岁数"，别人给介绍的保健食品野菜又叫"'马兰'头"；全国不少地方都有西北人爱吃的"马兰拉面"……

我最熟悉的"马兰"，是黄梅戏表演艺术家的马兰。

素描马兰

马兰在海内外华人中拥有很高的知名度。在二十世纪最后的二十年里，马兰凭借她的综合素质使黄梅戏变得典雅、大气。她的舞台呈现，品味高雅而又充满生命力，把传统艺术和现代精神结合得恰到好处。并且黄梅戏本身所固有的清新质朴、天然可爱的特点依然还在，于是，与时俱进的黄梅戏拥有了更加宽阔的舞台和更多层次的观众。无论是《女驸马》《小辞店》这样的老戏，还是《风尘女画家》《无事生非》《红楼梦》《秋千架》这样的新编剧，统统都打上了"马兰特质"。

1996年我在石家庄河北剧场看她的《红楼梦》，带给我的震撼决不逊于同名越剧的经典；1998年我在安徽大剧院看她的《女驸马》之《状元府》，带给我的审美愉悦决不逊于前辈大师严凤英。

她的唱腔纯朴，洒脱，不事雕琢，有种返璞归真的朴拙；她的表演入情入理，细腻传神，有种玲珑剔透的灵性。

看马兰的黄梅戏如同欣赏一幅气韵流动的书法作品，单看局部，或巧或拙，不尽相同；感受全局，浓淡疏密，和谐统一。形象地说，马兰和她的黄梅戏已经走在了这个剧种的最前头，产生的影响一度超越了剧种本身。

一直认为，马兰是黄梅戏一面奔跑的旗帜。突然有一天，这面旗帜停止了奔跑，且长达八年之久，让人惋惜痛心。

2008年12月12日，久违的马兰带着全新的音乐剧《长河》重磅出击。集合了多位华人艺术大家心血的中国第一部大型原创音乐剧《长河》于当晚在上海大剧院首演，我专程前去观看。在《长河》富有气质的入场券上，写着这样一句宣传语，"一次跨界实验的美丽组合，一群艺术顽童的移位创造"。《长河》由余秋雨担任总策划和剧本创作，香港导演关锦鹏执导，著名音乐人鲍比达作曲，设计师张叔平操刀人物造型，主演是黄梅戏表演艺术家马兰……光看这些名字串在一起，相信大家都会有期待。

但我看得很不安，内心经历了"找寻马兰"——"陌生马兰"——"理解马兰"——"全新马兰"的蜕变挣扎，但做为朋友，看到她谢幕时的依然兴奋而心安。

想起了过去的马兰，想起了与马兰的交往……

含悲忍泪往前走

和马兰认识十多年了，最早的合作是1997年的春节戏曲晚会，我们是主持搭档。

1998年在当时的《九州戏苑》里采访过她，同年应她邀请专程去合肥看了《秋千架》的首轮演出。

后来，听说她离开了安徽，震惊且惋惜！

再后来，每每见面，通话或短信，她总是若无其事地回应着"我挺好的！"

如果她不是我敬重的艺术家，如果不是艺术上可交流可过心的朋友，我不会如此在意一个人的去留。古人讲：子非鱼，安知鱼之乐？

2006年大年三十儿，我们在郑州做完一赛事评委工作后各奔南北回家团圆。那时我就约她择机走进《燕升访谈——戏苑百家》。

2007年12月26日晚，《燕升访谈——戏苑百家》的录制现场，马兰终于坐在了我的对面。

我问她："你在上世纪90年代初主演的《红楼梦》迄今仍是黄梅戏新时期以来最好的剧目，10多年来，没看见有新剧目超越它。这么好的剧目你为什么没有一直演下去？"

马兰会意地笑了，说："你是问我为什么离开安徽吧？"

我顺势追问："都说你离开安徽是'义无反顾'，我不想探求原因，我只想问，这些年来你真的一点也不留恋……？"

离开安徽黄梅戏舞台快八年的她，首次披露出走原委，让我惊讶！

…………

提到一位老演员张萍，《电影天仙配》中六姐的扮演者，她眼睛湿润了。因为在马兰去留难料之际，有一天，张老师在省黄梅剧院门口看见她，突然握住马兰的手满眼含泪地说："孩子，听说你要走？严凤英38岁走的（去世的），你可别离开黄梅戏啊……"

马兰说到这儿，眼睛湿润了，那一年她刚好也是38岁。

38岁，正值艺术创作的成熟期高峰期。马兰与黄新德——曾经黄梅界的领军人物，绽开了"二度梅"的辉煌！

马兰的出走，缘于木秀于林，风必摧之？还是率直简单的性格不堪世事纷扰？是"莫须有"的人言可畏，还是创作彷徨时的顺水推舟？是外面的世界太精彩还是故乡的山水太无情？……

无论孰是孰非，马兰的离开，都是黄梅戏永远的痛！

提到合作了20年的搭档黄新德，她说：我们是最好的对手！

应网友要求，我和马兰现场唱起了《海滩别》。

50多分钟的节目我们聊了100多分钟，马兰几乎没回避我的任何提问，谢谢马兰的坦诚！这份坦诚更像是知心朋友的珍重托付，我当然无法满足一些戏迷强烈要求"把马兰说的100多分钟全播放出来"的愿望。理由很简单，这是职业的良知使然，媒体的立场所限，也是对当事人的尊重和保护！

事实上，录完访谈后回到上海，就接到马兰电话，她先是感谢，之后嘱我几个细节不要播出。我同时也告诉她，关于出走原委的描述，我们后期制作时也会精心剪辑使其"软着陆"的。

我相信，一切真实的心声，都将得到理解；一切焕然冰释，都会令我们心存感激！

心系黄梅　永不言弃

不知为什么喜欢上了黄梅戏，也说不清黄梅戏和黄梅人谁是因果。

但清楚地记得1998年，安徽电视台要上一档戏曲栏目，准备竞聘制片人的叶龙力邀我加盟，并征询我先做什么？我想都没想，脱口而出"五朵金花"。尽管我懂得这个称谓就是当事人也未必认同。但我知道戏迷的心思和渴望。1998年，袁玫和杨俊先后离开安徽十年了；吴琼离开七年了。就在这一年，马兰也和我谈起过她的困惑，似乎也萌生去意，我隐约感到一个剧种又将缺失些什么……

这个时候，如果能让"五朵金花"《相约花戏楼》，至少满足了戏迷期待！当然也是我的期待！

这个想法一提出，就遭到了包括叶龙（五朵金花艺校的同班同学）在内的所有创作组成员的质疑。我知道他们的难处。

记得当时从南京赶往合肥的路上，我亲自打电话邀请马兰，她最终同意了。我很感谢她，因为第二天就要录像。否则这个策划将不完整。

太多年了，五朵金花各奔东西，天各一方，但都心系黄梅。种种原因，没能再聚首。

…………

音乐剧《长河》马兰饰 孟河

《燕升访谈——戏苑百家》即将专访马兰的消息2007年11月3日贴上博客后，跟贴评论迅速达到数百条，点击数万人。除了对马兰的想念赞美外，很多网友期盼五朵金花再聚首且能同台演唱，还有不少人企盼马兰和黄新德能联袂对唱……我心中暗喜并下定决心：明知不可为而为之，或许它就可为了。——不知从哪儿来的力量！

实话说，在此之前，我一直寻求机会，多方游说，想组织策划一台包括五朵金花在内的黄梅戏大型演唱会"回家"。从黄梅戏的源头讲到今天，以此串联起各个时期的人和戏，对黄梅戏做一次梳理和巡礼。

就在这时，吴琼告诉了我一个不谋而合的好消息，经过一段时间的酝酿和努力，"个唱"的准备

工作基本就绪。并且也和其他四个姐妹打好招呼，马兰和我共同主持。于是，"回家"——2008吴琼新年演唱会也自然纳入了《戏苑百家》的特别节目运作中。

独家见证拥抱

2008年1月1日晚，提前到达合肥的我和马兰聊到深夜——为如何串联吴琼个唱。她和我讲起其它四姐妹的往事，认真得像老师在备课，清晰得似情景再现。我不禁感叹：是艺术家，一定有真性情！

第二天上午，我们在安徽大剧院走台。分开七年，彼此没有音信往来的合作了20年的老搭档黄新德、马兰，四目相对，欲说还休。之后，迅速躲开彼此的目光。

我在现场，看得心痛。戏迷都知道，马兰和黄新德这两位黄梅界的领军人物绽开了黄梅戏"二度梅"的辉煌。当初最好的舞台"对手"不知从何时何故变得渐行渐远。

主持一段过后，我和马兰继续坐在台侧候场，我无法释怀刚才的一幕，现场声响太大，我凑到马兰的耳边不听地唠叨，希望他们能马上好起来……

黄老师和吴琼唱完《梦会》，正要离开，我大声呼喊："黄老师。"

黄老师直视着我走过来，其实余光里百感交集。我和马兰坐得很近。我一看机会来了，不知是轻是重地拍了一下马兰肩膀。马兰站起来，正好黄老师赶到。

马兰说："少爷，你对我怎么那么冷淡？"

黄老师说："没有哇。"

…………

七年来没见过面的昔日黄金搭档紧紧拥抱在一起，失声痛哭！

黄老师说："都怪我！都怪我！太可惜了！……"

马兰说："你也上年纪了，保重自己！"

此时，只我一人听到了他们七年来的首次对话。心里湿润了，温暖着，热流涌动……

之前的《燕升访谈——戏苑百家》已播出了黄新德专访，元旦前也已录制完马兰专访，两位艺术家惺惺相惜溢于言表。

和我同去的李晶（《戏苑百家》撰稿）被眼前的一幕惊呆了！我赶紧示意她，拍下了这唯一的瞬间。

正在走台的吴琼见状，像一只小鸟飞奔过来，不停的喊着：太好了！太好了！似乎比看到自己的"个唱"成功还高兴！

于是，我也站起来，和他们仨人紧紧抱在一起……

五朵金花泪洒相思地

2008年1月2日、3日，吴琼合肥的个唱，在安徽大剧院如期举行，两场演出一票难求！

晚会的最大高潮来自五姐妹的同时出场，我激动了，控制着自己，但我看到台下不少人抹着眼泪，我说"五姐妹再站近一点儿好吗？"五姐妹中的老大袁玫笑得最灿烂，"搂在一起都行啊！"于是五朵金花16年后的再度同台深情相拥沸腾了大剧院！点燃了现场所有人的热情！

我平静着自己，否则无法开口。"这一刻，让我们等得太久了！'五朵金花'的称谓，重要也不重要。说它重要，是因为它已经成了黄梅戏的组成部分，成了一个时期黄梅戏的代名词；说不重要，它只是1981年香港汇报演出后，当地媒体借用了当年很红火的一部电影《五朵金花》的名字来赞美五姐妹的一种约定俗成。1992年在北京的一次合作，五姐妹同台演唱黄梅戏。16年后的今天，五姐妹再一次走到一起，这份情太重了！……"

音乐剧《长河》马兰饰 孟河

在《红楼梦》饰 贾宝玉

五姐妹都表达了对家乡父老的谢意，就像杨俊说的，"参加吴琼个唱'回家'，其实更是我们五姐妹情感的回家。俗话说，好女不断娘家路，我愿经常听到家乡的呼唤！"

马兰动情了，她紧紧抱住满脸泪水的吴琼，说"吴琼，好样的！我为你骄傲！我们每一朵花都不一样，尽管我们花开各地，只要我们团结起来，黄梅戏一定会绽放得更加灿烂！"

此情此景，五姐妹全都泪光莹莹，心潮澎湃。台上台下互动共鸣融为一体。

此刻，我忽又想起演出前的当天中午，我极力撺掇并强烈要求和五姐妹共进午餐。因为那顿饭对于当晚的演出太重要了。彼此多年未见，如何消解说不清的芥蒂进而轻装登台？吴亚玲最先开口，话到嘴边却早已泪如雨下："我和马兰合作的时间最长，我只要翻开影集，随处可见马兰，我们这么好的姐妹，为什么……"

马兰哭了，在座的谁都没忍住眼泪……

"让她们唱一段！唱一段！"

现场观众的阵阵狂呼拉回我的思绪，我赶紧回应着："没问题！不过，我想再为大家请出黄梅戏不同时期男演员的几位代表，有请黄梅名家黄新德，蒋建国，张辉，刘华上场！"观众再次沸腾。还没等我组合，人家几位"大绿叶"已各自在"金花"身旁站定：蒋建国和吴亚玲，黄新德和杨俊，张辉和吴琼，刘华和袁玫。按照彩排时的程序，我和马兰请他们四组八人共唱《夫妻双双把家还》，然后我俩下场。

但接下来的一切绝对现场！只有我和大姐袁玫知道。

正当我和马兰转身下场之际，就听袁玫高呼："马兰回来！白燕升也回来！"我做无辜状，"我俩是主持人。"袁玫继续忽悠观众，"大伙说，她俩和我们一起唱好不好？"我站住了，看着马兰，马兰显然这突如其来的变故毫无防备，她继续往台下走。但观众雷鸣般的掌声呼喊声让人无法拒绝，马兰不大情愿地走上舞台，一脸迷惑的看着我，似乎在问：今天怎么了？不是说好了我只说不唱吗？我更是装作一脸的无奈。此时再看袁玫，她拉着黄新德老师跟我说："燕升，今晚主持，你和马兰是搭档，但现在，还是让马兰和她的老搭档一起唱，当然也不亏待你，让你和我们姐妹里最漂亮的杨俊搭档怎么样？"我做配合状乖乖站好了位。实话说，黄老师和马兰站在一起确实都有了些许的不自在。我一看,时机已到,趁势推波助澜,"袁玫,这样很好。但我觉得还不够。"我一边说着一边看着黄老师和马兰,"黄老师,向右转!"黄老师转过身去,有些腼腆地直视着马兰,我继续,"马兰,向左转!"马兰转过身,正好面对面,她先伸出了双臂,两位艺术家在曾经合作了20年的舞台上紧紧相拥……

那天晚上的观众是幸运的,他们满足了所有的渴望;

那天晚上的观众是热情的,他们是怀着祝福带着期盼来的;

那天晚上的观众更是幸福的,他们见证了历史性的一幕幕并由此看到了黄梅戏的希望!

演唱会异常火爆轰动,由此引发的影响和震荡早已超出了演唱会本身。它就像一次"融冰之旅",化解了太多人心底的疙瘩和积怨,为黄梅戏注入了健康血液使其得以重现生机。

马兰在此次演唱会上,清唱了一段《菩提树》。都说,戏如人生。《菩提树》唱出了一个旅行者的内心追问,菩提树似乎就是马兰的精神象征:

跋涉万里,风尘仆仆,只为寻找那菩提树!

拥挤的路,吵闹的路,不平的路,危难的路!

我问苍天大地,二千五百年,可曾记住?

山川默默无言,处处都是迷途。

苦行的喇嘛向我一指,菩提树还在远处,还在远处!

一步一步,一步一步,还在远处,远处……

忽见天晴气朗,大树绿荫婆娑,坐起一个行者,站起觉者无数。大道无私,大雄无我。

从此走遍天下,溶化一路愁苦,

从此授业无量,创建人间乐土。

我想说:没有一条路可以通向幸福,幸福就在路上。祝福马兰!祝福五朵金花!祝福黄梅戏!祝福所有热爱艺术怀揣梦想的人一路上和幸福相伴。

此后,马兰重新上路,沿着漫漫长河找寻那棵属于自己的菩提树。

2008年年底上演的音乐剧《长河》是她要找寻的那棵属于自己的菩提树吗?

作为中国戏曲和西方音乐剧嫁接的初次尝试,《长河》吸引了诸多专家的目光,上海戏剧学院以此剧为基础开办一个"戏曲音乐剧专业",并请马兰主持。

2009年正月未完,马兰亲自出马到北京等地开始了"戏曲音乐剧专业"的招生面视。后来她告诉我,生源很满意。"戏曲音乐剧专业"开办后,马兰还将出面邀请谭盾、关锦鹏、白先勇、林怀民等艺术家担任特聘教授。而马兰的老搭档黄新德、吴琼、徐志远等也将受邀前来讲课。此外,其他剧种的主要演员,也已纳入她准备邀请的名单。

马兰还告诉我一个好消息:明年,也就是2010年,她将奉献一台全新的黄梅戏。

黄梅戏《秋千架》饰楚云

那些角儿 THOSE PROTAGONISTS
一个"外行"眼中的梨园

陈智林：没有艺术家，只有艺术品
CHEN ZHILIN

陈智林
1964年1月1日出生。
四川省川剧院党委书记、院长，国家一级演员，第十届、第十一届全国人大代表。四川省戏剧家协会副主席，四川省川剧学学会会长。

曾荣获中国戏剧"二度梅"、文华表演奖、中国戏剧优秀表演奖、全国文化先进工作者、四川十大杰出青年、四川省文化系统抗震救灾先进个人等荣誉。

他在《巴山秀才》《易胆大》《望娘滩》《都督夫人董竹君》《夫妻桥》《峨眉山月》《尘埃落定》等几十出戏中担任主演。艺兼文武，唱做俱佳，展示了他深厚的艺术功力和才华。被香港媒体誉为"川剧瑰宝"。

2008年5月12日，对于每一个中国人都是一个永远不会忘记的日子，一场发生在天府之国的八级地震，震撼着每一个中国人的心。经过一年艰难的灾后重建和心灵重建，坚强的四川人，会呈现怎样的风貌呢？在地震一周年到来之际，我采访了四川省川剧院院长陈智林。

陈智林天赋金嗓，音色美，音量足，音域宽，舒卷自如，得到著名表演艺术家陈书舫以及著名小生刘又全、蓝光临等衣钵真传，表演功底深厚，演唱声情并茂，具有扣人心扉的穿透力，往往一曲未终而彩声迭起。

陈智林塑造了许多闪光的舞台艺术形象。巴山秀才孟登科的迂腐、李硕勋的坚强、牛玉儒的忠诚、大佛海通的悲天悯人、易胆大的机智勇敢，都被他演绎得淋漓尽致。

2009年7月7日晚上，为庆祝新中国60华诞而特别创作的川剧《尘埃落定》在成都首演。《尘埃落定》是中国戏剧第一次改编茅盾文学奖作品，陈智林以精湛的表演，生动地展现了麦其在自我欲望中扑腾、却不可遏制的人性悲剧，体现了农奴制度必然消亡、被新时代取代的历史主题。

陈智林坦言，这出戏提升了川剧剧本的文学高度，是创新川剧创作模式的一次重要探索。他说："第一次阅读《尘埃落定》，就产生了把它搬上川剧舞台的强烈愿望。这部作品从小说到电视剧再到舞台剧，最终能用川剧形式来讲述四川本土故事，这也算是一种尘埃落定吧。"

小说作者阿来不仅免费转让了《尘埃落定》的川剧版权，还担任该剧顾问。他说："小说中的抒情、写意、抽象，用川剧方式来表现再适合不过。"

陈智林一直认为，川剧本身就是大众娱乐。眼下各种时尚娱乐都是传统戏曲的竞争对手，地方戏曲要创新、要发展、要赢得更多观众,必须适应这个时代,尊重现代人的审美观念。过去川剧的"一桌两椅"有它的优势,但不能所有的戏都这么运用,现在的舞台越来越走向综合,已变成了一门集合灯光、舞美、服装等各门类的综合艺术。这次的《尘埃落定》大大地丰富和强化了舞台的色彩、层次和意境;剧中人物性格也以不同色彩的服装来表现,让观众耳目一新。他要让川剧《尘埃落定》成为既养眼又养心的经典之作。

白燕升:陈院长,从去年的512到今年的512,对于每一个四川人中国人都是特别凝重的一年。这场灾难或许唤起了每一个中国人心底潜藏已久的那份爱,人与人更加理解了,人与人更加懂得付出了,彼此相互取暖的一种情感又找回来了。

陈智林:对。人与人的心靠得更近了。在大自然不和谐的环境里,促进了人与人的和谐,人与自然的和谐,每一个人自己跟自己心态的和谐。

白燕升:这场地震给您带去了什么样的影响?

陈智林:在灾后的第三天,我就率先带我们剧院来到灾区,为受灾群众义演。通过义演这种特有的方式,对灾区关怀、关爱,而且我们剧院也涌现出了很多非常感人的事迹,一个青年职工,他自己一个月工资加起来不到一千块钱,因为家里面做了一点小生意,他捐了十五吨大米,在没有告诉我们所有人的情况下,自己直接送到灾区。

白燕升:你这个剧院一个普普通通的演员,捐了十五吨大米?

陈智林:对。在平时可能觉得非常平淡,感悟不出来人的真实情感。人在灾后对心智的重新梳理、调配,让我觉得非常震惊、非常叹服,而且人的精神面貌所反映和呈现出来的一种状态,确实让我觉得中国人是震不垮的。

白燕升:四川省川剧院反应非常快,还创作了一台以戏剧为主的赈灾晚会?

陈智林:对,《大爱国魂》。因为在大灾里面体现了大爱,而大爱传递出了我们国家、我们民众的一种魂魄,渗透出了一种坚强凝聚力。演出完了以后,首先是让我们自己先感动了,然后通过我们这么一个文化平台,传递给了值得我们去感动的服务对象。

白燕升:凭我直觉

判断,您率领的四川川剧院非常有凝聚力,非常团结,这一点非常难得。您还有一句口号,"剧团",就是要"以剧团人,以戏团人。"什么叫以剧团人?

陈智林:在我们剧院,我一直在思考一个环节,2001年就提了一个概念:用心智来服务于社会,服务于纳税人。纳税人用钱供养着我们的一个文化事业单位,我们的感恩来源于什么。在多元化文化发展的空间里面,我们能够有自己的一亩三分地来服务于民众,社会给我们提供了这么一个平台,首先我们要感恩这种平台;然后把这种感恩转换成一种包容,用我们自己的感恩心智,用我们自己的包容心态,来形成我们服务的一个状态。用我们自己最好的艺术作品、用我们自己最好的艺术呈现展示出来。我的理解是,我们今天的努力,我们今天对传统的传承,去伪存真、去粗取精,形成了今天的艺术作品,它就是明天的传统,我们今天形成的艺术品就是明天研究我们的对象。

白燕升:您的一番话我都认同。感恩、包容,您以这样的教化来团结您手下的演职人员,演戏先做人,不单单做一个好人,要做一个感恩的人,做一个善良的人,自己要跟自己的心和谐,这样他排戏、演戏,他才会和谐。

陈智林:文化做到最后比拼的是什么,比拼的是你对文化的理解。一个艺术发展到最后,很多艺术是悟出来的,单一的老师教的东西,实际上在你体现的过程里面,已经完善了,而最后,在提高和升华的环境里面,完全靠人生的真善美。如果做不好一个人,肯定做不好一个演员,做不好一个艺术家。艺术家是融汪了自己的道德,自己的艺术观点,自己学习的一种态度。到现在为止,很多人对文化的理解,很多只是凭一种感觉,我就希望单一凭感觉的人,多一些实际的了解以后,再来思考。就像为什么我们必须要做一些改革,比如说我们的锣鼓,以前很多人理解的川剧锣鼓,很杂、很吵,让人觉得很揪心。锣鼓是什么呢?我的理解:锣鼓实际上是一个招商广告,以前农村在坝子里演出,为了招揽观众来看演出,让锣鼓来吸引所有的人,先声夺人,把人吸引过来,锣鼓就是引领观众来看演出的一个工具。

可是到今天,我们的艺术进了剧场,取代锣鼓功能的是非常优美的序曲。这个序曲就把你引领到今天晚上为你展示的艺术故事状态里面。它是一种健康的理疗,健康的转换。

白燕升:听得出,院长融入了太多的思考,怀着一颗感恩包容的心,去做人、去演戏,演员最后拼什么,拼文化,文化怎么理解?如果把所有的技巧把所有学到的知识,比喻成"文"的化,要靠我们的感恩包容上升到真善美,靠我们的悟性,靠我们善良的心,把它"化"掉,我觉得这才能达到文化的境界,正所谓"以文化人"。

川剧是个古老的剧种,您当院长有十七年了。您理解的川剧是个什么样?

陈智林:说到川剧,其实它是一个全国乃至全球都不陌生的剧种。什么叫川剧,就是四川人用自己的幽默,用自己的语汇,用自己的才华,通过他自己对艺术的一种升华,形成我们自己的一种讲故事的手段和方法。

白燕升:您把川剧理解成了四川人特有的一种语汇了?

陈智林:因为川剧本来就有唐三千、宋八百,说不完的三列国,四川早在唐代就有"蜀戏观天下"的说法。从另一个方面来讲,四川是一个文人辈出的地方,像历史上李白、杜甫、"三苏",包括司马相如、卓文君,近代的巴金、艾芜、郭沫若、沙丁,还有李劫人等等,实际上也是四川的土壤孕育了这些文人的思绪,也是四川这些了不得的文人,为四川文化的建设奠定和树立了生存发展的基础。作为川剧来讲,它是一个非常不保守的剧种,它从来不拒绝所有的艺术形式对它的渗透。这些年我们在全国每一个地方演出都有回头客。包括在清华大学、北京大学演出，甚至演完以，北京大学的很多学生都希望办一个川剧赏析班。他们不仅仅是需要了解川剧，他们希望通过川剧，了解川景、川菜、川酒、然后川人。实际上，川剧是把所有的四川文化，集中地反映在了一个一亩三分地的小小平台上面了。

白燕升：四川、川剧，其实已经融入到了你的血脉里。

陈智林：要想人迷戏首先要戏迷人。我不光是对川剧，我对中国的传统文化，都是非常认真地在思考。比如说我们中医讲的望闻问切，我们国画讲的密不透风，疏可走马，戏曲讲的四辛千军。中国传统文化都是一脉相承的，你以什么样的取舍以什么样的状态来面对你从事的艺术，怎么样形成一种艺术与艺术之间的包容，其实艺术最需要与时俱进的一个生存门类。

白燕升：读书一定是您的爱好？

陈智林：我觉得到今天为止，读书是我维系和保护得比较好的私人空间。就是再累，我每天的读书时间，也从来没有轻而易举放弃过，包括我们外出，甚至去国外，我也会捎上两本，就是随身看的小书籍，来陪伴自己。

白燕升：我一直觉得提高人的文化素养，读书是最好的途径，开卷有益。我感受到读书是你生命里的最爱。读了那么多书，才能够触类旁通。谈到各门类之间的一种融汇，您也说了很多的妙语，比如你就曾说过，现在是"小明星大艺术家时代"，怎么理解？

川剧《大佛海通》陈智林饰 海通

陈智林：作为我们戏曲演员，讲的是台下十年功，台上一分钟。夏练三伏，冬练三九。像裴艳玲先生、像尚长荣老师，这些名家大家知誉度没有进入大众视野。文化的以文化人，寓教于乐的功能，我觉得在很多环节里面，多给民族文化，传统文化一个话语平台，提供一个公平竞争的话语空间。其实中国老百姓非常善良，我们用什么样的文化来引领他们对祖国热爱，我们文化本身，应该给他们传递一些中国人的骨气，中国人的魂，中国人的良心。

白燕升：我们不是在热门品种里沸腾，如果我们去沸腾的话，也许会获得眼前一时的名和利，我们选择在一个冷门的品种里，不断地加温，这是一份责任。其实说到"小明星大艺术家时代"，我还想到了一位大艺术家——计镇华老师。他跟我讲了一句话，我一直印象非常深刻，他说我从艺几十年，我做的是什么——认真地重复简单的事情。我说您把这句话再给我解读一下，他说比如说排戏、走台，我每一步每一个调度，每一个位置我都要走到。但是我看到一些年轻演员他们不爱走，觉得这个我会，没有问题。

他还说，我每当进入一个剧场，总要走下台去，在前排看看台上，到中间再回头看看台上，一直到最后一排再看看台上，我说您看什么？他说我找找观众看台上的感觉，今天晚上在这个舞台上，我要释放怎样的能量，把握怎样的火候和分寸。他讲这些的时候，我心里油然而生敬意。这就是大艺术家。

陈智林：这就是责任和良心在托起民族文化发展的一种脊梁。到今天为止，我觉得从事民族文化的人，很多是有脊梁的，包括我在剧院提了一个概念，特别是艺术剧团里面，更多的来讲是艺术品，不是艺术家。它是一个综合的艺术，没有一个综合环境，给你提供的一个综合平台，一个综合的作品，把你摆在一个综合的亮点上，你肯定形不成今天的所谓艺术家。

白燕升：有今天这样的一番理念，我相信跟你之前的"不务正业"是有关系的。你当过老板，当过县长，这都是哪年的事儿？

陈智林：二十多年前了。当时做了一个四川省娱乐文化产业公司，那个时候还算做得不错，有点感觉吧，后来当了两年县长。

白燕升：怎么最后又回到了戏曲？

陈智林：因为我觉得做每一件事情职业道德是最重要的。我在做老板的时候，我也不坑人、不害人、不给别人制造麻烦、帮忙不添乱，实际上是通过煎熬自己，形成一种服务状态。那么多年，服务两个字在我心底是非常牢固的一个概念，心里装自己少一点，这个很重要，你能够容天容地，天地容你，你能够容下只有你自己才能够容下的环境，也就只有这个环境才能包容你。

跟陈智林院长聊天，给了我很多思考。我能感受到他和他的同行肩上担负的沉甸甸的责任，他曾说："川剧艺术是昨天的先人给我们留下的宝贵文化财富，我们要用今天的努力形成对明天的影响。"

从陈智林身上，我看到了四川人典型的性格——达观、幽默、自信、坚忍。经过了2008年那场5·12大地震，成都依然是中国最休闲的一个地方，但愿这种动静相宜的精神，能够成为我们至高的生活追求。

最后告诉大家，四川省川剧院与中国电视剧制作中心合拍的20集川剧电视剧《李白进京》正在积极筹划中，陈智林演李白。他特坦言，自己塑造的李白会更加生活化，突出四川戏剧的重要特性。川剧的精髓肯定一个都不会落下，同时还会加入许多影视剧的喜剧色彩，让剧情更加丰富。现在的当务之急是减肥，起码要减20斤，恢复到演《巴山秀才》时的体型，才能胜任。

川剧《巴山秀才》 陈智林饰 秀才孟登柯

那些角儿 THOSE PROTAGONISTS
一个"外行"眼中的梨园

王君安："宝玉"归来"芳华"依旧
WANG JUNAN

王君安

越剧发源地——浙江嵊县（现为嵊州）人。十一岁考取了福建省芳华越剧团。她的艺术天分得到了尹桂芳的慧眼垂青，成为尹派的嫡传第五代弟子。

1986年十六岁的王君安以一出尹派名剧《红楼梦》蜚声上海滩，1990年她的《玉蜻蜓》再次在上海引起轰动。1996年王君安赴美国留学，毕业后在美国从事金融工作五年。2006年重回福建芳华越剧团。

她归去来的故事扑朔迷离。越剧，真的是她舍弃海外优越生活的一切动因吗？她的回归让多少人心里泛起了波澜？曾经的空前盛况十年后是否还能重现？她顺其自然的松散态度为什么刺激了越剧戏迷？王君安重拾越剧，是亡羊补牢，还是王者归来？

　　有着"越剧皇帝"美誉的尹桂芳先生，她的表演气质清丽高雅，靴子功、眼神功令人叫绝；她的唱腔格调深沉委婉，洒脱隽永，尤其她的中低音突出，韵味醇厚。

　　如今的尹派弟子遍天下，福建芳华有个王君安。她忠实地先模仿后继承，艺术天分得到了尹桂芳先生的青睐。1986年，16岁的王君安以一出尹派名剧《红楼梦》蜚声上海滩，在上海连演30天，场场爆满，"小尹桂芳"之名不胫而走，轰动了越剧界。1990年，她的《玉蜻蜓》再次在上海引起轰动，从而奠定了她与浙江的茅威涛、上海的赵志刚三分天下的地位。

　　1990年华东区越剧青年演员"霞飞杯"大奖赛中获"越剧新星"桂冠。

　　1994年芳华越剧团复排《玉蜻蜓》，获得第四届文华奖、新剧目奖和舞美设计奖，王君安获文华表演奖。

　　1994年中国小百花越剧节中再获"金牌奖"。

　　王君安的尹派艺术如日中天，正值舞台挥洒才情的颠峰时刻，1996年王君安却突然华彩转身，只身赴美国留学。

　　2001年取得美国天主教大学经济与金融管理本科学士学位，毕业后在美国从事金融工作直到2006年。

　　十年里，她的恩师尹桂芳先生、培养她的芳华越剧团和对尹派艺术流连不舍的戏迷们痴痴地守候着、期待着她的归来。就在戏迷千呼万唤望眼欲穿的长达十年的漫长等待快要无望之际，2006年"王者归来"，洗尽铅华的王君安重新回到了福建芳华越剧团。

　　回来这几年，王君安除了恢复尹派剧目外，还积极参与纪念老师的系列活动。2007年，在某栏目演播室，我与她和李敏只做了短暂的交流。2008年10月，我给她发短信，力邀她参加11月在她的老家浙江嵊州录制的大型晚会，并执拗地坚持让她在李敏领唱的开场歌舞后第一个出场，我庆幸我的判断：久违的王君安一上场，便迅速点燃了越剧故乡人的热情。

2009年元月，内敛低调的王君安在我几次邀约下，终于接受了我的专访。之前听上海某报的记者同行（也是她的粉丝）告我，她话不多，不好采访，别人很难走进她的内心。当我们面对面坐下来，似乎有一种信任立刻弥漫开来，问答都随意，我也不追问，确是一次难得的交流。那期访谈的收视位列所有栏目之首，再创新高。

白燕升：君安，你知道吗？我的个人博客上登出了包括你在内的一个嘉宾采访名单，很快几百多条留言，大家都特别地兴奋，特别地关心你，你来告诉我这是为什么？

王君安：我也不知道，我旁边有很多非常年轻的观众，他们对我特别地关心，我也不知道是为什么，可能是觉得，我离开舞台这么多年了吧。我相信这是尹派的魅力，因为我是尹老先生亲手培养出来的，现在，老先生已经过世这么多年了，所以观众在我身上，就有那种期盼吧。

白燕升：君安来自福建芳华越剧团。这是尹桂芳老先生那个时候打天下、扎根的地方。我听很多人讲，说尹桂芳先生跟王君安的关系就像家人一样，像祖母和孙女一样。

王君安：是的，因为我十二岁的时候，就进到福建省芳华越剧团，那个时候我非常小，就是一个非常不懂事的小女孩，而且我又非常地内向。从那个时候，我就在尹老先生的身边，慢慢地开始学戏，她不仅教我演戏，还在各个方面教我做人，我在她身边度过了十几年。我去美国之前一直在她身边。

白燕升：说到王君安的时候，很多人都说她是个极有天赋的人。但是你知道有一种说法：往往极有天赋的人都不太用功。你觉得你对于越剧，投入了几分？还算用功的一个演员吗？

王君安：我不算用功。这个我承认的，真是不算用功。就像尹老先生说的，我如果用功的话就不会是今天。有一次我爸爸妈妈到上海去看老先生，然后老先生就拉着我妈妈的手，非常感谢我妈妈，她说你生下了这么好的一个女儿，各方面都这么好，唯一的缺点就是她不够用功。

白燕升：那么不用功，自己也承认不用功，还那么受大家的追捧。

王君安：我现在很用功的。

白燕升：很多内行的观众当年称你为"王三出"。即《红楼梦》《玉蜻蜓》《盘妻索妻》。

王君安：这个词我今天第一次听到，哈哈……

白燕升：你给我们分析一下，为什么会说"王三出"呢？是你就会这三出戏，还是……

王君安：那也不是，其实我在芳华，我也演了很多的传统戏。大概就这三出戏给观众的印象特别深。所以观众就叫这个名字吧。"王三出"，不过今天我还是第一次听到，我以前没有听说过这个词。

白燕升：说到"王三出"当中的《盘妻索妻》。我听说这个戏是尹桂芳先生当年根据《盘夫索夫》获得的灵感改编的。

王君安：是的，所以她其实也是编剧，陈曼也是编剧。

白燕升：说到《红楼梦》，应该说是越剧的一个经典剧目了。但是被更多的普通观众熟知的还是徐玉兰老师跟王文娟老师的电影版本。但是越剧迷们都知道，尹桂芳老先生的《红楼梦》也是非常……

王君安：那是真正的贾宝玉，那是非常棒的，非常地委婉，非常的细腻，非常的有情。

白燕升：你从什么时候开始演这个戏？

王君安：十六岁，我艺校毕业的时候，老先生就请了上影厂著名电影导演黄祖模，来给我们排《红楼梦》这个戏。我们芳华回娘家，第一次回娘家，在上海演出的就是《红楼梦》，反响非常好。那个时候舞台上非常的整齐，全部是刚刚毕业的学生，二十几个人，我那个时候才十六七岁嘛，所以，一炮打响。报纸上是这样说的。

（演出）的确反映是很好的，这个戏应该说是老师手把手教的。每天老先生挂着个拐杖，那个时候，福建条件是非常差的，团部没有像现在这么好，从住宅楼到排练厅，不是水泥路，而是泥泥坑坑的那种，一下雨的话根本无法走路的。老先生是每天坚持到排练厅坐场，哪里不对了，她马上就给你纠正过来，我们排了好几个月。

白燕升：尹派跟上海的这种关系，真是说不清楚。刚才说到君安十六七岁的时候演《红楼梦》在上海一炮打响，当年尹桂芳老先生在上海，跟上海人民的情感，那也是不得了的。我听很多老先生跟我讲，从上海去福建的时候，上海的戏迷是在火车轨道上拦车痛哭，不让火车走。那个场面是非常感人的。

王君安：是的。所以在上海提到尹派都知道的。老先生身上有这种魅力，她去世这么多年了，观众还对她念念不忘，一直记得她，这就是她的个人魅力。

白燕升：君安是1986年在上海演出的《红楼梦》，我听说首场演出观众的掌声长达二十三分钟。

王君安：对，蛮长的。

白燕升：那你出来谢幕多少次？

王君安：好像三十几次，反正观众一直不肯走，当时老先生就在台上陪着我们一起谢幕。那段时间，我们在上海演了一个多月，老先生每天晚上到剧院来，陪着我们一起感谢上海的观众，然后每天晚上就给我炖鸡汤，来给我补一补。因为我那个时候人比较瘦，她不断地跟我说要加油啊，好好演。

白燕升：十六七岁的小姑娘，受到了如此的追捧，有没有飘飘然过？

王君安：真是没觉得。从一进团开始，我就觉得我小小年纪，就要扛起一个做大人的那种责任，做大人的事儿，所以从小就是这样子的。

白燕升：十六七岁的小姑娘这么坦然地面对荣誉，面对掌声和鲜花，这可能是天生的素质。

王君安：我从小好像把这些都看得比较淡的，蛮淡的。

白燕升：1986年带着《红楼梦》一炮打响上海滩，到了1996年君安又制造了一个至少是在越剧圈内，是一个不大不小的新闻——出走。并且走得还挺远，到了美国；走的时间还挺长，1996年走的，一直到2006年，整整十年她才回来。为什么要这样？

王君安：因为芳华是在福建嘛，那个时候我走当然也是有一定的原因。最主要的原因就是我从十二岁的时候就离开家，去了福州，然后我们上的文化课很有限，某一天我要是有机会的话，我要出国去留学，这是我最大的梦想。我想我二十六岁不走的话，我就走不了了，所以我就狠下心来，走了。

白燕升：尹桂芳老师有没有挽留你？

王君安：她也没讲，但是我知道她心里肯定是不舍得的。

白燕升：你不会是偷偷地走的吧？

王君安：也不是偷偷走的。要讲这个事情吗？

白燕升：不是我来挖掘君安的隐私，你知道很多的戏迷，听说我要访谈你，他们都特别想清楚，想了解，那么好端端的一个越剧尹派的冉冉升起的新星，怎么就突然走了？大家特别地好奇。我听说尹桂芳先生还拜托在海外的朋友，托他来照顾好你。可见老师对你是非常牵挂的。有这么好的老师，有这么如日中天的事业，有那么多喜欢你的戏迷，为什么走啊？

王君安：那个时候的个性就是这样子，想走就走了，没想这么多。真是没想这么多。因为我这个人历来就是想法比较少的，属于想做什么事了，我就想把它做成。我是这样子的一个人。

白燕升：到了美国还好吗？

王君安：很好。

白燕升：生活环境不同了。

王君安：完全不同了，因为一去美国我就去大学里了。住校一年，整个环境完全不同。

白燕升：还唱戏吗？

王君安：从来没唱。也没人知道我以前是唱越剧的，我就是一个学生。

白燕升：除了上课，回到房间或者私底下自己一个人的时候想越剧吗？

王君安：嘴巴上不承认，但是晚上睡觉做梦的时候经常会梦到：在排练突然之间忘词，还有，某一天看到老师在教我，在舞台上。反正总会做梦，梦见在舞台上的那种感觉。

白燕升：除此之外生活当中不再练了？

王君安：从来不练。

白燕升：想逃避什么吗？

王君安：也不是逃避什么，因为我觉得走了就走了，最好把这个赶紧忘掉。

白燕升：我觉得一定有原因。自己酷爱了那么多年，受到了那么多的追捧，掌声鲜花，突然到了美国，就想把这个身份剥离掉，就想把这些东西……

王君安：因为那个时候在美国，我是从一句英文不懂的人，我每天……

白燕升：那不懂英文学英文，也不妨碍唱越剧呀。

王君安：NO，那不行的。你没这么多时间啊，因为不允许。比如说你是正规的大学本科的，你是有很好的基础的。像我这样子，等于你从小学跳到大学了，所以人家花两个小时，我就得花六个小时。我是从一个视力很好的人，到了美国几年变近视眼。我是每天读书，头一两年，我几乎没有出去玩，就在学校里，就在房间里，上完课就在房间里看书。

白燕升：你现在给我的感觉，也像一个大学生。好像戏曲演员特有的在生活当中不经意流露的那些神态形态，你不大有。在困难的时候，或者说在不如意的时候，或者说在

越剧《牡丹亭·还魂记》 王君安饰 柳梦梅

寂寞的时候，想不想老师？

王君安：想的。逢年过节我都打电话给她。听听她的声音。那个时候其实她已经讲不出话来了。但是我知道她的外孙女在旁边，她会传达，就是老师在点头什么的。

白燕升：你知道君安，作为一个老艺术家，我没有跟尹桂芳老师交流过，我觉得她那么地喜欢你，她肯定是希望尹派的艺术通过你这么传承下去。

王君安：是的。老师一定是这么想的。

白燕升：你心里有没有觉得愧疚，或者对不起老师的那样的一种想法？

王君安：有的，总觉得愧对老师。所以为什么十年之后我会回来，主要是有一份感恩之心吧。我觉得要为老师做点事情。

白燕升：1996年到2006年之间都在美国，按说十年间，足以让一个人的生活变得平静下来 安顿下来了，十年了，你又让大家没想到，大家在觉得盼得你望眼欲穿，觉得快无望的时候，你又突然回来了。所以很多戏迷也想让我问你，是什么念头让你回来了？

王君安：其实我是不想回来的。因为我想我离开了就离开了。

白燕升：你不想，大家想啊。

王君安：（君安眼圈红了，流下了眼泪）

白燕升：君安为什么流泪？

王君安：因为我觉得回来真的不容易。

白燕升：是不容易，越剧这个剧种非常独特。越剧的爱好者喜欢你，如此地迷恋，那么紧紧跟随，尽管如此，整个戏曲的大环境还是很式微。但是我想对于君安这样一个尹派的杰出传人来讲，如果从此以后就放弃了尹派，对于戏迷来说不完整，不满足，对于你来说恐怕也不算完整。

王君安：所以说回来一是为了老师，二是为了戏迷。很多我在国外的朋友都难以理解，君安，你在国外生活了这么十年，你怎么还要回来？我就跟他们说，有些东西你们是无法理解的，我只能这样讲。

白燕升：放弃了金融专业，放弃了殷实、优越的一种生活环境又回来。君安，我知道，刚才你的泪水告诉我，让我知道回来后肯定不那么顺风顺水，一定有很多的问题。不可否认，或许有性格自身的，也有环境带给你的，我想都会有。你可能也觉得这条路不那么好走，没有像想象当中那么地简单。

王君安：的确是，蛮复杂的。我这个人简单，我不是来争什么的，我这样做不是为了某种名利，我不是冲着这个来的。

白燕升：君安谈到回国发展的这个难，我理解。我觉得十年了，物是人非，发生了很多的变化。这个舞台尽管很艰难，但是还有一批执着者在往前冲，希望得到大家认可，同样也希望得到掌声和鲜花。那么十年前的一位当红的尹派小生又回来了，或多或少会给周围的一些同行带去或多或少的压力。一定会有，你想过吗？

王君安：我没想这么多。我真的是没想。我想我要回来为老师做点事情，为这个团做点事情，我的想法很简单，我就来了，没有想我会造成什么什么，我不会的。

白燕升：十年过去了，重新站到舞台上，还能找回当年的影子吗？

王君安：刚开始的时候我自己非常紧张，压力非常大。十年没上台了，变什么样了？人家会有各种各样的想法，各种各样的说法。对我来说，既然答应做了，我就得把它做好，就得让观众认可。我个性就是这样子的。所以演出之前我就自己在家里，一定要下苦功的。

白燕升：回国后的第一出大戏是《玉蜻蜓》，是紧张还是激动，还是平淡？

王君安：紧张。以前我没有过。一个演员，离开了舞台十年，你一下子要去找回那种舞台的熟悉感，你真得要花时间。所以包括我现在演出，我也在不断地、慢慢找回那种感觉。其实现在每一场演出，我都有一点紧张，但是观众还说看不出你有什么紧张，那我说我能让你看出吗？

白燕升：其实有三分紧张可能更好。有人说君安身上有一种洗尽铅华的感觉。好像经历了很多事儿，但是你知道你越是松散的一种状态，越会刺激喜欢你的越剧迷们，他们对你的那种要求一定超过了你对越剧的要求。

王君安：是的。你说这是为什么呢？我这个人有的时候是有点懒洋洋的，但是我旁边这几位好朋友就一直刺激你，你要加油，你要加油，如果没有她们的话，我觉得我也不会这样子地去做各种演出什么的。我这个人个性大概就是这样。

白燕升：在我的博客留言中，有一个喜欢王君安的戏迷朋友，我觉得说得特别好。他说，王君安，你是偶像派的越剧演员，王君安是"男子皆欲娶，女子皆欲嫁"。我看到这条留言，当时就笑了，这不是梅兰芳大师的境界吗？

王君安：不敢。

白燕升：那怎么定位自己的未来？

王君安：我很想做点事儿，很想。很想有一个新的剧目，有一个好的剧本来排演，排一出新戏。但就是一直找不到好的本子，适合我的本子就更难。我也看了很多的剧本，但都不是很适合。

白燕升：对于越剧，除了自己更好的继承尹派发扬尹派，希望能排一出新的戏以外，对于越剧的明天，有没有期许？

王君安：我觉得戏曲团体在国内，一定要有领导的支持的，比如说我回来，我现在很想做的事情，就是排《尹桂芳》。我们芳华是尹桂芳的团，为什么就不排一个《尹桂芳》的舞台剧呢？尹桂芳这么不容易创办起来的一个团，如果有一个《尹桂芳》的舞台剧的话，那多好啊！然后要是有可能的话，再拍一个《尹桂芳》的电视连续剧，让后人知道尹桂芳是谁。不要像现在很多人年轻人看了电影《梅兰芳》，还不知道梅兰芳大师是谁。

我觉得君安之于越剧是幸运的也是幸福的。有几个人能够在阔别舞台十年后还被观众念念不忘？并且还能在重新登台后赢得喝彩一片？

我直觉判断：越剧绝不是君安的全部，君安也承认自己不算非常勤奋用功的演员，我想那是因为她的天赋实在太高，不论扮相、身段、演唱乃至气质堪称绝佳，不知让多少人用功一辈子或许也无法企及。她在舞台和生活间自如的变化着角色，生活里你看不出她的戏曲"影子"，"大气中性"的谈吐举止透着职业女性的干练自信、娴雅贵气。她在舞台内外自由地出入，并不为什么所羁绊。能够只把演戏当作兴趣，而不是在上面寄于太多私欲；能够把名利不看得太重，而拥有超然物外的若即若离的心境，这是君安的幸福，也是君安的魅力所在。

阔别十年，"宝玉"归来，芳华依旧，岁月并不曾在她脸上留下痕迹。尽管十年间，在海外的她几乎没有再唱过越剧，天性悟性极高的她稍作调试就将观众带入越剧绝美的境界，这就足够了。

至于这奖那奖，以君安的心性决不会太在意，这事儿她也不会去争，她并不殷勤，再说得不得奖也由不得她。也许有一天，伯乐良心发现，会主动把奖送给"白马"，即使没有，观众的加冕足以成就君安的辉煌了。

和君安聊得很开心，我相信很多喜欢王君安的尹派戏迷，听了王君安的构想和设计，都会感到欣慰。我们期待着不久的将来，她跟芳华团的姐妹们一起来打造一个《尹桂芳》舞台剧，或者是电视剧，以此来纪念尹桂芳老先生。到那时，我们在王君安洗尽铅华般的声线中再去重温尹派的精髓和美好。

《盘妻索妻》定妆照

那些角儿 THOSE PROTAGONISTS
一个"外行"眼中的梨园

行者无疆 WU JIANG
——访国家京剧院院长 吴 江

吴 江

1949年4月生，辽宁绥中市人。1958年—1966年就读于北京戏剧专科学校京剧表演专业，1978年毕业于北京大学中文系，1987年毕业于中国艺术研究院戏曲理论研究生班，现任国家京剧院院长，国家一级编剧，全国政协常委。

他创作的剧目有：《管仲拜相》《忠烈千秋》《尉迟恭》《泸水彝山》《图兰朵公主》等，《文成公主》策划人之一、编剧之一。

多次应邀在海内外做艺术专题讲座，传播京剧艺术，策划组织实施了多部重点剧目和大型艺术活动的创作演出工作。

一段时间，关于京剧进课堂，质疑不断，闹得沸沸扬扬。一时间引得网上惊呼：样板戏又回来了！

京剧进入中小学课程的争议，主要有两类，一是担心学生课程太多无暇顾及或担心师资不逮，二是来自京剧界内部、戏曲界内部的不同意见，主要是曲目之争与剧种之争。很明显，后者之争占据了上风。

传统戏和现代戏曲目的比例多少算合理？到底是京剧"一统天下"还是和地方戏"平分秋色"？

这些来自圈内的争议，对中小学生的理解接受和民族文化的未来有那么重要吗？邓小平同志早就说过，先做起来再说，摸着石头过河，不争论。因为一争论，就会没完没了。

我们的教育方针是"德、智、体、美全面发展"，事实上，目前是流行歌曲、进口大片、相声、小品、露脐装，成了孩子们的"美育"课。

我倒觉得应把中国戏曲、中国书画、中国园林、民间工艺以及手工劳作统统纳入美育课。教育部门编出一套美育课教材，从幼儿园就开始，培养孩子的审美能力。要知道：戏曲是一种爱好，是一种群众性的审美活动。不能像形式主义的搞法，更不能"窝里斗"，"搞内耗"，"唯我独尊"！否则戏曲非亡不可。

绝非危言耸听！如此态势继续，谁也不敢保证戏曲不会走进博物馆，走进博物馆并不可怕，怕的是没有尊严，没有品质！

前段时间，全国的媒体如此密集地采访这个"家"，求证那个"家"，对"争执"议论纷纷，大大超出了平日对

戏曲本体的关注。要知道，有些媒体常年对戏曲都难得眷顾，此时如此热衷"争执"，正常吗？

盼了三十年的一件好事，先把它做起来，起个好头儿！看看是否适销对路？如果中小学生大都能接受且还有需求，我们再群策群力，献计献策，使之逐步完善。这才是我们应该做的！如此大张旗鼓地上纲上线地争议，对"台上振兴，台下冷清"的戏曲又能带来多少希望？就事论事，在京剧进校园这件事上，吴江院长应该赢得足够的尊敬。

怀着一份敬意，我采访了吴江，我们都无意纠缠在"京剧进课堂的争议"上，而是从剧目创作上开始了对话。

白燕升：吴院长，您最近又写了好几个戏，为什么那么专注创作？

吴　江：我觉得似乎对我来讲，一生最后选定了这个职业的时候，说叫职业我觉得都不准确，它就是我的爱，它就是我的兴趣。我只有在拿起笔来的时候，才能获得我那种愉悦，我只有写完全剧本，把笔一扔或者把电脑一推开的时候，我觉得我是世界上最幸福的人。

白燕升：这一点正好印证了我认识您十多年来的一个印象，我从来没有把您当成一个纯粹的行政官员，我一直把您当成一个剧作家。吴院长曾坐科九年，当时学的是什么？

吴　江：武小生

白燕升：为什么没有朝着演员这个路子干下去啊？

吴　江：其实我在班里头，作为演员是个外行子弟，在学校我并不优秀，但我刻苦。等到我毕业那年，正好是文革，小生假声唱的没有用，就只能翻打。那个时候，因为从戏校出来的，功夫很好。后来脚就受伤了。摔了以后大夫就告诉你不能做演员这一行了。那个时候，我还不到20岁，很痛苦很茫然！

白燕升：那怎么办呢？不能当演员了干什么呢？

吴　江：读书！去北大中文系上学。

白燕升：学戏学了九年，也不是世家。摔伤以后，又不能当演员了。到了北大能找到归属感吗？

白燕升：找不到！因为我去的时候，我是最后一届工农兵学员，咱底子薄。在那个时候呢，别人是工农兵，我又不是。我这一生，似乎总在背阴儿站着，我没有站过阳光面儿。总是被一种环境和一种条件或者一种什么特殊的情况压着。

白燕升：自卑吗？

吴　江：自卑！我一直很自卑！甚至可以说到现在，我都很自卑。

白燕升：北大的那段经历带给您的是什么？

吴　江：那个时候就是可以不顾一切地疯狂地去汲取营养。第一年四人帮还没有粉碎嘛，政治课、哲学、政治、经济学、党史……我可以说把能够接触到的书都读过。读政治经济学的时候我居然把《资本论》的都读完了。为了读《资本论》，我特意淘回了一本《圣经》，因为要读《资本论》，里边有很多圣经的典故，我不知道，不懂嘛，就把《圣经》也都读了。

白燕升：我们如果粗线条的回顾您的这个成长道路，我相信很多人都会非常羡慕，您看看：当过演员上过北大，并且在仕途上也是节节攀升。其实您自己一直不那么觉得。

吴　江：我小时候很刻苦，10岁左右，放暑假寒假就在王金璐先生家练功，早上很早就去。我没有成为一个好演员，受伤了没办法，只能去读书了，读书你又不是工农兵，结果你在大家面前还是个另类。毕业的时候四人帮粉碎了，你们是工农兵学员，是你们能学到什么呀？你虽然念完大学，你还是一个觉得自己是立不起腰的人。在工作中又去学，又去读研究生。后来觉得自个儿喜欢创作，也写了一些戏，也有些戏演出了，甚至获奖了，又让我去做学校的领导，北京戏校的副校长。没有干过一天教育，你不懂教育，你就要去搞管理。教学管理，我不敢当间儿说话，一说话就脸红，不像现在我说惯了。干了7年，又调我去做文化局副局长，我不能写作，我写呢，人家说你以权谋戏。你搞了作品，人家会说，谁能说它不好啊，因为你是局长啊！那好，我在文化局阶段就停笔就不写了，帮助别人写，给人家当枪手可以，算练笔。我在文化局将近7年没有写。

白燕升：您的创作得到了很多前辈，尤其是像翁偶虹这样的大剧作家的指导。

您跟了翁偶虹先生十年。我看过翁偶虹先生的自传，他在这本书的最后一个章节，翁老写了这样几句话：北京京剧院的编剧吴江一次请我看他的作品《管仲拜相》《尉迟恭》，也诚恳的听取我的意见，以期大成。我与这位欣欣向荣的青年作者盘桓交流，往往感到有一股推动前进的力量鼓励着我，甚至是震动着我。

说到现在的国家京剧院，在官园桥的东南角，有一座非常气派辉煌的梅兰芳大剧院，再往东走200米左右，就是古色古香的国家京剧院。让人看着我觉得就透着京剧人的一种尊严。在您上任8年的时间里，我们说这些，都有模有样的成型了。我很想问问您，8年前，您上任第一天是个什么样？

吴　江：真是不太想回忆那一段，挺辛酸的！当时官园那块，外边住着将近有200户待拆迁的老百姓，他们基本上不用炉子，基本上是用电炉子取暖。每年京剧院要为这些人付出将近70万的水电费。因为你冻结了人的户口，准备要搬迁了，叫待拆迁户。由于迟迟动不了，京剧院朝外的一面玻璃，有将近一半以上的玻璃，被当地的居民拿弹弓、拿砖头都给打了。我们曾经有一位市领导，在这种情况下，他搬来一把椅子，坐在京剧院大门那个台阶上坐着，就说这个是我们支持的。

白燕升：您上任第一天的情景还记得吗？

吴　江：记得。2000年4月12号上午10点钟。有两位部长和人事司的司长，把我送到中国京剧院，当时在中国京剧院二楼的一个大食堂，但是那个食堂是从来没有开过的。那个食堂坐了将近有五六十人。宣布完了以后，也就开了半个多钟头的会吧，就结束了。结束了以后，由前任班子跟我在一个房间里，我印象好像是中间的背阴的一间房间里站着，没有座位，那个屋子空空的，有一张桌子，然后就站着向我交代工作，说了没有几句话的时候，进来一位京剧院的老同志，那时候也不算老。冲我说："你是新来的院长吗？我这个职称怎么怎么……"就开始就跟我说职称的事。气很粗，很生气！

我说我刚来，不熟悉情况，你叫什么名字，我给他一张纸，写下你的名字，我去了解一下。当我把这位同志安排完了以后，就没人了。我和当时负责看传达室的一位，过去的一个演员，也是朋友，和他中午就在边儿上的华天面馆，吃了一碗西红柿面。

白燕升：第一天走马上任，看到的就是这样一种冷清，那您心里冷吗？

吴　江：我有精神准备。因为我去的时候，我在北京有很多学生，有很多老师，所有的人，还没有一个人同意支持我去。都说，吴江你千万别去，你要去你就非得折在那不成。我去了，我知道很难。有人说，那是天下第一"难办院"，因为我记得，让我调到学校之前，我问过我的老师翁偶虹先生，翁先生说，你去！当初没有中华戏校，就没有我今天翁偶虹；你把去学校当做一个学习过程。你记住：就算你什么也干不成，但是你还得认真去干。我送给你两句话：人做成功者谋，不做成功者望。

这就算是我给你的最重要的两句话。翁先生说，你什么也干不成，但是你还得去干，为成功去谋划去努力去推动去做事情，至于能不能成功，你赶得上赶不上成功那天并不重要。这可能就是我们搞编剧的人，只重视过程，而不太看重结果的原因。

白燕升：如果仅按着年龄来推断的话，2009年，您应该退休卸任了。您卸任以后，您希望人们怎么评价您这八年？

吴　江：最好忘记我！我绝不给我的后任添任何麻烦。除了上班有公务去坐车，我已经开始在骑自行车了。我到时候，不是公事我不会去用车的，我不会去给后任领导添任何麻烦的！

白燕升：有怨气吗？

吴　江：我没有！我觉得我做了我应该做的事，而且我认为我尽力了！就够了！

白燕升：舍得离开吗？

吴　江：舍得！剧院人应该有京剧的那种胸怀。一个人总在不同的历史阶段，去做不同的事情。现在把你放在这了，你就去干。其实我并不喜欢这个位置。我实话说，我很不喜欢做干部做管理工作，但是命运把你推到这一步了。

有人说你是幸运的,但是从内心来讲,我喜欢的是创作和写作。既然搁在这儿,你也得尽力去干好。如果现在让我卸任,我明天早晨就把我全部的书,都搬回我的家里。我会在新生活中,去寻找自己新的精神支撑点和新的兴趣投放点。

认识吴江院长十多年了,显然他也算是我熟悉的陌生人,在此之前从未促膝长谈。这次聊天,他的眼睛几度湿润,每每我都闪过动情处。我不愿看到充满真性情的文人感伤。他的"自卑"、他的"孤独"、他的"困惑"垒起了他的真实人生。

我在想,人在年轻的时候,总是把外面的世界当作自己的江湖,其实那江湖从来都是人家的。人真正的领土只在自己和爱你的人的胸怀中——对于上了年纪即将卸任的吴江更是这样。吴院长因心中有爱不应"孤独";因笔下生花不应"自卑";因性情坦荡不应"困惑"。

我相信:离开是为了更轻松地上路,因为卸下了重负。只要拥有激情和爱,定会收获一路风景!

那些角儿 THOSE PROTAGONISTS
一个"外行"眼中的梨园

谢 涛：表演不"留缝"
XIE TAO

谢 涛

山西太原市实验晋剧院名誉院长。荣获二度"梅花奖"、"文华奖"、二度"上海白玉兰主角奖"、第三届巴黎中国戏曲节"最佳女演员奖"、全国五一劳动奖章等。是继"须生泰斗"丁果仙之后，把晋剧推向又一个发展新阶段的代表人物。

巾帼不让须眉。她的表演不光继承了北方的刚劲和激越，又兼融了南方艺术中如泣如诉的呈现方式，她舞台上的大开大合，可谓南北相融、动静相宜，不愧为"三晋第一女须生"。

2009年5月18日，山西晋剧女须生谢涛凭借《傅山进京》荣获"二度梅"。

2009年6月13日，在第三届全国地方戏优秀剧目展演中，《傅山进京》获一等奖。

实话说，我从不以获什么奖去认知评判人与戏，正如我不会拿收视率的高低来给节目定优劣。最多，当做参考。

但谢涛得奖在我意料之中。

2007年7月下旬，在北京长安大戏院，我先看了谢涛的新戏《傅山进京》，我给她发了条短信：演得很跌宕，你比戏好！

几天后，又看完她2005年推出的曾轰动了上海滩的《范进中举》，更加让我兴奋，同时让我期待谢涛的"下一个"。

听说谢涛的名字，是十年前的事儿，那时只知道她演了晋剧前辈大家丁果仙，并没有现场看过她的戏。

清楚的记得那几天，沉浸在的谢涛艺术表演里，看她干净漂亮的身段，听她收放顿挫的声腔，早已忘却了"晋剧"、"地方戏"、"女须生"这些字眼儿或符号。

她的表演、演唱新颖独特，有时代感；她选择的角色挣扎韧性，有生命力；她的舞台气质儒雅内敛气定神闲，有大家风范。

不夸张地讲，以我目之所及，象谢涛这样有神韵有魅力的戏曲演员屈指可数。做为女须生，她还有着"台上男人，台下女人"的两重境界。

《范进中举》和《傅山进京》及谢涛本人几乎获得了

戏剧界的所有奖项，我在主持现场见证了她两度荣获"上海白玉兰戏剧表演艺术主角奖"。

我们常见的戏曲题材，通常都是爱憎分明，褒贬显而易见。可是，人世间有很多有趣的故事，并不是100%地褒扬谁，或是100%地批判谁。当许多的文学作品开始用智慧的手法合理地剖析人性，去展示大千社会无限可能时，近几年，我们高兴地看到，一些戏曲题材的视角也有了无限的可能。有一个这样的戏曲故事，故事里没有好人、坏人之分，只有棋逢对手的较量和包容。这就是谢涛主演的晋剧《傅山进京》。

《傅山进京》讲的是两个强者求同存异，互相征服的故事。体现了君主权力和独立人格的较量。

一个全年90%的演出场所，都扎根在农村的剧种，演了一个如此闲云野鹤的文人戏，没看之前觉得突然。

晋剧，尽管是山西的一个大剧种，可是这么几十年里，能够让全国戏曲界高度聚焦，掀起波澜的剧种里，似乎很难找到"晋剧"的名字。可是，《傅山进京》做到了，甚至有人说，"这出戏提升了一个剧种"。

谢涛所在的太原市实验晋剧院，一年中90%的演出时间都在农村度过的，团里一年有260多场的下乡演出，他们跟对方谈的最低要求就是：别睡地铺！

到农村演出，演什么，村民说了算。他们大都点传统戏，谢涛更多的时候唱的也是传统戏。比如《齐王拉马》《三关点帅》《打金枝》等剧目。《范进中举》和《烂柯山下》城里乡下都有市场。《傅山进京》则属于城市观众的欣赏类型。实话说，像这样既上得了厅堂又下得了厨房，城市农村老少咸宜的演员太难得了。

谢涛因为《傅山进京》获奖无数，一个常年在乡间劳作的演员以一出品味高雅的剧目足足火了一把，很多人认为谢涛幸运，于是说"一出戏火了谢涛"，但我们也可以说：

"是谢涛火了一出戏"。

我觉得，这不是100%的投入换来100%的回报，而是百分之两百、甚至百分之五百的投入，才能水到渠成。就像"欲食半饼"的典故，一个人吃了六个饼，还是没饱。于是，又吃了半个，饱了！要知道，可不是这最后半个饼让他饱的，而是有前面6个饼的积累。我看到了谢涛的厚积薄发！相反，当代有些戏曲从业者，为了获得"半个饼"的成功，是不是有的时候忽视了前面的填充？急功近利，甚至不惜一切代价的做足了"戏外"的功夫！

谢涛塑造的傅山仙风道骨，这个形象在戏曲舞台上非常"稀有"，在晋剧舞台上更可谓"没有"，我问谢涛当时感悟这个角色的时候，有没有一些借鉴？

她告诉我：一个是京剧的马派、一个是麒派，马派让我飘逸，麒派让我铿锵。

我又问她，傅山也是个乡村老人，但又不同一般，我听说你专门研究了他的台步？

她回答道：我发现傅山"倔"，倔老头都是两个膀子在身后甩，我还借鉴了刘罗锅的形象。

…………

这出戏凝聚了谢涛的观察与思考，凝聚了谢涛及其同行的实践与创新。

尽管如此，这出戏也引来了一些争议，比如傅山的"跪"。

大家都很喜欢谢涛塑造的傅山，其实这出戏，康熙的戏份也很重要。这次上海白玉兰奖，《傅山进京》中康熙的扮演者王波获得了"白玉兰戏剧表演艺术配角奖"，正是傅山和康熙棋逢对手，这出戏才有跌宕。可是，在"跪"这个问题上，大家产生了不同看法，那就是傅山执拗了整整一场戏，最后还是被迫跪下了。

我觉得这个"跪"似乎给了康熙一个面子，但妥协得让我不痛快！可我又想不出还有什么好点子。因为希望它完美，所以，能不能以后想出一个类似《碧玉簪》，《打龙袍》那样更机智、更巧妙的化解。

还有，关于"梦妻抒怀"这一折的存在价值。

《傅山进京》中两个智慧又个性的男性撑起了一部戏的亮点，不过，这出戏里的第八折出现了一位女性，那就是傅山老先生的妻子，虽然已经亡故，但傅山在准备见康熙的前夜梦见了她，而这一个小插曲，又引起了不同意见。在一次座谈会上，有的专家非常明确的说"不欣赏"，觉得这个情节与剧情没多大关系，傅山并不需要他的妻子提醒，他已经很坚定了，这个情节让整个剧情在此停下了，破坏了气场和节奏。尽管饰演傅山夫人的演员是一位很优秀的晋剧演员，她一开口便赢得了很多掌声。

当然也有支持者说，"梦妻抒怀"体现了傅山刚中有柔的侧面，使他的形象更多面，更丰满！

再有，关于过于文言的唱词。

看过《傅山进京》的观众还有一个最深的感慨，那就是它的文辞，某些地方，没有一定文化积累，想看懂还有点难度。特别是对于晋剧这种很大众化的剧种，说文解字般的文辞是否适合，我同样也听到了不同的两种声音。

一种觉得，高深的唱词会影响它的共赏性；一种认为，既是文人戏，就该如此，甚至觉得一点都不过，还不过瘾呢！

我看这出戏时，不是觉得唱词雅致有问题，而是觉得一两句里有两三个典故，还是不常见的，这多少也让我这个学中文的费解了。

我问谢涛：你第一遍看剧本，心领神会了吗？

谢涛在《傅山进京》中饰 傅山

她说，第一遍真的没看懂。

可谢涛硬是把这出戏搬到了乡下，我特想知道，当农民老大爷他们听到像这样的唱词："偷闲且把大雪赏，雪也赏我满头霜，一时物我皆两忘，野茫茫兮天苍苍"，听到这样的台词，会有何等反映？

谢涛告诉我：我们不能低估了农民的审美，他们只是表达方式不同。有一次，在农村的剧场里演傅山，鸦雀无声。以前老百姓为你喝彩都是喊出来的，这次特别好玩，当我意境幽远地唱完"四顾茫然"这几个字时，有一个老大爷叫了一个非常有趣的"好"，那个"好"字也是伴随着我"四顾茫然"的那种幽远的尾音，非常克制、非常压抑地叫了出来。这就证明，他们看懂了！

谢涛还说，观众太可爱了，可能好的剧目不在乎在哪里演。我也尝试着把整本晋剧《范进中举》带到了巴黎，在埃菲尔铁塔下的剧场里，收获了特别的效果：台下安静得让我心里没底，后来知道，那是人家的欣赏习惯。谢幕的时候，他们长时间的鼓掌，我用手势表达着要感谢的各工种。最后，我觉得，也应该感谢一下自己，于是，下意识把范进的头饰捋下，自己的一头长发飘落下来，他们才知道我是女演员，非常佩服，啧啧称赞！

其实，关于《傅山进京》，关于《范进中举》，争议最大的当属"声腔、流派的淡化"。有一个现象也很有意思，看完《傅山进京》，大家会说：傅山真好看，倒是少有观众会说晋剧真好看。我想，之所以会有这样的反应，恐怕现在到了一个大的"演剧时代"，开始重艺术、重剧情，而慢慢淡化了流派、淡化了剧种。

我问谢涛：有没有听到这种说法？

她说，有人说这是歌剧，我在想，成为了歌剧不好吗？当一个剧种的声腔代表不了全部的时候，我们就要另辟蹊径。

我赞同！

一些晋剧迷们对谢涛最大的意见应该是她的唱腔。谢涛跟李月仙老师学习的是马派（这个流派在晋剧圈里是否被承认还存在争议）。其实有时候，流派真的不重要！就象我崇拜的文武双全的京剧大家李少春，有人称"李派"，有人说他就是"余派"。不管如何称呼，丝毫不影响他在我心中及京剧界的重要地位。

况且"余派"没有"关羽"、"林冲"、"寇准"、"岳飞"，也没有"杨白劳"、"少剑波"、"李玉和"，更没有"美猴王"。要知道，当年他的老师余叔岩先生是不同意他学猴戏的！只可惜，李少春留下了唯一一部影像资料就是《野猪林》。就这一部，也足以让我们领略大家风范。

他曾撰文写道：自己是"李少春让林冲支配李少春"，带有中国程式体验特色的表现派。其哲理深邃，为剧坛所罕见。

谢涛因演出《丁果仙》一举成名，但她谈不上是丁派传人。尽管她表演过《芦花》《卖画劈门》《舍饭》等丁派传统剧目，地道本色，同时洋溢着清新的时代气息。

《傅山进京》则又是一番新的天地。谢涛呈现的傅山形象，内儒外道。外表散淡，内心却十分周正。既表现在他仕与不仕的考量中，也表现在他对家人的关心中。谢涛的身段既是规范化的，又是生活化的，充分展现了她的文化素养与艺术动力。尤其是她的演唱浑厚饱满，结实舒展，时淡时烈，听来既动人心弦，又令人大饱耳福。

她的唱不像丁果仙是很正常的，我一直赞同应该唱人物而不是唱流派。

据我了解，谢涛的唱腔设计均来自山西省晋剧院的刘和仁。刘老师是晋剧界的专家，而且谢涛的唱腔有浓郁的戏味，事实上她根本就不会唱歌。即便如此，传统戏迷要求的所谓"原汁原味"也不可能重现！正如有一个专家铿锵的说法"比较有出息的已经不像老师了"。

说到谢涛的表演。很少夸人的戏曲名家裴艳玲说，谢涛的表演不"留缝"，但每个动作都能看到程式。原中国戏曲学院院长周育德老师也说："唱做念打各方面功夫的训练几乎已变成她的第二天性了"。而且无论是《范进中举》中的跳椅子，还是《傅山进京》中的跪步搓步等台步，还是赴俄罗斯演出的《杀驿》中的甩发、帽翅功等技巧，谢涛完成得都很好。可见，传统的这些技巧她不是不会，而是不卖弄。

谢涛很低调，从不说要改革晋剧这样的话。她只是说自己在探索。尊重传统，但并不是说传统就一成不变。事物总是在发展变化的。就说人们的审美，看看这几年穿衣的变化就知道了。

我一直觉得，传统和创新是个动态的词，50年或是100年前的创新就是今天的传统，同样，今天的创新也会成为50年后的传统。一个常年挂着中老年服装的商店能吸引年轻人走进吗？

我听说过一句话："天才就是大孩子"，脑子太复杂，眼里心里"想"着的人太多，很难进角色。我希望谢涛永远能沉静在这种纯粹又饱满的执著里。

某种意义上讲，能够欣赏《傅山进京》，其实是一种进步，大家已经学会了品味综合的整体的美。只要你高明，只要你认真作了一件作品，不管你是哪门哪派，大家都会喜欢的。

谢涛身上透出的或许就是这样的一种崭新的与时俱进的美。

我庆幸：2007年戏曲春晚对谢涛的坚持；

我感动：她对戏的敬重和纯粹；

我能懂：她大于戏的疲惫和孤独；

我深信：她会走得更长更远……

谢涛身上荡漾的才情，是一个艺术上成熟的、处于鼎盛状态的演员所拥有的财富和武器。

谢涛在《范进中举》中饰 范进

突发奇想："李白"、"苏东坡"似乎也属于她！

目前，谢涛又马不停蹄地投入到晋剧《罗贯中》的排练中。罗贯中，这位元末明初的小说家、戏曲家，中国章回小说的鼻祖和傅山一样都是山西人。《罗贯中》的剧本和《傅山进京》的剧本一样都出自福建著名剧作家郑怀兴之手。

盼着的谢涛"下一个"。

张 克：章子怡的京剧老师
ZHANG KE

张 克

天津市青年京剧团国家一级演员。1986年他一举拜在程正泰、谭元寿、马长礼和丁存坤四位老师名下，艺宗杨（宝森）派。

他扮相清秀，嗓音甜润，台风儒雅，气质脱俗。演唱韵味醇厚，寓情于声，朴拙典雅，不尚雕饰，颇具杨派神韵。他结合自身条件，在不逾越杨派艺术规范的基础上，有创新有发展，他的演唱虽然较师祖嗓亮，但不失杨派的韵味，被专家誉为"亮嗓杨派"。代表剧目有《伍子胥》《杨家将》《失空斩》《击鼓骂曹》《洪羊洞》《法场换子》《红鬃烈马》和《四郎探母》等。

1999年，他在津创办了私立戏曲艺术学校，为戏曲事业积极培养后备力量。

张克是天津青年京剧团著名杨（宝森）派老生，其唱法被誉为"亮嗓杨派"，拥有众多知音。在电影《梅兰芳》中，十三燕和梅兰芳的所有唱段都是由张克与梅兰芳的儿子梅葆玖合作录制的。张克录制了四出戏的唱段，分别是《四郎探母·坐宫》《秦琼卖马》《汾河湾》和《定军山》。导演陈凯歌在为他们鼓掌叫好的同时，又对张克提出了新的要求：担任章子怡的京剧老师。

影片中，孟小冬的主要舞台戏分就是与梅兰芳合作《游龙戏凤》，张克以前学过《游龙戏凤》，心里有底，就爽快地答应了。影片放映后，我能感受到章子怡从一个生胚子到初步掌握了京剧表演程式和技巧所付出的辛苦，更能想象两个月来，张克做为章子怡京剧指导老师不厌其烦的良苦用心。顺便告诉大家，电影《梅兰芳》中孟小冬所有的唱段都是上海著名余派女老生王佩瑜完成的。

2008年是京剧大师杨宝森先生诞辰一百周年，为了纪念这位大师，也为了纪念自己的师爷，2008年9月，张克在天津举办了个人演出专场，演出现场异常火爆。做为主持人的我也领教了天津戏迷对张克的追捧和狂热。

张克特别用心，在演唱会的最后，他把一个鼓槌，一直舍不得用的鼓槌，谭鑫培老先生传承了一百多年的一个鼓槌还给了谭家，转赠给了他师父之一谭元寿先生。

原来谭老先生有一次去香港演出，就把鼓槌送给了张克的师父丁存坤。很多年后，张克到香港演《击鼓骂曹》的时候，丁先生就把这个鼓槌送给他，并叮嘱张克说，你今天晚上用这个打，用完以后给我拿回来。张克演完，拿着这个珍贵的鼓槌，壮着胆子跟师父说：能不能徒弟替您保存。没想到师父竟同意了，好，那你就好好保存，但是有一条，这是谭鑫培老先生传下来的，该怎么做你知道。张克如获至宝点头称是。

张克一直寻找机会把鼓槌还给谭家了却心愿。"纪念京剧大师杨宝森先生诞辰一百周年·张克天津个人演出专场"无疑是个绝好时机。那天在演出现场，当我说起这个鼓槌秘密的时候，现场的观众特别惊讶。"完璧归赵"后，现场观众抱以特别热烈的长时间的掌声，张克和谭元寿先生的眼睛都湿润了。

白燕升：通过那天晚上的演出更加验证了张克在天津戏迷心中的一个独特位置。

张克饰 诸葛亮

张 克：观众都是看着我长起来的。

白燕升：天津观众的叫好方式，似乎跟其他地方也不太一样，很张扬的一种方式。

张 克：不管你唱到什么时候，他想喊他就喊。上海来的朋友看说，两个字，他一直听不清，后来问我，他们喊的什么？好弦，是胡琴特别精彩，喊的"好弦！"

白燕升：对，他们用那种特有的，甚至是极致的一种方式来表达对你的爱。我见证了张克的辉煌。但是张克也曾经有过八年不登台、不唱戏的经历。

张 克：不止八年。1975年进入天津戏校时是有嗓子的，过了两年就开始倒仓，别人唱戏了，我只能站在边上。记忆最深的是《大登殿》，我师哥演薛平贵，我是太监，戏迷都知道，《大登殿》起码五十五分钟，太监站一出，你想是什么感觉？当然你要认认真真地把这个太监演好，站好。但是作为演员谁都希望坐在中间，那个时候心里有说不出来的滋味，但还是一直坚持着练功，不光是演文戏的二路，还要演武戏的扔出手。大家都知道我师父程正泰，他是杨宝森的入室弟子，这扔出手也得亲授，非得有老师跟你说，你才能知道窍门。

张克饰 诸葛亮

举个例子,两杆枪同时扔,两杆枪不能分开,否则踢枪踢不过来,所以你要有一个窍门,扔出去的两个枪在一起,回来还是两个枪在一起,就很稳定。很多事情都得学。我们班里面有七个人,都不是唱主演的,但没这七个人参加开不开戏,因为前面的《盗仙草》我要扔枪,后面的《岳母刺字》我要来演岳飞,那个时候也是很充实。

白燕升:有没有打退堂鼓的时候?

张 克:没有,我是真的喜欢这一行,甭管我唱二路,还是跑龙套都非常的高兴。

白燕升:虽然年纪小,还是有一个信念:我一定要站在舞台中间,我一定要成角。

张 克:对,不想成角是不可能的,那个时候就是抱着这个信念。到了1984年,成立了天津市青年京剧团,到了1985年,我就慢慢唱一出戏了。

白燕升:很多角都必须经历这么一个过程,在京剧这条道路上,你很艰辛或者说很累心,不光舞台上的事儿累心,舞台下的事儿也很累心。你还会让自己的孩子从事京剧吗?

张 克:我心里打过鼓,犹豫过。但是我父亲非常喜欢我,非常疼爱这个儿子。最有代表性的一件事,就是他看我戏没看过结尾,比如说我唱《红鬃烈马》,《大登殿》老旦一上,他就回家了,给我做汤面,我回去要吃宵夜,因为一晚上戏都很累。很遗憾我父亲1994年去世了。

白燕升:老父亲那么细心。

张 克:对,他非常非常细心。你比方说那个时候大家都在抽烟,他就指着人家说:你抽烟一定会影响嗓子。我知道爸爸在说我,但他不是直接冲我:儿子,你别抽烟。他不是这样。但是他说了一句话,他说我的孙子,有机会一定让他还来唱老生。所以那个时候我把儿子送到了戏校,也是遂了我爸爸一个遗愿。

白燕升:八十年代初,传统戏刚刚恢复,你怎么就迷上了杨派?

张 克:其实是一个偶然的机会。从戏校放学回家,一个老先生在路边听收音机,里边就飘出一句"一轮明月照窗前",就这一句把我吸引住了。我过来问,老大爷,这是谁唱的。他说小伙子,你不认识,这就是杨派的创始人杨宝森先生唱的。我说这个人唱得太好了。我心里说，将来我有嗓子一定学他。

白燕升：这可能就是你跟杨派的缘分。冥冥之中，也没有谁引导你，也没有谁教你，就是一个偶然的机会听到了《文昭关》。

张克：对，后来我就跟领导，跟我们班主任要求学杨派。学杨派，跟谁学呢？学校的老师就说，你要能找到程正泰先生学习杨派，你就找对路子了。我真的就去找程正泰老师了，他说你们班主任已经给我介绍演员了，你们就听通知来跟我学戏吧。我说好，我就在家等着，等一天，等两天，等了一个月，人家都去上课了。

白燕升：通知的不是你？

张克：通知的不是我，是我们班另一个唱老生的。我找班主任，班主任说这是学校的规定，学校安排的，当时我就傻了，没办法，因为我也很忙，等着吧，就看缘分了吧。

后来有一次老市长李瑞环同志来看一场晚会，其中我们清唱《智斗》。唱完《智斗》观众不让下，在那儿叫好，歌舞晚会不许返场，结果观众就不让下面的节目往下演。

结果李市长说话了，他们这么受欢迎，为什么不返场，于是我们上来每个人唱了二十分钟。

白燕升：你唱的是杨派吗？

张克：不是杨派，那时候还不知道什么派呢，我记得唱了一个"千岁爷进寒宫"。后来李市长就告诉秘书，说要看我们的戏。看后李市长说，这个老生还不错，下来问我，你打算跟谁学啊？

白燕升：天赐良机。

张克：我才说我想跟程正泰先生学习。后来我们在迎宾馆，李瑞环主席端了一杯酒说，程正泰老师，这个学生就交给您了。我在这行里面也算一个幸运儿，介绍了程正泰老师，接着又介绍了香港的丁存坤丁先生，后来又认识了谭元寿、马长礼二位先生，一下拜了他们四位老师，更主要的是跟程正泰老师学习。现在唱这戏就想到这四位先生，最有戏剧性的是我在香港唱《四郎探母》，我师父丁存坤把几个师父全叫他家里边，我也在，就为了给我说《四郎探母》，四个人一块说。燕升，你想该怎么学？

白燕升：四个老师同时给你解说《四郎探母》？

张克：对，见弟上场，谭师父来了，你这个见弟上场，你拿着这个甩发就应该这么着。马长礼马老师说，你这脚步应该这么着。丁先生坐那儿说，你这唱应该那么着。我师父程正泰说，弟兄们分别十五春，你得唱得让观众们叫好。当时我就懵掉了。

白燕升：这多幸福啊。

张克：您听着，到晚上全乱了。先是丁师父说，你这个笨蛋，就这么点事儿你都记不住，所有老师都在说我。但是燕升，回想起来，那是一个成熟演员，一个成功的演员，最好的一个基础，最好的一个阶段。

白燕升：这是一个演员可遇不可求的幸福。走过了二十多年，无论如何张克都不算太年轻了，尽管艺术上正是黄金阶段，毕竟已过不惑之年了，说到不惑，张克最初对如何才能够成角儿一定有过疑惑？听说你也问过老师，程正泰先生给了你一个答案，就是做到"三个好"，哪"三个好"？

张克：师父说，演员唱出一句"一轮明月照窗前"，观众看戏，给你叫第一个"好"，过去就忘了；第二个"好"，散了戏，出了剧场，嘿，今天张克唱得真好，这是第二个"好"；第三个"好"呢，十天了，半个月，一个月了，戏迷想起这事儿，说一个月前张克唱那一场戏，那"一轮明月照窗前"多好啊。这才叫真正的好。

白燕升：程正泰老先生说的"三个好"就是三个境界。最后的"好"就是演员带给观众的绕梁三日。

张　克：对，现在四十开外了，想起他那句话来是双重意思。第一个意思是你一定要把戏唱好，唱好了，观众离不开你，总想看你的戏，梨园行的人也都说张克唱得好，这是一个含义；另外一种含义就是你的做人，人要好，用心交朋友，用心去演戏，去生活，谁看见你，都高兴，看不见你，会问，今儿张克怎么没来。我师父不光是教我怎么样唱戏，他还教我怎么做人。

白燕升：在演唱会上，你受师父丁存坤嘱托把珍藏多年的谭鑫培先生用过的鼓槌，又还回给了谭元寿老先生，那个场面确实让戏迷惊喜，也特别感动。还有一个特别感动的细节，你向马长礼先生认认真真地鞠了三个躬，让马长礼先生好生意外，他也没想到。

张　克：对。

白燕升：为什么非得要补这个拜师仪式？

张　克：其实这个拜师礼早就应该补上，很多场合都不够隆重。我就想找一个合适的场合。为什么呢？因为1986年拜师的时候，马长礼师父红遍大江南北，演出频繁，确实那天有演出任务，没有来参加我拜师这个仪式。但是马师父跟我说了，他说徒弟，将来学什么戏，你就找我来，到北京，天津也方便。我一直想着要给我师父鞠这三鞠躬，补上这个礼。那天晚上回到宾馆，我去看我的马师父，马师父就说小子，你呀，将来行，你这小子怀旧，我非常感动。作为一个人，年轻的时候有很多的缺点，有很多想不到，但是随着年龄的增长，你会想起以前很多珍贵、很多想弥补的事情。人都是这样。

白燕升：尤其是四十多岁，正是承前启后的一个阶段。可以回头看一看过往走过的路，也可以张望一下前面的路，正是心境最成熟，又似乎是人生的又一个开始，可以放下一些东西，再重新轻装上阵。继续坚守的动力在哪儿？

张　克：动力先不说，首先我能够干三十多年，真的感谢很多领导，我的师父，我的同行，很多戏迷的支持，我才能够有今天，很多戏迷的支持才有今天。戏曲有很大的魅力，在不久的将来一定有很好的市场，我想是这样，第一，您先继承好，老先生是什么样的，您先学好，因为老先生演的水平太高了，这是第一。第二呢，我这个年龄怎么能给它传承好，我的徒弟，只要我能够教到的，我一定教好。第三，我怎么演好，就是现在我所学到的，我一定演好，我一定要灌输到每一个内行人，还要灌输到每一个观众耳朵里。每个角色都认真的话这个戏就不一样了，戏马上就好了。您就当底下观众都是第一次进剧场看京剧，你给他一个好印象的话，他还来看，看着看着人就多了，这就属于良性循环。

　　认识张克十多年了，真真切切地促膝交流还是第一次，张克对于杨派，对于京剧艺术抱有的决心和信心，让我特别感动。张克从自己的老师程正泰先生、马长礼先生、谭元寿先生、丁存坤先生那儿，接过了杨派艺术的班，现在又有了另一个身份——天津观璎京剧专修学校校长，已有不少学生和徒弟，他正处在一个承前启后的位置上。借用程正泰老先生"三个好"的境界来祝福张克，注意身体保护好嗓子，在杨派艺术道路上越走越好，"克"守杨门。

那些角儿 THOSE PROTAGONISTS
一个"外行"眼中的梨园

韩再芬：徽州女人
HAN ZAIFEN

韩再芬

安徽省安庆市文化局副局长，中国戏剧家协会副主席。安徽省安庆市再芬黄梅艺术剧院院长。

她的扮相俏丽，表演细腻，演唱清亮悦耳。所演剧目：黄梅戏舞台剧《女驸马》《莫愁女》《郑小姣》《杨贵妃》《西施》《血狐帕》《孔雀东南飞》《徽州女人》《公司》《美人蕉》等；黄梅戏电视剧《郑小姣》《女驸马》《天仙配》《桂小姐选郎》《挑花女》《桃花扇》《孟丽君》《秋》《李师师与宋徽宗》《潘张玉良》等；黄梅戏电影《香魂》《徽商情缘》《生死擂》等。另外，她还先后主演二十余部电影和电视剧。

    韩再芬，安庆再芬黄梅戏艺术剧院院长，她是中国演戏曲电视剧最多的人，因此较早成名。直到《徽州女人》的出现，她才完成了"这一个"，即在继承的前提下完成了一次属于自己的创新，或者说终于有了自己的代表作。

    尽管《徽州女人》从它诞生之日起，戏里戏外纷争不断毁誉参半，但不管怎么说，韩再芬在《徽州女人》的整体表现气质上，完成了对黄梅戏的又一次建立。

    采访之前，我能看出她有些许的顾虑和忐忑，之前她叮嘱编导不想涉及的话题，希望我不要提及。

    见了面，我告诉她：尊重嘉宾是电视人最基本最起码的职业操守，请放心！

    即使如此，录制时最初的对话还是显得疙疙瘩瘩，问与答似乎找不到你来我往的碰撞，彼此交流也有些戒备和闪烁。我只好笑着叫了暂停。

    多年的职业经验告诫自己：嘉宾不在状态，责任一定在主持人身上。于是我极力劝慰并赞美她——由衷地。这才有了下面的对话。

    白燕升：这些年来你的关注度特别高，每做一件事儿，总像投向河里的石子一样，有声响、有涟漪。再芬的根据地是安徽的安庆，在安庆幸福吗？

    韩再芬：挺幸福的。

    白燕升：在安庆呆了多少年了？

    韩再芬：应该说是从十岁走入安庆，一直到现在没有离开过。

松弛后的回眸一笑

黄梅剧《女驸马》中的冯素珍

白燕升：期间有没有动摇过？我相信一定有诱惑。

韩再芬：当然有。从小走进了黄梅戏领域，那个环境，让我留下了很多依恋。大家对我都特别地好，特别地关爱，老师们付出的这种爱在我心中，应该说这个根扎得很深。后来做到一定的时候，也曾经有过动摇，比方说到北京总政、海政。甚至于出国，机会都有。最后不走的原因，可能就是老师们的这份爱，牵挂着我。

白燕升：这一两年你带给大家印象比较深的，就是电视剧《天仙配》里的王母娘娘了，其实这是一个偶像剧，像黄圣依、胡可等很多年轻的明星在里面。你演王母娘娘，出于什么样的考虑？

韩再芬：因为我拍一部黄梅戏电视连续剧，认识了一个制片人，这个制片人不喜欢黄梅戏，他拼命地要我转到影视里面。就因为这件事情，我跟他讲，我说我不但要你喜欢黄梅戏，而且我还希望你能够为我们黄梅戏做事情。黄梅戏到了今天，我认为可以用很多的艺术形式，不仅仅是舞台，影视都可以去传播，用各种不同的艺术形式对黄梅戏进行这种传播，我觉得是一件非常开心的事情。所以在这种情况下，我就努力地去劝说他，最后把这件事情还真做成了。

白燕升：我一直觉得打开黄梅戏大门的途径有很多种，再芬的这条路，对于吸引年轻的黄梅戏爱好者，做出了很大的尝试。你的成名之路非常的独特，毋庸讳言，跟黄梅戏电视剧渊源很深。你喜欢跨界，但是也有的观众讲，戏曲演员的生命就是在舞台上。

韩再芬：应该说从我走过来的这一段，对于我们这样一个剧种来讲，这种跨界应该是有益的，跨界，实际上也是为了黄梅戏。我这么多年，比如说尝试小品、话剧、电视剧，这些东西回过头来看，它对我在黄梅戏舞台上的表演都是起到了很大的作用。比方说我在排《徽州女人》这部戏，应该说改革的步伐迈得还是比较大的。在演这个人物的时候，我觉得拍影视给我积累的这些经验，在《徽州女人》这出戏里面，得到了很好的发挥，有创造性的。我觉得每一个演员也好，艺术家也好，条件都不尽相同，一定都有自己的方式，来坚持自己的艺术观。我跨界都是为了黄梅戏，我每到一个领域，最终肯定是把别人说服的，最后让他们喜欢上了黄梅戏。

白燕升：你是带着黄梅戏的这个符号游走于各界？

韩再芬：对。每次到电视剧组，我都跟他们说我是来客串的。我并没有把自己当成真正的电视演员，这样做我觉得讲对黄梅戏来讲有好处，对我自己本身也有好处。我希望在各个领域，能够多学习一些东西来丰富自己的表演。

白燕升：提到你的新编作品，这是大家公认的，最成功的就是《徽州女人》了。我相信从这个戏诞生那一天起，一直到现在，你个人的体验也会有所变化，如何更加完美地来塑造这样一个徽州女人？

韩再芬：随着不断成长，生活阅历不断丰富，对很多事物的理解也在发生着变化。当你在舞台上再演的时候，你可以把你所有的这些东西，完全再一次地投放到这个角色里面去，不断地加厚、加深这个人物的丰富内涵。这是我演舞台剧觉得最幸福的一件事情。《徽州女人》演了两百多场，应该说我每一场，站在台上的时候从来没有过厌倦，甚至是每一场跟每一场都不一样，都不是简单的重复，绝对不重复，从小演到大，十年前演小的时候，可能很得心应手，演

后面老的时候，会显得有点做作。但是现在随着年龄增长，越往后演，这个丰富的内涵越会给你带来无穷无尽的幸福感。

白燕升：之后再芬又拍了一个戏，叫《公司》。是个现代戏。有人说它是失败的，你同意吗？

韩再芬：不同意。至今为止，我认为《公司》将会在我们戏剧改革的路上会留下一个很深的印记。我认为戏曲要做的话，它一定是要做一个让大家都想要的东西，而不是大家可要可不要的东西。写这个剧本的时候，更多侧重于年轻的观众，想把年轻的观众带进来，想用戏剧的方式来演绎当代，让我们黄梅戏能够跟现代的观众进行对话，力求使黄梅戏变得时尚和现代起来。

白燕升：接下来，我给你出一道选择题。创编一个黄梅戏的新作品，你最看重哪个方面？A、像《天仙配》《女驸马》那样，好听、好看、便于流传；B、国际化，呈现舞台综合的完美。C、反映时代话题，也就是现代戏。D、突出角儿。ABCD，如果只能选择一个，你会选择什么？

韩再芬：我第一个选择的可能就是这个时代，反映时代话题的现代戏。我非常希望有这么好观众基础的黄梅戏能反映当下的生活。如果我们不去选择这样的东西，你可能就会慢慢地被他（观众）所遗忘。因为现在各种门类的艺术形式太多了，黄梅戏呢，我觉得它跟其他的剧种又有所不同。特定的条件，去选择它特有的东西，而不是泛泛地。

白燕升：传统艺术从业者，似乎总在演着几百年前的故事，总在演才子佳人的戏。刚才再芬选择的反映时代话题，我特别认同，尤其是搞传统艺术的艺术家，一定要创作跟这个时代有关系的作品。否则你将被时代所抛弃，因为你抛弃了这个时代。

韩再芬：其实戏曲的改革难度还是很大的。比方说演《公司》的时候，就遇到了很多的难题。形体动作完全不一样了，你再也不可以用传统剧目的东西，套到它的身上。曾经我还做过一次特别有意思的测验，我找到一个小孩，我说小朋友，阿姨做一个动作给你看看，你看看这个动作到底是什么？就是我们戏曲的"开门"的动作。我做了以后，他翻那个大眼睛对我看，阿姨，您能不能再做一遍，我没看懂。然后我又做了一遍。

白燕升：他的反应是什么？

韩再芬：阿姨，你好像是在游泳吧？开门、关门，他觉得是游泳，奇怪吧？从这个小孩子说的反应，我就在想，

徽州女人——嫁

那个时候所处的生活环境它就是那样啊，门就是有门闩，要双手拉开，抬腿进门要过门槛，所以这些传统程式它都是依照当时的生活情景产生。我就想，我们现在做现代剧，应该怎么办。应该朝哪个方向走。这个动作的设定，它应该怎么去寻找，有很多很大的难度，这是一个全新的课题，所以他们后来说我很大胆。后来我想，有些尝试的东西没有必要给它那么多的负担。我就是韩再芬，我是中国剧协副主席，我更是一个演员。我的责任就是这样，我可以去尝试这个，也可以尝试那个，我觉得人们应该有更大的宽容性和包容性。

和韩再芬聊天，我能感觉到她的敬业和勤奋，执着和要强，为了黄梅戏，她把自己的智慧和能量做到了最大限度的发挥。从她略显疲惫的眼神里，我还读出了她的渴望，她或许急需一个强有力的智者高手能助自己一臂之力，再来一次超越和蜕变。

韩再芬身上有那么一股劲儿，敢作敢为，直来直去，甚至口无遮拦，可一旦因此遭遇了麻烦又不太会巧妙地化解和完善地应对，这是她简单率真可爱的一面。

或许也正因如此，她才能打破常规地大胆尝试跨界艺术，比如话剧、小品、影视剧等，从而使她进入了大众视野。由此带来的巨大声誉吸引了众多非戏迷关注了解并喜欢上了黄梅戏。

1984年，因主演黄梅戏电视连续剧《郑小姣》一举成名，让我们认识了韩再芬；15年后的1999年，因主演黄梅戏舞台剧《徽州女人》让我们记住了韩再芬。

2008年7月22日，集叙事、抒情与哲思为一体的新编大型现代黄梅戏《美人蕉》在北京国家大剧院揭开神秘面纱。看得出，此戏在戏曲表现形态上做了大量的改进与创新，充

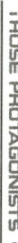

《白门柳》中饰柳如是

满着现代戏剧特征,但在人物刻画上,即"美人蕉"太过完美和三个"革命者"太过脸谱化的处理上,我保留看法;在戏剧结构及舞台呈现上,多种元素"一锅烩"导致些许"四不像",破是破了,却没立起来。但我依然有理由有信心期待韩再芬的下一部。

下一部是什么呢?

改良传统戏?新编现代戏?时尚音乐剧?

大胆地尝试吧,爱你的人一定都会期待:傲雪"韩"梅再芬芳!

黄梅剧《公司》中饰姚兰

那些角儿 THOSE PROTAGONISTS
一个"外行"眼中的梨园

孟广禄："哗众取宠"
MENG GUANGLU

孟广禄

1962年11月生，天津市青年京剧团一级演员，第十届全国政协委员，中共十七大代表。

他的嗓音洪亮高亢、气力充沛、行腔委婉细腻、韵味醇厚，颇具方荣翔之神韵，是一位深受观众喜爱的青年花脸名家。新编京剧《郑和下西洋》是他倾心演出的剧目，受到广泛好评，因此荣获"二度梅"。

他是裘派花脸的佼佼者，刚直不阿、睿智沉稳的艺术形象被他刻画得淋漓尽致。他气力充沛的行腔常常博得满堂华彩，令观众情酣意饱、振奋不已，无论谁听了他的唱，都会大呼过瘾。

　　孟广禄是一位依然当红的裘派花脸。

　　身材不高的他却塑造了伟岸的艺术形象；他说话的语调也不高，还略显沙哑，但他的演唱，却高亢嘹亮响遏行云。

　　近些年，他频频往返于京津两地，不论是主角还是配角，不论是传统戏还是新编戏，不论是古装戏还是现代戏，总能看到他的尽职尽责，感受到他的创新张力。

　　为孟广禄量身定做的大型交响京剧《郑和下西洋》让他费尽心思，退掉了几个月的商演，潜心于创作。他曾发出"了解一个人比了解社会要难"的感叹，于是他走进了郑和的精神世界："这次无论对我扮演郑和，还是对交响京剧的创排，都是一次创新。《郑和下西洋》体现的是'和'，这种精神在当今社会非常有现实意义。我太喜欢这部剧了，尤其是'妈祖'那场。这是我至今为止最喜欢的一段唱，我想把它作为我的代表作。"

　　这出戏他不光自己喜欢，还赢得了专家的肯定。2009年5月，他凭借此戏他摘下"二度梅"。

　　孟广禄的舞台呈现情酣意满，他的责任感和自信心也体现在舞台上下的思考中，他希望京剧演出能早日实现市场化，演员之间能跨越地区和剧团的限制进行流动演出，广泛传播国粹。正如歌里唱的：没有人能随随便便成功！我认同。带着这份认同，我走近了孟广禄。

　　白燕升：现在一提到裘派花脸，很多戏迷很自然的就会想到你。但是当时在你学戏的时候，花脸的流派还是很多的，金派、郝派、侯派、袁派等等，你怎么就选中了裘派？

　　孟广禄：当年我岁数也很小，也不知道什么派别。有一次我在家里，偶尔当中就听到裘盛荣裘先生《赤桑镇》，那声音打动了我，太好听了！我按照那个学，考到中国戏曲学院，毕业之后，我还是天天坚持听裘盛戎裘先生的带子，我学一段戏我把带子听平了。而且把那词都写下来，天天写。

白燕升：当初对裘派艺术的那么喜爱着迷，唱了二三十年之后，对于裘派的理解有没有变化？

孟广禄：现在理解比较深了。说到裘派唱腔，每一个人都说是声情并茂。我想哪一个派别不是声情并茂？但是真唱到声情并茂，太不容易了，能唱到你自己心里想的东西，让观众能接受了，很难！

白燕升：特别有意思的现象，提到裘盛戎大师，很多人迷恋他浓郁的裘派声腔。从裘盛戎大师，到您的老师方荣翔先生，再到广禄你，我发现，三位的身材都不是很魁梧，但是声音确实嘹亮，这有什么秘密吗？

孟广禄：一个是练！其二，发声上应当是科学的。包括头腔、颅腔、胸腔、鼻腔怎么运用，怎么能让它统一，高音到什么位置上，脑子里想的是什么？……

白燕升：讲究科学的发声方法特别重要。现今的裘派居多，于是也就留下了十净九裘的说法。传承裘派艺术的人多了，其他花脸流派的普及相对来说薄弱了，这也确实是现实。不知广禄怎么看待这个现象？

孟广禄：一个是裘派在唱腔上确实比较时尚，而且它的特性和个性，都是时代发展的结果。无论是裘盛戎先生，还有我师傅方先生，他们的唱腔到现在都符合观众的胃口。我不是说每一个派别有高低。有时候你说这个东西不景气，跟我们是有关系的。一个行业的不景气，跟从事这个行业的人有着直接的关联。一个人应该有一种责任感，首先就是你对得起自己的艺术，第二你对得起观众。平时下的工夫，是不是跟你自己的名气，包括你拿的工资吻合。我们不能混，我们要对得起社会，对得起艺术。

白燕升：提到花脸，这也是一个共识了，在裘盛戎大师之前的金少山先生，是花脸的一座高峰，那个时候用洪钟大吕来形容可能是最为真切的。那么裘盛戎大师呢？人家说是一座更高的山峰，更加注重了唱腔的韵味，更加注重了人物。裘派艺术能够几代几代的流传到今天，我相信跟裘派艺术的生命力是分不开的。

我们认识有十多年了，经常见面，也经常会聊些或大或小的问题。但是有一个问题，我一直有顾虑，不知能不能跟你交流？

孟广禄：我这人实实在在，有什么事你就说，没关系！

白燕升：我也是思考了很久，其实提到广禄，你有很多的拥趸。但我也听到过一些质疑的声音：孟广禄的演唱和表演，有的时候是不是有些过？

孟广禄：首先感谢大家！这说明大家对我关心爱护。我认为确实有这种情况。演员需要磨练，不但是台上的磨练，还有情绪的磨练。因为我的性格是比较直爽的，我想在以后确实要有所收敛，要含蓄。随着年龄的增长，在台上这么多年的经验积累，应当到什么程度？跟做人一样：讲个度。我想，慢慢地，我能到达那种境界。因为我也是不断地修炼自己，就跟念经一样，慢慢地还要沉下来。

白燕升：广禄的这番话，我听着挺感动的。因为每次演出你总能够掀起一出戏一个晚会的高潮。面对那么多的掌声和鲜花，还能够冷静地清醒地看待自己的艺术及火候的把握，我特别感动。

接下来我们聊一聊广禄的家庭。广禄说到自己的孩子时，总是眉飞色舞。

孟广禄：我小孩在天津音乐学院。在家里他是美声，我是京剧。我在他平常练声当中，也能体会到我的不足。因为京剧演员在发声的理论上，还没有到达声乐这么明朗化。但京剧更难，京剧不单是唱好，还要有味道。我们相互借鉴，就显得很重要。

白燕升：有道理！我还听说，你还做过生意？

孟广禄：二十年前的事了。当时我分到天津的时候，没有任何人要我，闲着没事才做的。

白燕升：为什么？

孟广禄：二十多年前吧，我三年没有户口，我就扫了三年地。

白燕升：真的假的？

孟广禄：真的！还拉了三年幕。从中国戏曲学院回到天津，人家当时学校里有好多的花脸，而且我又瘦小，我当时体重也就是九十来斤吧。人家都不看好我。人家说你这么瘦小哪能唱花脸呢？可以说，当时就这么一句话激励着我到现在。没人教就跟录音机学，五年来，天天早起，五点起来喊嗓子，没停一天，你相信吗？

白燕升：我相信！

孟广禄：在自己的事业处于低谷的时候就没有想到过放弃，就觉得我一定能行！艺术不单是嗓子的问题，还有艺术的感觉问题。所以我在台上看别人演出的时候，我心里说他这种感觉不对，我如果上去，我不会这样体现。

白燕升：但是你没这个机会呀

孟广禄：求人家嘛。我已经拉了三年幕，天天拉幕扫地扫大街什么的都是我，你不知道当时那种心情。你上班，我也上班，可我那时候才挣二十多块钱，一旦你迟到一点，别人就敢狠心地扣下来十块钱。当时其实很压抑。我小时候家庭很穷，但是别人吃饭多好，我连看都不看，我能吃饱就挺好了。可以这么说，除了追求事业，我没有什么别的想法。就那么几年，我偷偷地向录音机也好向老师也好，学了好多戏。我相信只要努力准保能成！

白燕升：听了广禄的这段经历，我非常有感慨。当时毕业以后，回到天津没有落下户口，自己默默地这么承受着来自方方面面的压力，其实更多的是自己心里的一种煎熬，一直到现在没有离开过天津。其实我知道，广禄有很多这样那样的机会。

孟广禄：不论在任何地方，得对得起戏迷朋友。

白燕升：除了唱戏之外，广禄还有没有别的爱好？

孟广禄：有四个爱好吧。

白燕升：首先是足球，您跟裘先生同好。

孟广禄：我原来踢足球的，踢得还不错呢，同行都知道。

第二个我喜欢拳击。我小时候也练过拳击，就像我们在台上，你为什么唱到一定程度唱不下来了，就是你没有刻苦，到时候你出不来那拳了。所有的出拳，都是你平常时练的再现，包括它的敏捷它的反映。

白燕升：第三个爱是蛐蛐了。

孟广禄：当然！

白燕升：广禄喜欢养蛐蛐，从蛐蛐身上找到一些什么乐趣？

孟广禄：蛐蛐的精神！好的蛐蛐能让对方一直咬死，它都不走。它那种勇往直前那种拼搏的精神，闻其声，观其形，乐在其中。

白燕升：每个人都有每一个人的爱好。其实这个爱好可能是一种自我解压的方式，是不是因为太辛苦太紧张了，才生发出来那么多爱好？

孟广禄：有的时候确实累！包括各方面的压力，都想大哭一场。可回到家，弄几个蛐蛐看看，消遣消遣，真能给自己减减压。

白燕升：这第四个爱好是什么

孟广禄：京东大鼓。京东大鼓我都自己写词，我一般都自己写词自己唱。我学唱了四年京东大鼓。

白燕升：跟裘派有关系吗？

孟广禄：我感觉唱京东大鼓，有的发音位置上，跟裘派的发音有关系。

白燕升：任何人面对镜头，都会有三分的不自在。因为镜头或多或少打乱了生活的原生态。但是今天跟广禄聊天，我觉得就跟我们在一起私下聊天，在饭桌上聊天的语式语调是一样的，特别的真实坦诚。

孟广禄：我总认为，如果这一个人每天都在戏里，没法活！

蓦地记起有一次跟广禄聊起演艺界的陋习，他感慨不已，谈到激动处，竟说出了"演员，就是个哗众取宠的职业"。我读出了他的痛心疾首，懂得了他的真性情！

他的直言不讳，虽不完全赞同，但实在无法全盘否定。反躬自省，包括主持人在内，凡是走上舞台的人，一定要懂得欣赏别人，要做到宅心仁厚；一定要懂得尊重观众，不要一味地取悦他人，换取廉价的掌声和笑声，而是要用真情实感、真才实学去饱满艺术。

我喜欢"润物细无声"的境界，虽不能至，心向往之。

我相信广禄一定认同！

那些角儿 THOSE PROTAGONISTS
一个"外行"眼中的梨园

李胜素：不爱侠女爱青衣
LI SHENGSU

李胜素

河北柏乡人，国家京剧院国家一级演员。

她的扮相俊俏，秀丽动人，音色圆润优美，行腔舒展自然，表演洒脱，功底深厚，有大家风范，颇得梅派神韵。从骨子老戏，到新编剧目，她都能驾轻就熟。和艺术搭档于魁智合演新编剧目《大唐贵妃》《走西口》《梅兰芳》《袁崇焕》《赤壁》，均受广泛好评。

她绝对的雍容，又绝对的温和。"以情动人"是她对梅派始终如一的诠释。舞台上，她挥洒了天女的熠熠灵光，尽展了洛神的翩若惊鸿，闭月羞花的醉酒之美亦呈现得恰到好处，那正是梅派一切的妙韵。

李胜素，是一个非常全面的梅派演员。一个"美"字是对她表演艺术的准确概括：扮相美、声音美、身段美、舞蹈美。她具有扎实的功底，在舞台上松弛洒脱地挥洒着才情。听老先生讲，从她身上仿佛看到了当年梅兰芳的影子。

李胜素出生于河北省柏乡县一个农民家庭，父母爱戏。父亲是一个发烧票友。李胜素自小喜欢唱歌，嗓音特别亮丽。同是河北农村的我，和胜素的家境相似。只是后来李胜素考上了河北省艺术学校，如果当初我的父母不阻挠我，我自信也能考上，没准儿还和胜素同学呢！

在河北省艺校的7年中，李胜素拜刘元彤等名师为师，学习了《孟丽君》《红线盗盒》等剧目，奠定了基础。1986年，李胜素以优异的成绩毕业，被分配到河北省邯郸市京剧团。1987年，李胜素向王(瑶卿)派名家刘秀荣学习了《白蛇传》等剧目。1987年10月，李胜素参加首届全国青年演员电视大奖赛，她良好的艺术潜质，引起了评委梅葆玖先生的注意。

1991年，李胜素由河北调到山西省京剧院，在齐兰秋老师的辅导下，学习了《武家坡》《春香闹学》等剧目。1996年李胜素正式拜梅葆玖先生为师。

一路走红的李胜素成为山西京剧院的当家旦角，曾担任山西京剧院梅兰芳青年团团长，那时我随《九州戏苑》栏目来到山西京剧院，在排练场采访过她。看着满头大汗素面朝天的老乡李胜素，实话说，她让我眼前一亮，继而感叹：河北怎么没留住这么好的人才？

她先后跟梅葆玖先生学习了《凤还巢》《宇宙锋》《贵妃醉酒》等经典剧目。用李胜素的话说："梅先生教戏以认真细致闻名。他对每个细节都抠得很细。像《宇宙锋》《生死恨》等剧目，他都是手把手地教我"。

2001年，李胜素由中国戏曲学院研究生班毕业，被分配到中国京剧院。眼界宽了，见识多了，对梅派的理解更透彻了。她曾跟我说，梅派的唱和表演是非常难的。"运密入疏，寓浓于淡"，听来平易近人，可又不是"大路活"的粗唱。急功近利地模仿，是绝对学不会的。不要急着去找味儿，不能急着去研究造型来比划。一招一式，把来龙去脉搞清楚，然后再在人物里找内功，老老实实地一字、一腔，甚至一个音、一口气地反反复复地练。这是唯一的康庄大道，梅派没有速成的小道可走。

如今李胜素已然成了梅派当红明星，但在上个世纪80年代中期，那时候开始盛行武打片，李胜素差点改行去演影视。

李胜素在学校拍的第一出古装电视剧是和唐国强一起演的《天下第一关》，是程之导演的。电视剧里的表演讲究

生活化，但对电视剧一窍不通的她老觉得还带着水袖，胳膊放下了，手就不知道该怎么放。再比如，主人公一出门看天气挺好的，她还不由自主地来个"一望两望"，闹了不少笑话。后来程之导演给了她很多启发。除了《天下第一关》，她还拍了《侠女除暴》《江侠女盗》等等，以她的良好天赋，如果当初改行做影视，一定要比梅派青衣更火爆更风光，没准儿会成就一个内地的打星"杨紫琼"呢。

但她最终还是选择了京剧，婉拒了很多片约，我们的谈话从此展开。

《穆桂英挂帅》李胜素 饰 穆桂英

白燕升：风华正茂的花季年龄，面对更具诱惑的影视，为什么没改行？

李胜素：当时确实想过要改行，但是我觉得见老师没法交代了，培养了我这么多年。

白燕升：今天回想起来，后悔过当初的选择吗？

李胜素：没有。我觉得不管接触哪门艺术，对你的舞台艺术都是有帮助的。

白燕升：也许就是胜素性格当中的这种率直和简单，才成就了今天的你。我觉得人越活应该越来越简单，要做减法，在你身上我感觉到了。

李胜素：其实我挺不善言谈的，朋友在一起，大家熟了说话还多，还爱热闹，但是一有生人我肯定是自己坐在那儿待着。后来我就跟于魁智说，有什么新闻发布会，你就多说，旁边我给你做陪衬。

白燕升：96年的时候拿了梅花奖，当时在北京举行了一个专场，演出了《游园惊梦》《廉锦枫》《红线盗盒》《孟丽君》等四出折子戏，不光有京剧，还有昆曲。为什么选择昆曲？

李胜素：我觉得一个京剧演员学点昆曲，对于身上的表演非常重要。

白燕升：从96年获了梅花奖后，98年来到京剧研究生班，我看了李胜素的毕业论文，其中发现你对流派继承的观点其实是很开放的。说到梅派的演唱和它的表演，有这样的评价，通俗一点就是几乎挑不出什么毛病，非常之完美，但是也有人说梅派的唱腔有些陈旧，有些太平实了，你怎么看？

李胜素：到现在为止，我不追求现场的效果。

白燕升：不追求现场的火爆？

李胜素：只是给观众留下回味就可以了。

白燕升：2002年的时候，你和搭档于魁智参加了《大唐贵妃》的排练，我听说当你看剧本看到马嵬坡那一场戏的时候，哭了。

李胜素：确实是。

《贵妃醉酒》李胜素 饰 杨玉环

白燕升：为什么？

李胜素：被感动了。

白燕升：演的时候哭了吗？

李胜素：极力地克制。

白燕升：为什么？

李胜素：因为杨贵妃临死前有这么一段念白：我为大唐而死，我为真情而亡。我觉得杨贵妃是一个政治的牺牲品。每次演到这儿，我真是在克制，我特别佩服地方戏的演员，他们在台上眼泪下来，还能唱，我就不行了。

白燕升：今天胜素在说的时候，眼睛湿润了，为什么会有这种情绪呢？是不是对自己的生活有所触动，或者说把自己生活当中的经历感触带给了这个人物，有没有？

李胜素：怎么说呢……我看电视剧都跟着掉眼泪。

白燕升：于魁智曾经这样评价过你，说胜素是一个心里长牙的人，心里长牙是什么意思？

李胜素：我理解应该是在私下暗暗较劲，不是表面上去跟人家争抢，而是舞台上见，其实大家都是这样的。

白燕升：大家看到的李胜素非常坦然非常自在。生活当中有没有脆弱的一面，或者说有没有难过的时候。

李胜素：少！本来人活着挺累的，在舞台上演出也比较累，所以生活当中的一些事，我真的很少往心里走，还是简单一些比较好。

白燕升：老辈人说，学戏要先做人，胜素做人的原则是什么？

李胜素：一切顺其自然。

白燕升：从1998年开始，你开始跟于魁智合作，到现在大家都感受到了你们在舞台上的这种和谐，有没有争吵的时候？

李胜素：排一出戏每个人的意见肯定不都统一，但不会吵。

白燕升：我听说处理《四郎探母·坐宫》那段快板对唱的时候，你们俩就有一点点分歧。

李胜素：对，这个坐宫唱段，好像观众也希望你唱得快些，唱得要激烈一点，但是我觉得应该从剧情出发，因为

《四郎探母》饰 铁镜公主

是小两口,是话赶话,不是吵架的感觉,魁智还是挺接受意见的。

白燕升:父母兄弟姐妹对你的从业道路是个什么态度,支持你吗?

李胜素:支持,我不管干什么,我父母都永远是支持的,因为我从小就出来了,我从来都是报喜不报忧,于是他们就觉得我干什么都对。

白燕升:老人看过你的现场演出吗?

李胜素:看过。我在邯郸的时候,在山西的时候,在北京都接过来看过。我妈也是11频道的忠实观众,在家天天锁定11频道。曾经有一次我告诉她,我什么时候演出,哪天晚上你可以看,但是那天没有播,她一直等到11点。

白燕升:我也是这样,父亲在世时,刚开始

主持戏曲节目的那些年,我某种意义上是为了父亲在做。我的节目经常被推迟到半夜,我的父亲就一直坚守到半夜,第二天再打电话告诉我,你今天穿的怎么样,今天说话怎么样,父亲是我最忠实的观众。我做节目的最初动力来自于我的父亲。父亲去世了我觉得特别遗憾。

李胜素:老人岁数大了,身体不太好,像我父亲做过脑瘤,前一段昏迷,正好赶上《袁崇焕》去广州演出,当时也不可能找人替。我只能电话遥控,那边就安排人照顾。

白燕升:平时闲的时候,有些什么爱好?

李胜素:爱好挺广泛的,体育、电影都挺喜欢的,这两年进电影院少了,我在学校的时候,《大众电影》刊物我一直订阅。

白燕升:我也一直看它。

李胜素:那时候的电影演员,我全能叫上名字来。像张瑜、龚雪、斯琴高娃、潘虹。

白燕升:体育呢?

李胜素:我爱看足球,世界杯,晚上也熬夜看,还有比较喜欢打羽毛球,我曾经在学校得过女子双打冠军。得了一支钢笔,拿回家给弟弟了。

李胜素台上温和素雅,台下随和感性。如此安静和纯粹,没有丝毫的张扬和火气,但我相信她的内心一定有波澜,一定还有属于自己的梦。至少喜爱她的观众有梦:希望她恢复上演更多的传统骨子老戏,除此之外,也希望有一出属于她的、也属于京剧的、更属于观众的新戏。

刚刚获悉,胜素主演的数字电影京剧《白蛇传》正在炎炎夏日紧锣密鼓地拍摄中。导演孙桂元告我,胜素的搭档于魁智虽然在这出戏里"没戏",但也没闲着,担当起了操心繁琐的"统筹"角色,为顺利拍摄提供全方位保障。影片预计2009年国庆期间和观众见面。

京剧《赤壁》李胜素 饰 小乔

那些角儿 THOSE PROTAGONISTS
一个"外行"眼中的梨园

时白林 金芝：往事并不如烟
SHI BAILIN JINZHI

时白林
安徽省艺术研究院国家一级作曲。1953年毕业于上海音乐学院专修班。作曲的主要作品有电影《天仙配》《牛郎织女》（均合作），《女驸马》《孟姜女》等；电视剧《劈棺惊梦》《孤女婴宁》（合作）等。作曲的广播剧有《汉宫秋》《贵妃恩怨》等。舞台剧《春香传》（合作）《江姐》《梁山伯与祝英台》等；还曾为舞剧、话剧《刘海与金蟾》《生命线》等谱曲。

金 芝（1927—2008）
安徽省艺术研究院国家一级编剧。他在安徽地方戏剧创作、研究领域成果丰硕，曾荣获"五个一工程奖"、"文华奖"、"曹禺剧目奖"、电影"华表奖"、"金鸡奖"，电视"飞天奖"、"金鹰奖"等20多个奖项。他根据传统剧目整理改编并创作的剧目《讨学钱》《打芦花》《罗帕记》，黄梅戏、徽剧舞台剧《无事生非》《刘铭传》《徽商胡雪岩》，以及黄梅戏电影《生死擂》、黄梅戏音乐电视剧《啼笑因缘》《二月》《祝福》等作品至今受到观众喜爱。

2008年11月2日上午，我接到安徽好友短信：金芝老师走了！

2008年11月2日凌晨（0：52），安徽著名剧作家、评论家、教育家金芝先生因病在合肥逝世，享年81岁。

因工作原因不能到合肥送金芝老师最后一程，我托朋友送去了花篮。几天后，怀着敬意和思念，我和马兰录制完成了金芝老师编剧的《梁山伯与祝英台》的对唱"望你望到谷登场"。

金芝老师的同庚好友，老搭档，著名作曲家时白林先生很快发表了悼念文章《哭金芝》。文中说："金芝是位非常勤奋、敬业的著名戏剧家。从上世纪50年代的黄梅戏《天仙配》《罗帕记》起，中间经过了《牛郎织女》《战斗在险峰》《梁山伯与祝英台》《生死擂》到去年的《徽商胡雪岩》等，他编剧，我作曲，半个多世纪我们合作了近10部大型剧目。在合作过程中，金芝过人的才华，治学的严谨，为人的敦厚，再加上他古典文学和诗词扎实的功力，富于求索和创新的精神，常令我沉浸在合作的愉快中。

金芝的作品中经常会出现些让人神往、赞叹、叫绝的优美唱词或妙趣横生的台词，尤其表现男女内心深处那些纯真爱情的深层揭示，拍案之余，很难想像它们是出自一位耄耋老人之手。所以我每次为他写的剧本谱曲时，常有一种难以抑制的内心冲动，这也从另一个侧面表现出了金芝对真善美生活的诚挚向往与热爱"

2008年3月19日，在合肥，我和两位老先生进行了一次愉快的交流。

白燕升：时老，称您为黄梅戏音乐的泰斗都不为过，您创作了那么多好戏，一直到现在大家还在传唱，《天仙配》《女驸马》《孟姜女》，太多了……黄梅戏哪一点打动了你？

时白林：第一次打动我是1952年11月，我记的很清楚。当时我还在上海音乐学院学习，那天到大众剧场去看安徽来的两个剧种，一个是黄梅戏，一个是泗州戏。泗州戏演的是《小女婿》，黄梅戏演的是《打猪草》《路遇》《新事新办》和《兰桥会》。我这一听，特别是《打猪草》是严凤英和丁子晨演的，怎么唱的这么好听呢。

1949年，我听过一次黄梅调儿，那时候听的是锣鼓打的，也没有其它乐器伴奏，又是业余演员，又是在江堤上，给我的印象不佳。所以，这次一听严凤英唱这么好，她唱完之后，当时上海音乐学院的院长，也是我们中国的音乐泰斗贺绿汀和剧作家吴强，写《红日》的。他们走到华东宣传部部长陈起云面前说，老陈，恭喜你们，你们安徽一炮打响。

贺绿汀不光写了赞扬文章，还把黄梅戏泗州戏请到上海音乐学院，当时声乐系、键盘系、作曲系都在学那段"小女子本姓陶"，到处唱，那一次打动了我。

白燕升：时老提起第一次看黄梅戏，听黄梅戏，还是那么激动。金芝老师最早是搞庐剧的，您何时对黄梅戏感兴趣的？

金芝：黄梅戏和庐剧都是安徽的主要剧种。有一个机缘，1955年《天仙配》拍成电影后，大家希望它再回到舞台上来，因此，我就和时白林两个人搞了舞台剧的《天仙配》。再把电影的东西拿过来，又重新由陆洪非把它搬到舞台上。这个戏最后就稳定在现在的六场戏的结构上。那也是

我和时白林第一次结缘。

白燕升：提到黄梅戏，从小曲小调一直到现在这样，一个发展壮大的过程，不能不提到上个世纪50年代初，那场轰轰烈烈的戏改运动。两位老先生都是戏改运动的亲历者，想请两位老先生回忆一下这场戏改运动的功过得失，我想对于今天的继承和创新一定有启发。

时白林：那时候要改戏、改人、改制。戏改，主要是把那些不好的节目，觉得它太低俗或者太凶残的，都改了；改人呢，因为当时我们这些建国前的艺人，社会地位比较低，有一些不好的习惯，还有人吸毒，那当然是极少数，黄梅戏也是极少数人有这恶习，都属于在内部改；改制呢，就是旧社会班社不合理的制度都要把它改掉，我们就是导演制了。既是导演制度，导演说的，大家都要听。当时中央就有这个要求，中国的戏曲要想打到世界上去，必须有一批新文艺工作者参加进来，包括编剧、作曲、导演，我们基本上就是那个时候进来的。

白燕升：我们老说传统和创新，那个时候，你们创作的作品，今天看来是传统，其实当时你们就是改革家。金芝老师，还记得当时的戏改运动吗？

金芝：记得，我认

为黄梅戏有四大优势。第一个优势，就是黄梅戏的传统。它的传统是滚动发展的，今天有人讲黄梅戏没有传统，这话不对。它的传统是，古典的配合和现代的创造，滚动发展着，形成了今天的成果；第二个优势体现在，它一直沿着这条路走。它的剧目生产和人才成长，又是滚动发展的，真正好的演员，必须有他自己传统的演绎，又能演好自己新创的戏，这是人才和剧目共同荣获的发展；第三个优势是它的发展。它的发展是天上舞台和地上舞台的滚动发展。假如没有现代的电视、电影、盒带这一类东西，黄梅戏今天的影响没有这么大，它是借助了空中的舞台发展的；第四个优势是它获得了两个很重要的结合。一个就是观众非常喜爱，观众群非常大；另一个是安徽的领导很重视。它得到了这样两个很重要的结合，才形成了黄梅戏今天的优势。

白燕升：其实黄梅戏在它的发展初期，真的是名不见经传。新中国成立后，尤其上个世纪50年代初，伴随着《天仙配》《女驸马》搬上了荧幕以后，一下子就在全国流行开来。时老师，当时作为主创人员之一，很想请您分析一下，黄梅戏当年是靠什么成功的？

时白林：第一个是要全面的、彻底的、诚心诚意地继承传统。这些非常好听的唱腔，我们要把它继承下来，这是一笔我们大家共有的财富。第二点要根据剧情，根据人物和具体承担角色的演员来进行革新创造，只有这样我们才能发展下去，不被群众所遗弃。艺术贵在创新，没有新东西，老观众也不满意的。如果一味地追求创新，甚至于没有层次的附和，也是不行的，这样会失掉更多的观众。所以我在创作过程当中，要求每一个作曲家，不光熟悉词曲创作，对其它的曲种，其它的剧种，希望也能掌握，借鉴人家优秀的方面，甚至有时候也要学习外国的技法。

白燕升：两位老先生年事已高，但是思想丝毫不保守，胸怀和眼界特别宽广。提到《天仙配》《女驸马》，就不能不提到黄梅戏的一代大师——严凤英和王少舫。时白林老师跟他们两位是艺术上亲密的合作伙伴、艺术搭档，你们合作的时候有没有分歧和摩擦？

时白林：有的。这个争执，现在回忆起来，是非常令我愿意回味的，也是很珍惜、很可贵的，因为我们的友谊是非常真诚的。比如说演《女驸马》，王少舫演刘大人，"眉清目秀美容貌"那一段，我给他写了两稿，他都没同意，他觉得还不大像刘大人这个人物。我说那你再试试看，他说不试了。他说你在《忆中原》里那一段唱腔我就认为很好，我说我不重复自己的东西。然后他说你那个《忆中原》早就不演了，现在唱有什么关系。我一想也对啊，于是我稍微给它理一下，结果王少舫就唱了。他对这段曲子很有感情，是他提出来要唱的，再加上他的各种韵腔手法，包括力度的对比，收与放处理得也很好，刘大人的形象活灵活现。

白燕升：2008年是严凤英大师逝世40周年，前不久我们做了一期节目"怀念大师"，把当时在《天仙配》当中的几个姐妹都请来了。大家讲起严凤英非常激动，说到她的美，都觉得那是一种抵挡不住的诱惑。不管是屏幕上还是生活当中，都觉得严凤英是那么的美和善良，这可能是她成功塑造七仙女最好的一个基础和品质。

时白林：过去我跟她在一起合作了传统戏，不光是《天仙配》《女驸马》《牛郎织女》。《牛郎织女》她也是作者之一，包括后来她演的《江姐》《党的女儿》，都是我和她在一起合作，直到最后她去世，她太年轻了，38岁。（哽咽）

白燕升：是的，38岁正是艺术上最成熟最美好的时候。

时白林：正如她所唱的"花正红时"，真的是最好的时候。严凤英她这个人的可爱面很多。你看她平常嘻嘻哈哈，打打闹闹，一旦接到剧本之后，她就变成剧中人物，进入角色里面去了。她吃饭的时候也哼，甚至在卫生间里面也在哼，她就这么执着。如果对一个戏的剧情、人物不是深入了解的话，她不会创造这么多不同时代、不同品位、不同层面的妇女形象，个个栩栩如生，让人看了很难忘。有的戏快乐的时候让大家捧腹，悲惨的戏催人泪下，为她那撕心裂肺的唱腔。

白燕升：尤其是《天仙配》最后，七仙女不得不回到天庭跟董永分别的那一段。

时白林：是，那一段唱真是感人肺腑，催人泪下的。那是严凤英用自己的真情在唱。每次一谈到这些，就特别觉得她值得我们尊敬怀念喜爱，她去世的时候只有38岁。

金 芝：我想讲一个小故事。为了排《牛郎织女》，当时我们剧组到黄山那一带去感受飘飘渺渺的神仙境界。从九华镇上天台，有十几公里，路上当时什么都没有，山上没有吃的住的，因此就要从山下把东西连被子挑上去，挑被子的是九华山尼姑庵的一个小尼姑。这个小尼姑知道这是严凤英，她当着严凤英的面，唱了一路黄梅戏。严凤英眯眯的笑着，一直陪着她，她以这种方式和人民亲近。

白燕升：黄梅戏是个年轻的剧种，也是一个善于革新的剧种。其实创新和继承，永远是一个相对的动态概念，在上个世纪50年代，你们面对传统，也做了很多改革和创新，创新和传统之间，应该把握怎样一个度，恐怕一直是我们面临的问题。

时白林：你这个问题提的真好。我举一个这方面的例子，还说《女驸马》，当时我写了一段，严凤英唱会了，当时很有名的导演刘琼先生听了之后，就找了我，他说小时啊，凤英唱的这个，怎么我听着不像黄梅戏？我说那是黄梅戏啊，他说我听像京戏，我说怎么会像京戏呢？他说京戏主要是唱皮黄，挺像《小放牛》的，我说那不对，我马上就唱京戏《小放牛》给他听，但是导演还是说希望改一下。因为我对导演是很尊重的，因为电影是以导演为中心的。于是我就重写了，之后我又唱给导演听，导演同意了，我就教严凤英唱啊，还没等我教呢，严凤英说你怎么给改了？我说导演说不像黄梅戏，严凤英说，那不就是黄梅戏《卖杂货》吗？我说是的，这是《江西调》，是黄梅戏的音调。我说这怎么办呢？她说，不要改了，如果将来有批判的文章出现，反批判的文章我来写！

没有演员的支持，你怎么办？就像天仙配"树上鸟儿成双对"，最后二重唱那是按照西洋歌剧来写的。

白燕升： 五十年过去了，我们总把"树上的鸟儿成双对"当成传统，其实它是那个时候的创新，恐怕我们对于传统的界定，要重新认识了。

金芝：1990年在北京中国戏曲学院一个导演研究班讲课，当时有一些学生就问我，为什么全国的剧种都不行，你们黄梅戏，怎么还在往上飙升？我当时讲了一段话，黄梅戏现在还在向上升，是一种假象造成的，那是因为别的往下落，落的很快，于是黄梅戏就变得很突出。黄梅戏从它自身来讲，同样是缓慢的在下降。

针对这个创新问题，现在有人说黄梅戏现在最大的问题就是不创新。我几十年的经验告诉我，没有一个艺术家，在他搞一部作品的时候没有一种创新意识的。我曾经讲过，如果是胡作非为者，他当然是黄梅逆子，但是执守墨规者，也未必是黄梅的孝子。只有肩负着传统，面向着未来发展它的优势，艰难行进者，才可能称为黄梅的娇子。

两位年过八旬的黄梅戏专家一路走来，为我们创造了那么多好戏，讲述了那么多宝贵的经验教训，这是一笔无价的精神财富。更加难能可贵令人感动的是，他们人老心不老，一直站在改革的潮头，如此深沉真切的爱着黄梅戏。我觉得两位老先生是安徽的宝，是黄梅戏的宝。

如今金芝老师戏走了，我很怀念他，相信他在天国也会注视着心爱的黄梅。我们共同努力吧！不能让活着的长辈失望，更不能让逝去的前辈遗憾。

我想告诉黄梅戏的后辈，宝就在我们的身边，趁着时白林老先生身体硬朗，思路清晰，赶紧来取经求宝吧。

祝福作曲家时白林老师健康长寿！

祝福黄梅戏带着厚重的嘱托和沉实的希望继续海阔天空地飘荡轻扬！

那些角儿 THOSE PROTAGONISTS
一个"外行"眼中的梨园

常香玉：谁说女子不如男
CHANG XIANGYU

常香玉（1923—2004）河南巩县（今河南巩义市）人。

曾被选为第一、二、三、五、六、七届全国人民代表大会代表。9岁随父张富仙学戏，10岁登台，13岁成名。原学豫西调，后在演出中广泛吸收豫东调等各种豫剧唱腔以及京剧、评剧、秦腔等剧种的唱腔和表演艺术，独创了常派真假混合声演唱体系，形成豫剧中的一支主要流派。代表剧目有：《拷红》《白蛇传》《花木兰》《战洪州》《大祭桩》等。1951年为支援抗美援朝，以演出收入捐献战斗机，被誉为"爱国艺人"。

2004年6月1日，常香玉大师走了。

我清楚的记得，那天一整天都在录像，中午，接到北京某报记者电话：常香玉大师去世了。从那时起，一两天的时间，我先后接到了北京及全国各地二十几家报纸、电台的电话采访。震惊悲痛之余，感慨良多：常大师的离去，为什么会有如此广泛的关注？

我想这与她72年的从艺所遵循的"戏比天大"的品格有关，与她义演募捐"香玉剧社号"战斗机有关，与她塑造的众多光彩照人的艺术形象有关，与她留给我们的传唱了半个多世纪的"谁说女子不如男"等经典唱段有关……

"谁说女子不如男"是花木兰的写照，也是常香玉的写照。

常大师72年的从艺生涯给我们留下了宝贵的艺术财富，我们从中看到了一位坚持改革发展和创新的艺术家，看到了一位"与时俱进"的典型代表。

常香玉的第一个艺术高峰当属《拷红》，这个戏让我们看到了红娘正直爽朗、聪慧机智、倔强泼辣的性格特征，"在绣楼我奉了小姐言命"等唱段更是广为流传。这出戏的更大意义，在于常香玉舍弃"小我"的大家风范。豫剧在200多年的发展历史中，因地域差别分为豫东、豫西、祥符、沙河等调系。在上个世纪30年代以前，可以说各弹各的调，各唱各的腔。以常香玉为代表的一批豫剧改革家大胆地进行了"诸腔合流"的探索，打破门户之见，广泛采撷了河南曲剧、越调、京剧、昆曲、河北梆子、秦腔、评剧及河南坠子等剧种和曲艺的声腔技巧，大大丰富了豫剧声腔的表现力，开豫剧唱腔改革之先河，为豫剧走向全国做出了重要贡献。《拷红》中的"在绣楼我奉了小姐言命"就是把豫东和豫西声腔巧妙地融合在一起的产物。

常香玉的第二个艺术高峰当属创作于上世纪五十年代初的《花木兰》。当时正值抗美援朝的关键时刻，这出戏唱出了花木兰代父从军、为国杀敌立功的自豪感，有着非常强烈的艺术感染力，在当时起到了鼓舞士气的积极作用。通过下面两组数字，不难看出《花木兰》在当时是何等的受欢迎：常香玉通过义演募捐战斗机共演出180场，其中《花木兰》就演了120场；1953年，常香玉奔赴朝鲜战场慰问演出（时任演出团副团长），175天的时间里，演了近200场，《花木兰》占了演出总量的3/4。

常香玉的第三个艺术高峰当属《大祭桩》。说到这个戏，就不能不提到她的"唱"，既有一泻千里的豪迈，又有小桥流水的细腻。戏曲是以"唱"为主的综合艺术，这是从戏曲形成之日起就确定下来的基本概念。《大祭桩》的唱比《花木兰》更高明，专家公认常香玉在这出戏里对传统唱腔程式有了新的突破。象"恼恨爹爹心不正""婆母娘且息怒站在路口"等经典唱段，让人百听不厌，传唱不衰，可以说就是豫剧的"咏叹调"。

除此之外，常香玉的代表作还有《白蛇传》《破洪州》《五世请缨》《人欢马叫》《朝阳沟》《红灯记》等诸多剧目，几乎家喻户晓。

从常香玉的艺术实践中，我们看到了她坚持改革创新的胆识，看到了她贴近生活、贴近人民的情怀，更看到了她"捐赠"一生的高风亮节。她虽然没读过书，文化不高，却有着极高的觉悟，她在艺术上的追求，达到了很高的美学境界，真正做到了"艺不惊人誓不休"。不管在顺境还是逆境里，她都以超人的毅力坚持练功，甚至遭"四人帮"迫害时，用被子蒙上头也要继续练唱，时刻准备着把艺术还给人民。同时她懂得民意，她知道观众需要什么，喜欢什么，国家提倡什么。

常香玉走了，但她把精湛的常派艺术和高尚的爱国情操留给了我们。由此我想到了许多前辈大家，以京剧为例，不论是梅兰芳、程砚秋，还是周信芳、杨小楼，他们的艺术风格虽然迥异，但却都有着一腔爱国情怀。戏曲是讲究"角儿"的艺术，他们就是我们心目当中的名角儿！当年他们带着戏班子走南闯北，确保能让一个戏班子百八十人养家糊口，经过了观众的审视、时间的磨砺和市场的检验的。戏曲艺术不就是在市场的考验中流派纷呈名家辈出逐步成熟发展的吗？我想我们年轻一代应从中得到启示。

面对大师的离去，面对大师留下的宝贵财富，我们年轻的戏曲从业者该怎么办？惟有继承创新。看似老生常谈，真正悟到，做到，很难！面对"传统"，应清醒客观的看待：传统是财富，但不应成为包袱，就如同我们不能总躺在四大发明上睡觉，而无视日新月异的变化一样。对戏曲也不能只有一味的继承，泥古不变，而要放宽眼界，学会"拿来"，不断借鉴吸收姊妹艺术的营养，使其跟上当代观众的审美需求。事实上，任何一位创造了流派艺术的大家，都是继承和创新的典范。

6月2日，也就是常香玉去世的第二天，我应邀到新闻频道的《新闻会客厅》做嘉宾。节目快结束时，白岩松问我：常大师的离去，会不会成为豫剧的最后一位大师？我当时愣了一下，随即坚定的说：不会！我想，热爱常香玉、支持豫剧、关心戏曲的朋友都会和我一样怀着祝福，怀着期待盼望着新世纪涌现出更多的艺术家，更多的大师。

这恐怕也是常香玉大师的愿望。

常香玉照片由王惠提供

胡炳旭：京剧交响"第一指"的情与爱
HU BINGXU

胡炳旭

中国杰出指挥家，从艺五十余年。上世纪六十年代开始执棒至今，涉猎广泛，集交响乐、民乐、戏曲、影视、合唱、通俗于一身，曾创排演出大型交响音乐《沙家浜》、现代京剧《智取威虎山》《杜鹃山》《梅兰芳》《走西口》等。曾录制唱片、影视作品百多部。先后出任"中央乐团"、"中央歌剧院"、"中央芭蕾舞团"、"中央民族乐团"、"北京京剧院"、"上海京剧院"的常任指挥及"新加坡华乐团"的第一任音乐总监兼首席指挥，现任广东民族乐团音乐总监兼首席指挥。是至今活跃在国内外音乐舞台并受到观众广泛爱戴的优秀指挥家。

著名指挥家胡炳旭，是我非常尊敬的一位长者。他外表冷峻，甚至还有几分酷，其实生活中的他很热朗很幽默，内心深处更有不为人知的温情。

他指挥的作品比他的名字更家喻户晓，像交响音乐《沙家浜》，现代戏《智取威虎山》《杜鹃山》，他指挥的影视音乐主要有：《西游记》《三国演义》《霸王别姬》《活着》《开国大典》《红楼梦》《大红灯笼高高挂》《秦颂》等等。

胡炳旭指挥的作品题材十分广泛，除民族音乐、现代京剧外，还包括交响音乐、歌剧、芭蕾舞剧及影视剧音乐，是一位贯通中西、融汇古今的指挥家。对多种音乐形式的深入了解，也使他对民族京剧在现代的发展与创新有着更为深刻与客观的认识。

京剧与交响乐的结合实属不易，前者唱腔随情起伏节奏自由灵动，后者严谨规整，一切依谱子而行，二者碰撞一起，反差巨大。

胡炳旭比喻说："交响乐是工笔画，特别细致，京剧则是泼墨写意，要把两者方圆结合，刚柔并济，各自运作的同时又要对齐，很费劲。"

他将交响乐队与民族器乐和声腔的结合，在中国戏曲艺术史上是一次大的创新与发展，为戏曲艺术发展提供了十分可贵的经验。于是他收获了一个美誉——京剧交响"第一指"。

胡炳旭告诉我："最初对京剧老戏一句不懂，但并不影响对京剧节奏上一张一驰的把握。现在搞指挥是在享受艺术，享受人生。有一位一辈子搞小麦研究的专家讲过一句话，他说'事业始于兴趣，终于意志'，这也是我的追求，

不管发生什么事情，我对音乐对艺术不离不弃。"

白燕升：我知道您和京剧结缘，是从指挥交响音乐《沙家浜》开始的，您在这之前喜欢戏吗？

胡炳旭：不喜欢。那个时候，我不理解，不了解，总觉得戏曲好像音也不准，一会儿那么慢慢腾腾的，半天也听不出唱的什么。

白燕升：就这么糊里糊涂的，甚至怀着几分抵触心理走上了指挥台？

胡炳旭：对。

白燕升：您不懂戏曲，西洋乐和京剧音乐，确实有些格格不入，怎么去协调？

胡炳旭：就是一个字"学"，无条件地学。把西洋乐队最优秀的、最好的，最先进的方法，拿它和京剧结合起来。

白燕升：那乐队协调好了，演员怎么办？因为传统的戏曲，是演员中心制，乐队一般跟着演员唱在配合，加入了西乐以后，演员的表演和演唱，我觉得，肯定受到了限制。

胡炳旭：不会。

白燕升：为什么？

胡炳旭：戏曲界有一句话，干什么、吆喝什么，我就记住这句话。所以我搞这个戏，乐队里边当然是三大件了，演员和乐师都是我老师，而且我特别认真地学，好好体会他们的节奏，他们的感觉，不懂我就去问，然后我用交响乐来配合，有的时候在乐理上都讲不清楚的事情，我就想办法把西洋乐队融进去，合上了，就好了。

白燕升：您指挥的《智取威虎山》，当时在排练，在创作的时候，有没有想到，您指挥的这个音乐作品，后来那么地受欢迎？

胡炳旭：我想到了。因为它感动了我。你比如说，有一些演奏方面的问题，拿提琴来讲，它很难。我记得杨子荣的一段唱，在小常宝唱完之后，作曲家写上"三大件儿"停，小提琴进，结果小提琴一个音也不差，4521713，童祥苓说我张不开嘴，唱不了。这个时候，指挥要协调，指挥是二度创作，你要去体会作曲家的意图，要掌握人物的内心活动，表现人物的风格，再加上京剧的风格，然后再用现代的交响乐的手法，来配合它。

白燕升：在您指挥的这么多现代戏当中，您最喜欢哪一个？

胡炳旭：《智取威虎山》《杜鹃山》。《智取威虎山》是第一出，《杜鹃山》是最后一出，《杜鹃山》在各个方面，都有很大的创新和提高。一是主题贯穿了，再有，它综合了很多手法。比如说它的念白是上韵，所有的台词，从头到尾，都是上韵的念白，所有的念白都有音乐来伴奏，所有的动作，比如说拍肩膀一下，都要拍到音乐的板上，要对得非常自然，当然它的唱腔也非常美。

白燕升：几十年来，跟您合作的戏曲音乐人很多吧？

胡炳旭：就说2004年，在湖北搞了一次京剧演唱会，有老戏，有现代戏，把咱们国家有名的老中青三代演员都聚齐了。戏曲音乐人嘛，拉琴的是燕守平，燕守平从头拉到尾。

白燕升：您在排现代戏的时候，就已经和燕老师合作了。

胡炳旭：《杜鹃山》我们是完整地合作，在《杜鹃山》之前，我在搞《智取威虎山》的时候，他们也在排《智取威虎山》，请我去听一下，我一听，这胡琴把我震了，拉的怎么那么好，我们一见如故。我跟燕老师开始了合作。后来他开独奏音乐会，把京胡作为音乐会的主奏乐器，独奏乐器搬上舞台，他恐怕是头一个。

白燕升：八十年代中期，您还参与了南腔北调大汇唱，加进了电声乐队，当时发行的各种盒带，遍布城市乡村。尤其是黑头的唱段，加上电声、电鼓，很振奋。最近的大动作，应该是交响剧诗《梅兰芳》了。我听说前段时间，刚刚从德国回来。

胡炳旭：对。跟柏林歌剧院的乐队合作，我去练了两次。

白燕升：跟他们合作有困难吗？

胡炳旭：太难了，因为说话的语言不一样，音乐的语言也不一样。他们是绝对的准确，如果你没有手势，他这小节线是不会往下走的。他说这小节线，就像高速公路上中间的隔离带，不能随便逾越，你只能一、二、三、四，你再打下谱，我才可以下去，可是我们有一些摇板，一摇摇三四节。怎么办？我说不通，所以这几天我就日以继夜改谱子，改到让他们能够看得懂。如果把这个谱子弄好的话，我相信我们的京剧，到各国演都可以。

白燕升：胡老师今天的谈笑风生，让我改变了原先对您严肃的印象，但是我一直觉得，您是一个内心深处很孤傲的艺术家，想问问您，有没有崇拜的戏曲人？

胡炳旭：戏曲影片《野猪林》和李少春先生，那是我最喜欢的。

他的回答让我倍觉亲切深表赞同，我也一直觉得，仅一部《野猪林》就足已让李少春先生的艺术不朽。

说到对胡炳旭老师的敬重，还因为一件事，虽说是几十年前的事了，我还是想告诉年轻的朋友。

胡老师在上个世纪六十年代初，当时还在中央音乐学院读书，一直暗恋同校的一个钢琴女孩，快毕业的一个晚上，他鼓起勇气，约这个女孩见了面，两个人在琴房里边聊天，边弹琴，不知不觉就到了天明，胡老师还是不敢向这个女孩表白，没想到在分开的时候，女孩突然对胡炳旭说，我喜欢你。于是心有灵犀的两个人相恋了，非常的甜蜜和浪漫。

天有不测风云，就在毕业的那个暑假，女孩从家乡青岛回到北京的时候，突然得了红斑狼疮，肌肉萎缩无力，生活无法自理。当时在中央乐团的胡炳旭，毅然担负起了照顾女孩的责任。他每天上午在乐队排练，中午就往住处赶，做饭，帮女友翻身，之后再回到团里去工作。

他无数次地背着这个女友，四处求医，每个月的工资加起来，还不够买药、看病用的。医生也劝他放弃，胡炳旭一直坚持不懈地努力着。最后，这个女孩还是被死神带走了。胡炳旭照顾这个女孩，或者说是恋人，整整五年零两个月。

在采访胡老师的时候，当着他的面，我向电视机前的观众讲了这个动人的故事，我讲得很由衷，因为故事里透露出的真爱和责任我能感知且很熟悉，就像1999年我和妻子的遭遇似的。

只是胡老师更加感伤，因为"钢琴女孩"飘然而逝，留下了难舍难分的牵挂和无法忘却的初恋。

这个故事距离现在近半个世纪了，依然让我们动容。胡老师告诉我，他和爱人说起此事，爱人也不住地掉眼泪。

这个故事关乎情爱，关乎人性，更关乎承诺和责任。

我在讲述这段往事的时候，胡老师的眼睛也已经湿润了。望着年届古稀的胡炳旭老师，心想，他舞台上下的挚爱真情内外兼修，不就是我们年轻一代学习的榜样吗？

为我敬重的指挥家胡炳旭老师祈福，祝他健康开心美满幸福！

那些角儿 THOSE PROTAGONISTS
一个"外行"眼中的梨园

吴 琼
中国广播艺术团国家一级演员，黄梅戏名家。被黄梅戏迷誉为"黄梅歌后"，一个行走在古典和时尚边缘的女人。黄梅戏是她的艺术符号，流行乐拓展了她的追求。而弥漫其间的"无穷"之音珠落玉盘，余韵袅袅。

2008年到2009年，她先后在合肥、北京、上海举办"个唱"，反响强烈。目前正在和马鞍山黄梅戏剧团合作复排《江姐》，2009年10月，到北京为国庆献礼。此外，2010年，吴琼还将创排黄梅戏舞台剧《严凤英》。

吴 琼：追赶什么
WU QIONG

北京是个大码头，几乎所有想实现艺术梦想的人，都渴望到北京来发展，很多人离开了原来的单位，中断了原来的事业，来到北京另辟新业。

吴琼有些特别，她离开家乡来到北京，却始终恋恋不舍原来的事业黄梅戏。这么多年来，吴琼不管走到那儿，喜欢吴琼的，知道吴琼的，总喜欢听吴琼唱一两段黄梅戏，这也可能是她坚守黄梅戏的最主要原因。几年前，自己搭班子，主演黄梅戏，拍了一个百集电视片《戏缘》，耗时四年，里面有传统戏、有新编戏、移植戏，还有自创的戏。

2006年，在北京长安大戏院，她奉献了根据传统戏改变的《红罗帕》。

2008年元月，在安徽大剧院和北京北展剧场，她成功地举办了个人演唱会。

2008年12月15日，在北京世纪剧院，她又一次用个唱答谢戏迷和观众。

2009年3月24日，在上海东方艺术中心她再次放声高歌，为黄梅戏开疆拓土光大舞台。

白燕升：吴琼其实在观众的心目当中呢，有两个吴琼，一个是唱歌的吴琼，一个是唱《黄梅戏》的吴琼，你更愿意观众，把你当成什么样的吴琼？

吴 琼：有很长一段时间，我希望大家能够忘记我曾经是一个黄梅戏演员，但是现在不这样想了，就像很多戏迷说的，黄梅戏是我一个标志，而且是一个重要的标志，我还是愿意大家叫我黄梅戏演员吴琼。

白燕升：吴琼的嗓子好，圈内圈外都是公认的。人们都说吴琼是金嗓子，唱工很好，有着小严凤英的美誉，差不多这是20年前，就有这样的一个美誉了。

吴　琼：对。

白燕升：怎么就突然离开了黄梅戏舞台？

吴　琼：说来话长，也有很多难言之隐，主要是我想到外面的世界去看一看，外面的世界更精彩。

白燕升：当时在安徽省黄梅戏剧院，你们那一个班里，出现了五朵金花，在当时应该说是你们这一批学生，或者青年演员当中，5个优秀的女演员，这是大家对你们的一个称谓，那个时候你觉得在5朵金花里，处于什么样的一个位置？

吴　琼：排行老二吧，老一是马兰。

白燕升：怎么看马兰？

吴　琼：马兰是一个具有后续力量的演员。但在学校里的时候，我并没有怎么看好她，也没有把她作为一个竞争对手来对待。她确实没有辜负领导对她的培养，很快就能进入状态和角色，比如说她有赴香港之前，我们是AB组，这个AB似乎就永远地定性了，她是A组的女驸马，我是B组的女驸马，20年无法改变，40年以后再比较，恐怕也难以改变这种定性。

白燕升：我听到过业内外的很多人讲：唱的最好的是吴琼，演得最好的是马兰，你认同这种说法吗？

吴　琼：我认同，我认同她的综合素质很好，就像我的嗓音条件比别人好一样，她有很多的条件比我好，比如她的个头形象，加上她对人物的细腻把握，这都是她的长处。她后来很快地成为黄梅戏的领军人物，这个距离就拉开了，所以我说，马兰排第一，吴琼排第二。

白燕升：在上个世纪的80年代初，吴琼排了一出大戏，也是吴琼的一个

代表作,叫《孟姜女》。但是后来排电影的时候,女主角换人了。很多戏迷都耿耿于怀,这是人家吴琼的一个代表作,怎么拍电影的时候,不用人家了?

吴 琼:对,我的好朋友杨俊演的。每个导演看演员的时候,总觉得吴琼长得很难看,安徽人都会这么讲的。当时《孟姜女》很辉煌,时白林老师文革后写的一部大作品,而且是最成功的作品,我一直是非常非常喜欢的。我在这个戏里,也费了很多的工夫,最后导演决定不让我演的时候,我很伤心,我才20来岁,怎么就因为长得不好看,就不让我演了,我有那么难看吗?内心很沮丧。

如果当初没有那么多的不如意,比如说电视剧《严凤英》让你配唱,那你演的舞台剧《孟姜女》让你去配唱,可能我还会坚持留在安徽。

白燕升:吴琼灌制的唱片,恐怕到目前为止,在黄梅戏演员里,是最多的,录了100多盘盒带,也做了很多的广播剧,后来才有了"小严凤英"的称号。

吴 琼:这么多年走过来,自己做过黄梅歌,也做过黄梅戏,我想还是要拿黄梅戏最好的东西,去引导年轻人,而不是半生不熟的,带有实验性的

东西去给他们。任何东西都要拿品牌,拳头产品,去跟大众接触,戏曲也是这样。成熟、美好的东西,才会在听者心中形成记忆。

白燕升:我听说上世纪80年代的电视连续剧《严凤英》,主题歌是找你唱的,你拒绝了。我不问为什么,假如今天还要你唱,你还会拒绝吗?

吴 琼:我肯定不会了。

白燕升:那就跟我们说说为什么?

吴 琼:年轻的时候浮躁、气盛。这个主题歌的作曲金复载老师给我打电话,小吴你唱吧,这首歌写得很好的,很适合你,说了很多,当时我还是拒绝了。后来过了很多年,我遇到金老师,我向金老师道歉了。

白燕升:我听过安徽的一些业内人士,包括一些专家,在聊天的时候,很激动地讲,吴琼的演唱在很多方面超过了前辈严凤英。你这么看吗?

吴 琼:我不这么看。有几点理由,第一个首先我们演的戏,没有大师前辈演的戏多,而我们现在只是偶尔演一出戏,这是不能跟大师相比的。可能因为在这个时代里,吸收了时代的一些进步的东西,在某一点上或许有闪光之点,比如说我的《红罗帕》,音域宽度很大,她可能没有这个条件。我可能在这出戏里面,是这种风格,下一出戏里,可能又有一些不同的东西。但我系统地听了一下严凤英老师所有的录音,她不管是演江姐,还是演七仙女,她唱腔的整体风格是一致的,这就是一个大师在艺术把握上的分寸,是非常了不起的。我只是觉得我可能有一些小聪明或者小智慧,但在大的整体把握上,跟大师有很大的距离,我自己这么看。

白燕升：观众心目当中有两个吴琼，一个是唱歌的吴琼，一个是唱黄梅戏的吴琼，也有人说，吴琼在艺术的追求上，是很不安分的，脚踏两只船，一直这么交替着进行，其实也没有什么不好，人家还有多栖发展的艺人和艺术家呢，我想问吴琼的是，你对于唱歌唱戏，这两者的关系怎么把握？或者说唱歌、唱戏，要永远的进行下去吗？

吴　琼：唱歌唱戏要永远的进行下去，总有一天会融合在一起，这就是我的追求。是我对自己的一个最大的要求和渴望，也是一个目标，总有一天会有一个融合在一起的作品，那个时候如果你再问我，我可能就会说自己，有一些自己的风格。

白燕升：还在寻觅这样的作品？

吴　琼：寻觅，在寻找。

白燕升：有期限吗？

吴　琼：我想在未来5年吧。这确实是一个很大的目标、很大的工程。我们这一代，除了把传统的东西继承下来，我们还要创新。我20多岁的时候，可能比严凤英的嗓子好，但我确实不能和严凤英大师比，因为我们没有自己的风格。没有自己的风格，就不能说超越前辈，只有形成了自己的风格，才能说我在这个风格里，有自己的独到之处，所以我一直在努力。唱歌唱戏会一直做下去，直到它们融合在一起——这是我最大的目标。

白燕升：2004年12月21日11：00，吴琼与阮巡举办了盛大的网上婚礼，了却了很多关心和喜爱吴琼的戏迷朋友的心愿。我一直觉得吴琼身上，有一种激情，有一种跟自己较劲的那种狠劲，这让我很惊讶。吴琼能折腾，折腾至少说明，可以给生命增加亮色、增加质感，折腾的最大意义，恐怕还在于至少不至于虚度此生，吴琼这么看吗？

吴　琼：我一直是这样认为的，我觉得一个人吧，来到这个社会，就要做一点儿事情，能力有大小，但一定要做事。有一天我在洗衣服，妈妈就跟我讲，小琼，我想想我这一辈子怪白活的，我说怎么了，她说，我好象什么事情也没有干呢，我说，妈你也别这么说，你不是养了我，还有我妹妹吗，这就是你勤劳一辈子的最大成果嘛。

但我明白她所说的东西，她对我们寄予了很多的希望。我对自己是这样要求的，我有多大能力，我一定要尽力去做，去做一件我自己喜欢，并且想做、也是别人希望的事情，这才是我最开心的。

白燕升：假如时光倒退20年，对自己的事业也好、婚姻也好，会做什么样的选择？

吴　琼：我很快就会结婚生孩子，这是我最重要的选择，就像我现在常跟妹妹说，妹妹生了一个女儿，我很高兴，我对她有义不容辞的一些教育义务。我说在25岁之前，我期望这个小宝贝，结婚生孩子，不能像我这样，到了40多岁，才找到一个自己的家，才有自己的家，这个不符合常规，假如时光倒退20年，我可能是另外一种人生了。

白燕升：很多熟悉你的朋友都说，吴琼有好多的天赋，但是好像总没有达到那种巅峰，没有大红大紫，所以很多人都替你遗憾。

吴　琼：我自己也反思过，可能更多的是个性使然，还有一个是文化底蕴的问题吧。

跟吴琼认识十多年了，吴琼对父母很孝顺，和公婆处得象朋友，爱大家也爱小家，和妹妹吴静情同手足，十多年在北京相依为伴。

我发现，吴琼对自己的认知，总是那样的清醒和低调。吴琼的那份率真，和对事业的执着，以及对目前状态的满足，这一切就足以让她幸福地享受生活。

吴琼还想演戏，想演一出理想的戏，一出好听好看的新戏，一出最能挥洒她歌唱才能的大戏。

她一定能演好这出戏，因为她把握了自己的生活。拿捏住了生活，才能在舞台上释放活生生。

吴琼的好戏在后头。

透露一点：目前她正在和马鞍山黄梅戏剧团合作复排《江姐》，2009年10月，到北京为国庆献礼。另外，2010年，吴琼还将创排黄梅戏舞台剧《严凤英》。

那些角儿 THOSE PROTAGONISTS
一个"外行"眼中的梨园

于魁智：想当兵
YU KUIZHI

于魁智

国家京剧院一团团长、全国政协委员、全国青联委员，第九、十届全国政协委员，中共十六大代表。

从1972年的京剧启蒙，到2004年的大型京剧交响史诗《梅兰芳》，到2005年的新编京剧《袁崇焕》和《走西口》，再到2008年岁末的大型史诗京剧《赤壁》，于魁智已在京剧之路上走过了30多年。

他被誉为最具票房魅力的文武老生。艰辛的投入和忘我的付出锻造了他炉火纯青的艺术，他懂得不积跬步，无以至千里，经历了卧薪尝胆的磨砺，如今举重若轻的气概显得自然而达观。

2004年5月1日大型交响京剧《梅兰芳》于长安大戏院上演。戏演完后，魁智发来短信：怎么样？我说，你的出场让我惊讶。你的身段手势和眼神一定得到了胜素真传，在规定情境里加上音乐和舞美的烘托，让我对你有了一种全新的认识，对你本身的表演也是一个突破。

记得演出前，我到后台看他俩，走进化装间，梅兰芳大师的照片满屋都是，随处可见。看着我惊讶的神情，魁智边化装边跟我说，隔行如隔山。梅兰芳大师是唱旦角的，他生活中温文尔雅，如何用老生行当、老生声腔来塑造他，我也在摸索。他的气质和我生活中的性格有一定的反差，我无法追求形似，只能追求神似，追求和大师心灵的沟通，去体会大师的精神和境界。我们一些主创人员在八角胡同的一个创作中心里安静地住了一段时间，当时我努力寻找梅先生的感觉，我到哪儿都把梅先生的照片带到哪儿，也企盼大师冥冥之中能帮我塑造好这个人物。

这个戏是否成功，我不妄加评判。但"梅兰芳"这个角色一定是魁智自己的一次颠覆性的大胆尝试，我佩服他的勇气，因为在此之前他已功成名就十几年了，有着很好的口碑和成熟的品质。

观众看到的是他舞台上的气宇轩昂，或许你不了解他舞台背后的跋涉和艰辛。

白燕升：你最早唱过武生？

于魁智：我在家乡的沈阳京剧院，1972年考取沈阳京剧院，我从小也喜欢动，再加上跟师承有着直接的关系，我的启蒙老师是著名的武生表演艺术家黄云鹏先生。黄云鹏先生在演武松的基础上给我打下了很扎实的基础，到我后来的演出《打金砖》也好，《野猪林》也好，包括《响马传》，很多在舞台上运用的这些技巧，跟黄云鹏先生当年给我打下的武基础是分不开的。

我现在回想起来，觉得好像生下来就是为唱戏而生。从学戏那天开始，我就对唱、念、做、打非常感兴趣，练功的时候，我一定要比别人多练，我对唱更是花费了很多心思，无论是《打虎上山》，还是《党教儿做一个刚强铁汉》，都是在10岁出头学的。唱了6年的武生，遵循着一个文武并重的路子去演戏。

白燕升：多年来，你一直被人们寄予了太多的厚望。但在你的起步阶段，也就是你刚到了北京，到了团里的时候，有一个事件，让你一直刻骨铭心，关于一个粉扑的事儿。

于魁智：我觉得那是梨园界的陋习。我们刚来到中国京剧院的时候，连化妆盒都没有，没有彩盒也没有笔，角有角自己私房的东西，我们都用官中的，就一个大铁盒子，里头有若干个笔，适合不适合就是它，那么彩也都是一样，都在那堆着，主演们都有自己的单份。因为要赶场，在定妆的时候，我看着边上有一个粉扑，我们连镜子都没有，我就靠墙上的大镜子去化，还没有往脸上扑呢，拿起来刚要扑的时候，这个唱花脸的老师，先是两个字，非常洪亮的那种声音："搁下"。我不知道，那是他的，"这是你用的吗？懂不懂戏班规矩？"还带着脏字，就前面两字，后头两句话，对我后来影响特别大，因为我从小不会打架，也不会骂人，当时感觉很委屈。

所以等后来当了团长以后，把全团的彩盒一律规范统一了，就包括我长期特约的杨赤、杨燕毅、邓沐纬、陈俊杰。就这些花脸，我都送给他们彩盒，跟我团里一样的。

白燕升：遇到挫折遇到困难是每个人都免不了的，关键是你选择怎样的心态调整自己。北京这个城市，曾经给创业初期的于魁智，带来过一些伤心，这个地方也成就了于魁智的辉煌。尤其这个粉扑事件，我们应该感谢那位老师，他激励了你。

很多人愿意把于魁智，跟李少春先生去比较。在多年的艺术实践当中，魁智演了许多李少春先生的戏，比如《响马传》《打金砖》《野猪林》等等。李少春先生是余叔岩先生的得意弟子，是个全才，文宗余叔岩武宗杨小楼。这个问题我想了很久，李少春先生演了很多余叔岩先生不让他演、不同意他演的戏，比如说猴戏，想问魁智，你演过猴戏吗？

于魁智：我剧照都拍了，我有《闹天宫》的剧照，这个戏是王鸣仲王先生给我说的。遗憾的是，因为剧团里整个的业务计划，包括当时要参加梅兰芳金奖，要搞梅花奖的专场等等，这个戏就一直没有排起来，这个戏是我情有独钟的戏。李少春先生能文能武，在这方面，也是我追求的一个目标。那个时候，我提前把剧照都拍了，戏我也去学了，后来其他的演出任务，把它冲了，就这样。

白燕升：从1987年，于魁智在第一届京剧电视大赛上脱颖而出到现在，能够一直扛着京剧大旗往前奔，不容易。我记得有一年你跟我说，大年三十，在中央电视台参加春节晚会，大年初一还要演出，回家都是蹑手蹑脚的，怕惊动了家人。在这样一种状况下过年，是很多人无法想象的。

于魁智：我参加晚会什么的，很多人不理解，这些观众或者朋友，甚至在网上说什么评价什么的，有些评价不是很舒服的。捧你，骂你希望能够是善意的，真的是为了我这个艺术。

白燕升：即便我们达不到闻过则喜的境界，但是至少说，我们听到批评，或者是听到谩骂甚至责难，我们知道辨别，哪些说的准确，能够触动我，不对的，我们不会往心里去。

于魁智：对。有的观众不太理解，说于魁智你现在这个晚会里唱一句，那个晚会里唱半句，春节晚会上甚至于几十秒钟，你图什么？有的人认为我是在扬腕儿，还说我要显示自己。说句心里话，真的不是为自己了，到这个时候，就是想为京剧争得一席之地，要在这样一个综合晚会里，代表

《华容道》中饰 关羽

《赤壁》中饰 诸葛亮

饰 梅兰芳

饰 袁崇焕

一代京剧人，展现我们的精神风貌。

就好比燕升咱们见面，你永远看不见我蓬首垢面的时候，你可能会认为我很板，包括我爱人问我，你头发为什么不能往下来一点。从梅大师开始，到四大名旦，你看看他们留下的照片，哪一个照片让你不堪入目？哪一个照片不是把自己修饰得非常干净？为什么呢，他是艺术家，他的艺术随他的人，随他整个人的素质，他是一个整体的东西。李少春先生，包括杨宝森先生，听杨宝森先生的唱腔，有的人不理解，怎么这么苍老，以为他是一个拄着拐棍的沧桑老头，你看杨宝森先生的照片，就是中山装都要把这个风纪扣扣上。那么我的黄云鹏老师，抽烟的姿势跟别人都不一样，他拿烟卷的姿势都是武生的姿势，看他抽烟都是一种享受。老师太规矩了，伸出来的手虎口应该是什么样，这个掌应该是什么样。再到叶蓬老师，这种绅士风度，包括后来的李世霖先生，李鸣盛老师，简直对我的影响太大了。

白燕升：我到现在一直没闹清楚，魁智当时选择戏曲，是受家里的影响吗？

于魁智：是。说起父母，我非常激动，也引以为自豪，我父母也会以我自豪。因为小的时候家境非常穷，我母亲骑的自行车都是公家的，我母亲从小是教音乐的，我父亲是钳工，他们一个挣三十多块钱，一个挣四十多块钱，要养我和我妹妹。我在中国戏曲学院学习的时候，一个学期五十块钱。七十斤挂面，一桶鸡蛋，一塑料桶鸡蛋，我都是靠节省的饭票去换的。我的同班同学里一定有过这种经历，那个时候北京刚开始有一包一包的方便面，沈阳人见都没见过，我就给我妹妹带回去了，还有两袋麦乳精，一块七毛五一袋，我还要买五块钱一斤的茉莉花茶，给我姥爷，我姥爷是老北京人，喝花茶。你说我这一个学期花钱了吗？我看同宿舍下铺的人，吃两毛五一斤梨的时候，真的是舔嘴唇，流口水。夏天的时候为了保护嗓子，三年没吃冰棍，那个时候，我当班长了，我就住下铺了。上铺这个同学条件好，夏天的时候我们连电扇都没有，都在蚊帐里头，夏天睡午觉，红果冰棍三分钱一根，人家一买就是一盒，这一中午就从上铺往下扔红果冰棍这个棍儿。热得不得了啊，那时候能到四十度，你想那个时候北京的夏天，又没有电扇，又没有空调，尤其集体宿舍，八个人一屋，那屋里头可想而知，蒸笼一样。但是看他们吃冰棍，我只能忍着。当我能养家了，我把我父母接到北京，接到我身边，享受一点天伦之乐，给他们提供一点好的生活条件，改善他们的生活品质。

魁智在京剧舞台上坚守了20年，扛着京剧艺术这杆大旗，带着整个院团走市场，提高艺术品质，改善生活质量。因为在北京，京剧演出的场地少、票价高，剧团多、演员多，施展的机会也比较少。再说，北京又有多少观众会自掏腰包买票去看戏呢，剧团要生存，只能走出去开拓市场。

私下里聊天，我曾问过他，该拿的奖都拿了，该得的荣誉也都有了，还有什么遗憾吗？没想到他回答说，最大的遗憾就是没有当过兵。我很惊讶，这和我的遗憾不谋而合。我告诉他，当初考大学时，我报的就是军校——洛阳外国语学院，分数够了，体检也合格，不知为什么没被录取，后来还是做了部队家属。魁智说，他从小就想进部队，在大街上看见军人便会下意识地扭过头再看他们一眼，他觉得军人是很神圣的，至今仍向往当个军人。

赵葆秀、于魁智、李胜素、孟广禄 —— 锁定一个年代的四大金刚

徐玉兰 王文娟：红楼一梦五十载
XU YULAN　WANG WENJUAN

徐玉兰

著名越剧表演艺术家，创立了独特的越剧小生流派——徐派。唱腔高亢激昂，热情奔放，刚柔并蓄，华彩跌宕；表演富有激情，善于塑造人物形象，具有俊逸潇洒、神采夺人的艺术魅力。越剧的小生流派之中，唯徐玉兰的声腔最为阳刚，但又不失越剧本体的隽永和优雅。周恩来总理就曾称赞道："谁说越剧都是软绵绵的？徐玉兰的《哭祖庙》就很高亢壮烈么！"

她主演的《北地王》《红楼梦》被誉为徐派小生的两大丰碑之作。

王文娟

著名越剧表演艺术家，创立了善于塑造人物性格的越剧旦角流派——王派。唱腔自然流畅，韵味浓郁。以真声为主，吐字不追求花哨，在朴实中见华彩。在表演上以善于描摹人物神态、传达内心感情著称，素有"性格演员"之称。

《追鱼》中的鲤鱼精、《则天皇帝》中的武则天、《红楼梦》中的林黛玉、《忠魂曲》中的杨开慧、《西园记》中的王玉贞、《孟丽君》中的孟丽君等角色，在观众中留下了鲜明的印象。

古典名著《红楼梦》，几乎集合了东方世界对美和爱的所有追求，以及对人性永恒的剖析。她亘古通今的魅力，培育了中华细腻的古典情怀，二百年经久不息。

而越剧《红楼梦》，萃取了其中的经典，用动听的旋律谱写着宝玉和黛玉的爱情。

1958年2月18日，越剧《红楼梦》在上海的共舞台首演，到2008年整整五十年了。为纪念这部经典的诞生，《燕升访谈——戏苑百家》在2008年的春天用连续四期的节目，重温了越剧《红楼梦》几代艺术家的红楼情缘。从未说出的情感，首次披露的内幕，难以置信的珍藏，令人感动。

我们荣幸地邀请到了首演《红楼梦》的老一辈艺术家徐玉兰(87岁)、王文娟(83岁)、周宝奎(88岁)、吕瑞英(76岁)、金采风(75岁)、孟莉英(74岁)和几代中青年演员钱惠丽、单仰萍、陈颖、赵志刚、方亚芬、华怡青、朱雪莲、王志萍、郑国凤、金静、杨婷娜、忻雅琴、李旭丹，以及许多热爱越剧《红楼梦》的观众，共同呈现了"红楼一梦五十载"的传奇。此次系列访谈的前两期得到了SMG艺术人文频道《文化主题之夜》的鼎力支持。

首先出场的是87岁高龄的越剧名家徐玉兰，和83岁高龄的越剧名家王文娟。当我问两位老师，当时首演这个戏，红到什么程度？他们告诉我，没拍电影前，白天一场，晚上一场，天天演出。1958年到全国去巡回演出，1959年国庆十周年献礼到北京演出，后来到越南演出，也到朝鲜演出……

徐玉兰和王文娟两位艺术家塑造的宝玉和黛玉风靡海内外。之前，在争取黛玉这个角色时，王老师立下了"军令状"：演不好林黛玉，就杀我的头。当贾宝玉的形象深入人心之后，徐老师说了这么一句话：我大大小小演过一百多个角色，我最喜欢的还是贾宝玉。可见两位艺术家对角色的血汗付出和热爱痴迷!

1962年的电影版《红楼梦》,两位艺术家的表现堪称完美。尽管无法涵盖《红楼梦》所有内容,但经典的唱段连缀了整部电影,高潮迭起,荡气回肠。

徐玉兰老师跟我讲:"贾宝玉这个人物比较难演。特别是进府的时候,林黛玉13岁,贾宝玉14岁,我接到剧本以后,我觉得前面不大不小的男孩很难演,不是一般的小孩儿,跳跳蹦蹦就出来了。他是荣国府那么一个天之骄子,又有封建礼教套在他身上,他的心理又是个童生。我那时候已经30几岁了,特别是贾宝玉出场,我怎么出场,跳跳蹦蹦出来,还是踏着四方步出来,出场很难!我手里拿些什么东西?

那个时候,文化局领导规定我们两个人看十遍《红楼梦》。里面有一章,王熙凤领贾宝玉到家庙去还愿回来的时候,老和尚告诉他,宝玉,你把我这个檀香串送给你老祖宗。当我一开窍,拿这个东西吧,就拿个香串上来。我叫搞道具的人,刻了这个东西,这样,我手里拿着它,跟着音乐节奏上场,后来我问导演,这样行不行?他说可以,宝玉就这样出来。"

在访谈的录制现场,我看到了很多戏迷的珍贵收藏。老式的饼干盒、纸牌、画报、水杯、瓷瓶、扇子……上面几乎都有这样一幅画面——在落英纷飞的园子里,手执花锄的黛玉。"黛玉葬花"成为了《红楼梦》凄美的标志。还有就是"共读西厢"的瞬间。上海浦东新区收藏协会的会长冯建忠,展示了1958年首演的海报,上面还有王文娟老师的签名。看这那张珍藏了50年的海报我也激动地说:"太珍贵了!当时这张纸一定是白色的,现在发黄了,纸变黄了,但是这位冯先生,珍藏了五十年的记忆依然清晰。我们谢谢他!"

舞台版本，引起了如此深远的影响，后来拍成电影，更是轰动异常。这种轰动已经远远超出了两位艺术家的想象。表现之一就是全国各地的观众给她们寄东西，大家都要表示关心。我问他们，都收到过什么东西？

徐老师说，全国的土特产，各地方的都有，特别是新疆哈密瓜。我们不能收人家东西的，所以寄来后，我们就寄回去。再寄来，我们再寄回去，寄哈密瓜的人说，徐老师，你再不收，哈密瓜就烂掉了。

王文娟也收到了好多比金钱还宝贵的东西。演了林黛玉以后，大家都觉得她身体不好，什么桂圆、栗子、还有阿胶……补品收了不少。尽管王老师身体非常好，但还是令她感动。

其实这部经典作品，除了演"宝黛"的两位艺术家，这部影片囊括了当时一线的艺术家加盟，像"老祖宗"周宝奎，"凤辣子"金采风，"宝钗"吕瑞英，"紫鹃"孟莉英。电影版本的六位大艺术家，那天非常难得地相会在一起，台上台下浑然一体，其乐融融，似乎有说不完的话，浑身充满了活力和劲头。要知道那天整整录制了十个小时，是我17年的电视生涯里单期节目录制时间最长的一次。

当初加盟这个剧组的周宝奎老师和孟莉英老师，也是1958年2月18日首演阵容的，周老师扮演的"老祖宗"，之前的越剧没有这样的形象，我问她是怎么借鉴，怎么创造出来的？

她告诉我，接到这个剧本，觉得很困难。因为没有演过这样一种有气质的人物，怎么办呢，于是就借鉴兄弟剧团的，看了很多戏，可没有发现这样一个人物。"老祖宗"这个老太太不是一般的老太太，她要有气质，要有身份，她是一个领袖人物，说一不二的，还谈笑风生，有慈祥的一面，有严厉的一面。1958年演出任务很多，招待外宾招待首长都很多。慈祥的一面是周总理，这豪爽的、有气质的，她觉得陈外长（陈毅）有好多地方可以借鉴，所以就借鉴首长的形象、动态，来塑造这个人物，受到了观众的认可。

那个时候，孟莉英老师刚进团不久，接到这个任务既高兴又有压力。当名单公布以后，高兴的是能够和两位老师搭档演戏，能够学习到不少的东西，但是她也很担心，她觉得，自己和两位老师的艺术相差很远，如果配得不好就完了。那时候王老师对她说，我们在生活当中就要培养姐妹感情了。她铭记在心，心里想：王老师都这么说了，人家一点都没有架子，我还怕点什么呢。榜样的力量是无穷的，从此，孟莉英老师不光不怕了，还主动找王老师聊天，培养感情，非常自然地与她搭戏，王老师的的那句话相当重要。

吕瑞英老师和金采风老师是后来加入《红楼梦》剧组的，两位艺术家对自己扮演的角色都好不情愿。吕老师原来擅演的都是俏丽的小花旦，比如说大家熟悉的像红娘，《打金枝》里的公主，结果让人家演薛宝钗，如此有心计的一个女人，当时心里觉得演这个角色特委屈。

吕瑞英老师跟我说："那时候，领导怎么说我们怎么做，薛宝钗确实不是我喜欢的角色，我宁愿做晴雯，宁愿做紫鹃，我没有想到要做薛宝钗。导演要我们看三遍《红楼梦》，我当时心里是一百个不愿意，因为没有那么多的时间，从早上起来练功，练唱，还有好多戏要学。当时从头至尾咬着牙齿只看了一遍。我自己对创造薛宝钗的实践来看，我认为我还是自然形态在演。你说怎么样去刻画她，看了书是一个印象，但是你要在舞台上表现出薛宝钗的大家闺秀，又是一个有心计的，又不失分寸，在什么人面前讲什么话，就这些东西来讲，和我的性格好像是不一致。"

无独有偶，金老师也是如此，她原来演的都是贤妻良母型的，像《碧玉簪》里的李秀英等，因为演王熙凤，还哭过好几回。

金彩风老师没有回避，她说，确实为此哭过。她的解释是："因为我跟在座的各位老师不能比，她们都是科班出身，我不是。我演的角色不多，突然之间要我去演王熙凤，我很紧张。因为王熙凤这个角色很难演，她是八面玲珑，自己跟角色反差太大，所以我哭了。那时候心里压力很重的，但压力重，你也要去努力，我心里是这么想的、就这样做了。"

尽管时代在发展，我们的很多技术手段都有了创新，但真正好的艺术，一定是大家要用心去打磨的，所以当年《红楼梦》众位演员齐心合力打磨出来的这部精品，一上映就得到了观众的认同。1962年拍出来以后，到了香港首映，特别的轰动，香港的电影公司觉得也应该拷贝一版，于是他们拷贝的黄梅调《金玉良缘红楼梦》同时上映，两位大明星，一位是林青霞，一位是张艾嘉，联合主演。结果打擂台、卖票房，争取观众，还是没有赢过越剧的《红楼梦》。

赵志刚1986年去香港演出的时候，和林青霞曾经一起吃饭一起游玩。期间，林青霞和他提到过一件事：当时林青霞要拍《红楼梦》，不知道怎么办，然后她托人找到了徐玉兰

老师、王文娟老师电影版的录像，当时还是录像带，带回去以后反复地学，然后演的这个《金玉良缘红楼梦》，全部的表演，包括唱腔形体动作，都是模仿越剧的。

我查到了一组数据，当时的电影《红楼梦》的累计观看的人次超过了两个亿，很多地区都是早上七点半开始播放，一直放到晚上十二点，甚至有个别地区，是24小时不停地播放。还有一个数据，当时的电影连环画总共卖了250万册，恐怕也创造了一个吉尼斯纪录。

说到越剧电影《红楼梦》，不能不提已去世的岑范导演。他为中国的电影事业做出了不可磨灭的功绩，京剧的《群英会》是他拍的，他后来和郑君里先生合作了《林则徐》，还有大家熟悉的1982年拍摄的《阿Q正传》，他导演《红楼梦》时，很年轻，只有30多岁。

1962年版本的"黛玉葬花"在那个电影时代，已经创造了相当唯美的意境，全部在摄影棚里完成的，没有一处实景。岑范导演说过一件趣事，越剧电影《红楼梦》红遍大江南北后，当时扬州、苏州、杭州许多旅游景点都会和游客说，这就是越剧电影中黛玉葬花的地方。

黛玉最怜惜花，觉得花落以后埋在土里最干净。她写了葬花词，以花喻自己，怜花就是怜自己，她看到鲜花的凋零就仿佛看到了自己的将来。林黛玉在贾府中，虽有宝玉的照顾，贾母的疼爱，但按照当时的礼教观念，毕竟是外孙，寄人篱下的滋味还是有的，父母双亡，无人做主，孤苦一人，再加之性格的悲观，总觉风刀霜剑严相逼，自怜之心常在，见落花而感身世，不觉满目凄凉。

未若锦囊收艳骨，一杯净土掩风流。

质本洁来还洁去，强于污淖陷渠沟。

尔今死去侬收葬，未卜侬身何日丧？

侬今葬花人笑痴，他年葬侬知是谁？

试看春残花渐落，便是红颜老死时。

一朝春尽红颜老，花落人亡两不知！

葬花似乎也为后面的焚稿做了铺垫。林黛玉写诗、提帕全是写给自己的，正如她在最后焚稿的时候说到"不望玉堂金马登高第，只望它高山流水遇知音"，诗词对于黛玉来讲，没有了知音，还不如化为灰烬。黛玉在弥留之际，做了这样一个举动，而当时，宝玉却被金玉良缘蒙在鼓里。

当年拍这一场时，岑范导演硬是坚持让王文娟和孙道临推迟了婚期,否则蜜月回来,就很难找到生离死别的感觉了。为了烘托这个气氛,岑范导演特意将林黛玉的最后一场戏化得很美,虽然衣服并不绚烂,但面色优美,他说他想创造一种回光返照,让林黛玉留给大家美丽的印象。

金玉良缘、偷梁换柱终于被宝玉发现了,宝玉完全崩溃了。如果说"问紫鹃"是平静、凄凉的,那么金玉良缘却是激烈、悲愤的高峰,最后只有感叹:好一似食尽鸟投林落了片白茫茫大地真干净。

小说《红楼梦》如同是断臂的维纳斯,后四十回的缺少不仅没有降低它的价值,却在很大程度上增添了无与伦比的魅力,让人一读再读且有丰富的想象空间,我时常觉得这是不是作者有意为之呢?

未知猜测,恐怕也是《红楼梦》让人迷恋的原因之一,从小说《红楼梦》生发出的不计其数的艺术作品中,我们看到了八仙过海,见仁见智,看到了琳琅满目,欲罢不能。我觉得,越剧《红楼梦》还是为我们推开了如梦红楼的一扇窗,留给了我们最不同凡响的余味。

感谢越剧《红楼梦》!

2008年,越剧《红楼梦》首演50周年 几代"红楼人"辉煌聚首

那些角儿 THOSE PROTAGONISTS
一个"外行"眼中的梨园

周东亮：小戏大做
ZHOU DONGLIANG

周东亮

江苏省锡剧团国家一级演员，工小生。近年来先后领衔主演了《珍珠塔》《七月雨》《风流状元》等新剧目。成功塑造了方卿、吴小阳、郑元和等不同的艺术形象，荣获了曹禺戏剧奖优秀演员奖，文华表演奖和梅花奖。

他以声情并茂、形象儒雅摘得"锡剧王子"桂冠；他以敏锐的艺术直觉培育市场、成为锡剧领军人物。他捕捉时代，创新独具，将古典与活力独特结合，他的王子风范让传统的锡剧变得风华正茂。

上世纪五六十年代，在华东地区流行的锡剧、越剧和黄梅戏三个戏种中，锡剧被称为"锡老大"，风光无限。如今，锡剧的影响力远远落后于越剧和黄梅戏了。让锡剧再热起来，当然不能坐等。一些年轻锡剧演员在继承传统的基础上，总希望融入一些现代元素，在新时代争取更多年轻观众，使戏曲艺术得以延伸。

"锡剧王子"周东亮是其中的佼佼者。他说过："我的戏是演给现代观众看的，所以一定要有打动现代观众的东西，不管加进多少现代元素，锡剧的本体不能丢失；我喜欢尝试各种新生事物，比如唱流行歌曲，学现代舞，演影视剧，但我还是最喜欢锡剧，其它都是副业，锡剧永远是主业。"

周东亮把他的创新理念融入到实践中，在《珍珠塔·跌雪》里，他跳起了现代舞；在现代锡剧《红色恋人》里，他融进了舞蹈、话剧等手法，唱腔朗朗上口颇具流行性。

白燕升：江苏省锡剧团大概十年没到上海了，2005年8月的演出是你们十年后的第一次。一开始也有顾虑，也一直担心，但第一场下来观众反响非常之好，演的什么？

周东亮：《珍珠塔》。这是我们没想到的，开始的顾虑源于上海是一个文化大都市，又是国际大都市，它对文化的需求，文化的标准，肯定更高，成功与否我们心里没底，演完以后我们就开心了。观众在前台就不走，我们就不停地谢幕，跟大家打招呼，然后观众又转到后台，在后门堵着，大概有四五十人吧，都在那等着非得要再见一见。第二天我们还演《珍珠塔》，观众就自发写了"锡剧王子"锦旗，跑到台上来献给我，"锡剧王子"是在上海喊出来的。

白燕升：当王子的感觉好吧？

周东亮：好。

白燕升：作为一个年轻演员，渴望得到市场的认可，观众的认可。

周东亮：对。

白燕升：这么多年我跟各剧种的演员接触下来，我发现，其实很多演员都特别地用心，不光用在舞台上，也用在培育市场上。观众接受一门艺术，接受一个演员，你要不断地跟他沟通交流，带着你的作品让他去看，让他有一种审美认同。

周东亮：对，我觉得市场也需要培育。我经常去宜兴演出，宜兴也是锡剧的发源地之一吧，那边的观众还是很多。我第一年去，跟第三年去第四年去，完全两回事情。我第一年去也很平平的，人不是太多，但是反响很好，说这戏不错。

白燕升：看过的说好，但是没有更多的人来看。

周东亮：对。我第二次去就不一样了。第一天很满，到处有人问你要票，第二天就是加座，我连着演三四天都是爆满。这种状况，老实说，在当今不多见。我觉得要多培养他们对戏曲的兴趣，当然前提要有一个好的演出质量，要有一个好戏，否则观众也还是不买账。

白燕升：演员愿意到自己的主场演出。所谓主场就是哪里的观众喜欢你，哪里的观众热情，你愿意到那里演出，并有了一种主场的感觉。还有更多的观众需要主动去培育的。美国一个著名经济学家曾说：市场永远是对的。

东亮到宜兴不光演大戏，2005年下半年还举办了个人专场，最后唱了一首励志的歌《从头再来》，听说是一边哭，一边唱。

周东亮：对。当时甜酸苦辣都有吧，从艺20年走到现在，能举办这么一个演唱会，算是在艺术道路上的一个总结。我是真心感谢大家，真心感谢帮助过我的朋友，还有培养我的老师，唱这首歌的时候，我想起很多东西，然后我就一边哭一边唱，底下的观众也跟着我一起流泪。那个场景真的很感动，包括我们乐队，眼睛都湿润了。

白燕升：虽然是哭的场面，其实很幸福，很温暖的感觉。因为你找到了一种认同和共鸣，你的情感别人懂。

周东亮：对，别人懂。

白燕升：你的个人专场和传统的折子戏专场有什么不一样？

周东亮：现在观众接触的东西很多，现在的艺术又多元化，纯粹用一种传统的东西给观众，他们未必会满足的。我在舞台呈现上，用了很现代的元素，像歌舞晚会那种形式，我们表现的程式也可以破一破，把其它剧种的好多东西拿过来用，包括舞蹈，包括川剧等等。

白燕升：第二场专场的时候，你给大家请来一位神秘嘉宾。

周东亮：我爸爸，我爸爸在江阴市锡剧团。

白燕升：跟你这个在省团的儿子，没合作过吧？

周东亮：从来没有。

白燕升：跟爸爸合作是你提出来的？

周东亮：对。我爸爸虽然不说，给我的感觉

中，他想跟我合作一把，因为他这么大年纪了。

　　白燕升：他愿意跟儿子合作，其实是一种幸福，因为你最早就是父亲培养出来的。

　　周东亮：对，促使我走上这条路的，是我父亲。大概3、4岁我就会唱歌唱锡剧。那时候我爸爸在他们团是主要演员，主攻小生。他那些戏迷很疯狂的，不亚于一个现在年轻的粉丝追一个歌星那么地痴迷。

　　白燕升：葛优说过，最怕的就是跟父亲同台演出，或者说演同一部电影电视剧，他俩这眼神一交流，就跑戏，就笑场，所以他到现在也没跟他父亲葛存壮先生合作过。你跟你的父亲有这种障碍吗？

　　周东亮：没有。都在戏里。我爸爸平时话很少，虽然是个演员，但特朴实，平时也讲不了几句话，我跟他在一起就是谈艺术。

　　白燕升：父亲跟你演戏，父亲紧张吗？

　　周东亮：父亲比我紧张多了。

　　白燕升：你觉得他为什么紧张？

　　周东亮：我不知道。

　　白燕升：你怎么感觉到的？

　　周东亮：那一次在宜兴，我举办个人专场，我一个人有四个戏呢。他就一个戏，但他比我化妆还早，服装老早就穿好了，坐在那一声不吭，然后人家跟他讲话，他说别跟我讲。我说，爸爸，你要不要喝水啊？拿着茶杯过来端在手上，坐在那边一口一口喝水。

　　白燕升：紧张。

　　周东亮：我说爸爸，你别紧张，你就当平时在演出嘛。他说怎么不紧张，跟我儿子在一起又激动又紧张。

　　白燕升：合作下来觉得怎么样？

　　周东亮：很好。

　　白燕升：父亲满意吗？

　　周东亮：挺满意的。

　　白燕升：《珍珠塔》给东亮带来了很多荣誉，在这个专场上，周东亮选了《跌雪》一场，对这样一个传统戏，我知道你跟前辈演的演的不一样了。

在《珍珠塔》中 饰方卿

周东亮：是的。原来的《珍珠塔》是我们锡剧的看家戏，好多前辈都演过，我看过王彬彬老师的《跌雪》，里面也有些技巧，但是整个的动作，还是比较传统。我们排新的《珍珠塔》，导演想破一破，怎么样更好看好听，具有时代感，导演特地请了一个舞蹈老师，专门给我编排。这出戏唱做念打对演员要求比较高，有难度，我紧咬牙关，再怎么样，我也要把它拿下来。

白燕升：在这个风雪交加的场景里，都用了哪些技巧？

周东亮：用了舞蹈的大跳，我带了一把伞，带伞大跳以后紧接着翻滚，这个也挺难的，当初练的时候摔得身上青一块紫一块的。还有舞蹈的跪步，一种连着转的那种跪步，还运用了杂技的技巧，我上了桥以后，人倾斜了45度还不倒下去，其实就是脚里面用了两个固定的铁圈子，脚套进去，起来要一把劲。经过这样的改良，视觉更强了。观众的反应非常强烈，这是全剧的一个高潮点，我在这出戏里确实下了很多功夫，比如说放了高腔，前面用了舞蹈的肢体语言，有耳目一新的感觉，也可以叫伞舞吧。

白燕升：一出现代戏《沙家浜》，大伙儿非常熟悉，很多剧种都演绎这出戏，你把这出戏做了很大的改动，把整个剧场当成舞台，把芦苇安插在观众席里？

周东亮：对。

白燕升：是不是过了？

周东亮：我觉得不过，这也是一种尝试吧。余克平导演很有想法，很有思想，他觉得要与众不同，又不脱离锡剧的风格，或者不脱离锡剧的唱腔，他动了一番脑筋。比如说第一场《转移》，变成了一个战斗场面。一开幕，我们用了两道可以升降的龙门架。第一道龙门架前面是新四军的徽标，后面一到龙门架蹲了一排新四军，一开幕是新四军徽标升上去，一道龙门架降下来，然后就是这个战争场面，非常地火。观众席里面还装了一些炸炮，有一种身临其境的感觉。

白燕升：没危险？

周东亮：没有没有，绝对安全，是小纸包的那种小炸药。

白燕升：你这个《沙家浜》改的挺邪乎的。

周东亮：我们进去以后那个两边，两边都是那个叫，就是芦苇，还有竹林，挺好看的，那个舞台是立体的，一种画面呈现给观众。芦苇后面用两个人，两个人一组，芦苇在舞台上移动，一下子就活起来了，新四军在芦苇荡里面穿来穿去，我觉得很有新意。

白燕升：尽管挺新鲜，也挺刺激，也挺热闹，有没有听到一些不同的声音？说这是胡闹瞎整？

周东亮：起码我没听到。

白燕升：我发现，你们的戏，你们的创意，和你们培养的观众，跟你们是同步的，他们似乎很理解。

周东亮：他们给我打电话：《沙家浜》原来可以这么演，挺好看的。

白燕升：东亮年近不惑，代表作也有了，专场也搞了，还有梦想吗？

周东亮：我还有，以后的路真的非常长，我特别喜欢我的锡剧，我觉得我这辈子就是唱锡剧了，我不会改做其它事情，我以后还要不断地攀登。

跟周东亮聊天，感受着他的灵动和激情，也感受着他的困惑和无奈。周东亮身上既有现代人的务实，又有艺术工作者的理想化，他既能像企业经理人一样，去培育市场，构建人脉，又能在舞台上以王子的风范去打动喜欢他的锡剧观众。

目前，他正在对传统戏《三试浪荡子》进行"老戏新演"的排练，还将和无锡锡剧团合作新戏《举案齐眉》。不久即可上演。

他跟我讲：浙江有越剧，河南有豫剧，安徽有黄梅戏，江苏的代表戏种是什么呢？有人说是昆曲，我认为昆曲已经被列为人类口头及非物质文化遗产，是中国戏曲的代表，严格意义上说，它已经不是地方戏了。从目前江苏几个地方戏的影响看，锡剧最有可能挑起大梁，成为江苏最具代表性的地方戏，如果江苏人对锡剧都能有这样的认识，锡剧就有了发展的大希望。

那些角儿 THOSE PROTAGONISTS
一个"外行"眼中的梨园

王冠丽：评剧情 大鼓缘
WANG GUANLI

王冠丽

中国评剧院国家一级演员，白（白玉霜）派传人，北京评剧白派艺术研究会会长，中国评剧院白派团名誉团长。

1972年考入天津戏校评剧班。1977年毕业分配到天津评剧院。1992年拜刘萍为师学习白派艺术。为博采众长提高自己的演唱修养，1996年拜曲艺名家骆玉笙为师。1997年开始为著名评剧表演艺术家小白玉霜音配像。

2001年调入中国评剧院，先后排练演出了《秦香莲》《朱痕记》《劝爱宝》《打狗劝夫》《锯碗丁》等剧目。最近，重新整理加工了一出白派代表剧目《杜十娘》，演出后反响强烈。

评剧演员王冠丽是两位大艺术家的传人，她在不同的两个领域都有建树，戏曲和曲艺的观众喜欢从她的表演中，找寻前辈大师的风范。

王冠丽现在是中国评剧院白派团团长、白派传人。她说："我不可能永远当团长，但白派传人却是永远不会变的。学白派是个纯粹的偶然，起初是因为剧团需要，改学了白派，后来在一次汇报演出时，被小白玉霜的弟子、白派表演艺术家刘萍看中，收为弟子，成为白派第四代传人；学京韵大鼓也是个偶然，因为喜爱也为了提高自己评剧的演唱水平，自己开始学唱京韵大鼓。"白派评剧大气自然、深沉委婉、韵味淳厚，与京韵大鼓在唱腔上有些相似，王冠丽的大鼓也学得有模有样，有幸在李瑞环的亲自帮助下成为"骆派"京韵大鼓的创建者、骆玉笙的入室弟子。

白燕升： 评剧的白派，形成于上个世纪三十年代，把白派艺术发扬广大的是白玉霜的传人，也是她的养女小白玉霜。白玉霜的白派和小白玉霜的白派从专业角度讲，有什么不一样？

王冠丽： 应该是一脉相承的，但细听起来还是不太一样。小白玉霜老师在大白玉霜老师的基础上又发展了，嗓音条件上，大白玉霜应该比小白玉霜的条件更好一些，声音也洪亮，气力充沛，小白玉霜老师更细腻传情，小弯小撤的地方更华丽，更丰满。

白燕升： 听小白玉霜的演唱，包括小的时候看她的电影《秦香莲》，我真的被迷住了。像我这样的年轻人对评剧并不是特别了解，也谈不上痴迷，但是喜欢小白玉霜。既然白派那么好听，现在的传人当中怎么白派那么少？

王冠丽：具备这样条件的演员不是很多，尤其小的时候学白派好像还不大合适，声音必须要宽，音域要宽。有人以为白派没有高音，其实不是，它既有女高音的高度，还应该有女中音的宽度。有这样条件的人少，而且白派在评剧流派里是最难掌握，不好学的一个流派。

白燕升：骆玉笙先生的京韵大鼓你很早就开始迷恋了？

王冠丽：是，我接触京韵大鼓是从《四世同堂》开始的，骆玉笙的《重整河山待后生》太好听了。有时候电视剧的内容我都不太在乎，我就等着听这段，太美了。再有，我对大鼓有一点好奇心，因为白派创始人白玉霜最早是唱大鼓的。

白燕升：这么巧啊？

王冠丽：对，从大鼓演员后来改唱评剧自成一派，我学白派就想了解这段历史，我想了解怎么形成这个流派的，看完《小白玉霜传》我才知道，于是就对大鼓一直好奇。

白燕升：这是冥冥之中的一种情怀了，既然那么痴迷骆玉笙的京韵大鼓，又同在天津，想没想找机会跟她靠近？

王冠丽：没有，跟骆老师只有一次接触，就是有回走穴，我跟组织者提了一个小要求：我愿意跟骆老师那房间挨的近一点，我想去看看她。第二天上午我就过去了，骆老师特别好，我说特别喜欢大鼓，想给您唱几句您听听。

白燕升：唱完以后，老太太怎么说？

王冠丽：她说挺像的，你可以去找我，我们家住哪儿哪儿，电话是多少。人特好，与我当时想象的完全不这样。再后来，有幸在李瑞环亲自主持下，1996年11月9号正式拜的师。

在《锯碗丁》中饰 王玲儿

白燕升：拜师那天，骆老师认出了你就是那年住她隔壁的那个演员了吗？

王冠丽：好像没认出来。她跟孙女唯唯住在天津驻北京办事处，那天她到现场时，我出来迎着骆老师，一下车我就搀骆老师，骆老师看我说王冠丽来了吗？我说我就是。

白燕升：正式拜师以后，跟骆老师学大鼓学了多长时间？

王冠丽：一年。拜完师我们回天津的路上，她说，我的学生很多，我不可能光教你一个人，我都要照顾，咱们一星期学一次好吗？我说好。然后第一次去，到那儿之后刚一开始学唱，她就特别满意，说，好，你真聪明，我一点你就懂。她高兴得很，说，我不累，你礼拜三干什么？我说没事儿。她说礼拜三还来吧。我说好，然后礼拜三又去了，之后她又问，明天干什么，我说没事。

白燕升：我听出来了，老师一开始想一个礼拜教你一回，渐渐地变成你有空就来，天天来吧，真想教你了。都学了什么段子？

王冠丽：第一段是《丑末寅初》，第二段《剑阁闻铃》，然后《祭晴雯》《大西厢》《伯牙摔琴》《红梅阁》，还有一些小段《迎春曲》《万里春光》，后来跟骆老师一块唱香港回归的《庆回归》。

白燕升：看得出来，骆玉笙先生对冠丽确实喜爱有加。一位大师不光把艺术传给了你，恐怕也把做人的道理、舞台上的风范也都给了你。骆老师虽然个头不高，但从衣着、穿着打扮上非常有气质。

王冠丽：对。你能看出老太太那种一丝不苟的风范。她经常跟我说，说演出要大大方方地站在台上，旗袍要熨得平平的，皮鞋要擦得锃亮的，别花里胡哨的。她特别担心我上台不大方，问我：丝绒的旗袍你会熨吗？我说不会。她说不能拿熨斗熨，你弄一盆水，水开了之后吸它的反面。我回家还真试了一下，效果特好。

白燕升：你是一个地地道道的评剧演员，还是一个白派传人，评剧院没有干涉？

王冠丽：当时骆老师不太满意，因为她知道我的评剧演出机会极少，可偏偏在我学大鼓的时候让我演《秦香莲》，而且是第一次让我演整出的《秦香莲》。

白燕升：骆老师觉得你得跟我学大鼓，不要再唱评剧了？

王冠丽：对。她给李瑞环秘书打电话，有一次打的时候秘书那边笑了，说，我们明天可能去天津，争取安排一个时间让您直接跟老市长说说这个事。后来在市委一招，骆老师说，冠丽的情况特别像我当年的情况，我最早是唱京剧的，后来改学唱大鼓，在学京剧的当中我学大鼓，我师傅就说，不能脚踏两只船，这样都学不好，后来我选择了大鼓。冠丽现在学大鼓学得特别好，可是评剧院又让她演出，还让她演《秦香莲》。

白燕升：骆老师是非常有童心的一个艺术家，领导怎么说？

王冠丽：我觉得领导特别负责任，而且有水平。说，骆老师，这个事不要草率地决定，毕竟王冠丽从小是学的评剧，而且白派的传人又少。你要能教出一个小骆玉笙，对您的骆派对社会都是一个贡献，这段时间不唱评剧了，就跟您学大鼓。骆老师赶紧站起来说，老市长您放心，我保证这半年教她十段八段的。

白燕升：当时在你的心里是大鼓重还是评剧重？

王冠丽：说良心话，我更喜欢大鼓。但是我从小就学的评剧，我也很喜欢白派。

白燕升：说到《剑阁闻铃》这一段，唱了快一百年了，好在哪儿？

王冠丽：这段太有意境了，我是因为这段迷上大鼓的。这段唱腔是骆老师最有代表性的唱段，它描写唐明皇西行途中，雨夜闻铃，思念杨贵妃的心情。骆老师把它唱的荡气回肠声情并茂。我觉得那么多文艺作品，都不如骆老师这一段唱，描写唐明皇那么准确。

白燕升：《剑阁闻铃》也成了骆玉笙老师最代表性的一个剧目。在骆玉笙从艺生涯80周年的纪念演出中，她点名让你唱这一段。

王冠丽：我音配像的一年当中我几乎没唱大鼓，有一天接到这任务：骆老师舞台生涯80年，你们这些学生都唱。骆老师一直没说谁唱什么段子，我也不大关心这个事，我觉得我是评剧演员，只要让我唱我好好唱就行了。就在这个晚会的头几天，有个新闻发布会，我陪着骆老师去的，在新闻发布会上骆老师宣布：《剑阁闻铃》这段让冠丽唱，因为她最像我。当时我觉得骆老师对我确实好，她希望我当她的继承弟子。

白燕升：骆老师最得意的一个作品，她交给你来唱，这是有特殊意义的。

饰 杜十娘

王冠丽：对，实际上意味着，谁唱这段谁来继承她的骆派。

白燕升：冠丽你如此地钟爱京韵大鼓，如愿以偿地成了骆派的弟子，骆玉笙老师又有意把你定为她的传人，但最终你还是选择了白派，来到了中国评剧院唱白派，骆老师能接受吗？

王冠丽：我正式调过来之后，我回天津去看骆老师，把调动的事正式跟骆老师说说，骆老师刚搬到新家里，我印象特深，骆老师坐床上，我坐这椅子上。"刚给你榨的梨汁，喝。骆老师说。""我就喝，喝完之后，"怎么样啊你？"我说挺好的。"说说你的情况。"我说，骆老师，我正式调到中国评剧院了。半天没言语。"那你的户口呢？"她知道户口很难办。我说也调过去了。又问那他们爷俩呢？我说也调过去了。"那你们住哪儿了？"我说，正好赶上评剧院福利分房最后一拨，我就分了一套房。她一听这个不说话，沉默了好半天最后说，那你就好好干吧。

白燕升：老师一方面是不放心你以后的路，另一方面心中恋恋不舍你把骆派的京韵大鼓丢下，老师心里很复杂。她一方面希望弟子生活品质好，生活质量高，另一方面她内心不舍京韵大鼓。

王冠丽：对。再见面就嘱咐我，学到这样不容易，千万别丢了，没事复习复习。

白燕升：艺不压身。冠丽是2001年正式从天津评剧院调到了中国评剧院，2002年就成立了白派剧团。

王冠丽：对。2002年是小白玉霜老师诞辰80周年。白派确定需要抢救一下，人太少了，而且音配像播出之后，观众反映特别强烈，唤起了很多人对于白派艺术的喜爱，也唤起了对小白玉霜的怀念。成立之后真正开始排戏演出是2004年，我们恢复了一批音配像配过的传统戏。

白燕升：冠丽跟我们来比较一下，天津和北京两地的观众在欣赏白派艺术的时候有什么不同反应吗？

王冠丽：北京的观众，因为解放以后小白玉霜老师就落在了北京，而且刘萍老师又把白派这杆大旗扛起来，北京的白派观众说老实话比天津多。但是天津我是在那儿长大的，那有很多我的同学老师，还有看着我长起来的观众，到那演出觉得特亲切，那次我第一次回天津演出，不知道为什么莫名其妙地紧张，一直演到后半场才放松下来。

白燕升：可能越想跟家乡父老有个交代，心里越重视这事恐怕就越紧张。在王冠丽的生活当中，除了评剧除了大鼓之外，还有一样东西：西洋绘画艺术。丈夫就是从事西洋画的，女儿也在俄罗斯学画画，受家庭影响冠丽画画也快30年了，对唱戏有什么帮助吗？

王冠丽：肯定是有的。当时我学画就是兴趣，艺术之间的相互渗透，肯定会有潜移默化的影响，主要还是不愿意浪费时间，当时我们剧院里面也不忙，自己又喜欢就画。

白燕升：大鼓、评剧、绘画在生活和工作当中，都占一个什么样的位置和比重？

王冠丽：阶段性的。这个阶段喜欢工笔画，同时喜欢着邓丽君，听着录音画，觉得时间特快，几乎兴趣完全都在这儿；学了白派之后，我特别认真，为当好一个白派演员，我特别刻苦地练功，也是一个阶段；接触大鼓之后，大鼓那么好听，那阵儿说老实话，有点超过了我的白派，尤其跟骆老学的那一年当中，几乎没考虑评剧的事，因为骆老师岁数这么大了，而且她的活动特别多，她有活动就带着我，我觉得机会来了，一定要珍惜，怕以后后悔。

白燕升：冠丽说的时候，我在想象着一幅特别有意思的图画，听着邓丽君的歌声，一个白派传人，一个京韵大鼓的传人，在画着工笔画，第一次听说。

王冠丽：我都不愿意说，怕人误认为我不务正业。

白燕升：没有。既然大鼓不能丢，评剧也不能丢，有没有想到将来搞一个专场演出，两下锅，甚至三下锅，有没有想过？

王冠丽：有，一直在想。搞专场请您给主持。

白燕升：没问题。

冠丽还给我讲过她和骆玉笙老师关于茶的小事："一次我回天津去看骆老师，她看见我特别高兴，我一进门就告诉我，给你沏好了毛尖，是新茶好茶，我一看就想乐，杯里就五六根茶叶，一根一根立在那儿。骆老眼睛不太好，吃什么喝什么都喜欢清淡一点儿的。那个画面我现在都记忆犹新，这杯'清茶'虽然味淡，但我知道老师的关怀却饱含其中。"

冠丽脸上始终带着善良亲和的微笑，她说："我什么茶都喝，对我的身体有好处的茶都喝一点，夏天喝点清茶，平常喝点菊花茶，尤其上火的时候，我觉得茶叶和药的作

在《打狗劝夫》中饰 张 氏

用差不多，喝完了就败火。"正如冠丽在评剧、京韵大鼓和绘画这几重天地间自如切换一样，我忽地理解了冠丽的天然随性自在从容。她懂得艺术是相通的，不管表面多不同，好的境界一定是一样的。

那些角儿 THOSE PROTAGONISTS
一个"外行"眼中的梨园

梁伟平：淮剧岂能在上海消失？
LIANG WEIPING

梁伟平

上海淮剧团副团长，淮剧名家。曾获中国戏剧梅花奖，文化部文华奖，并两次问鼎上海白玉兰戏剧表演主角奖。

他让淮剧走向国际大都会，他点燃了江淮小戏新时代的希望，他勇于尝试又恪守原则，始终寻求着"时尚"和"传统"的平衡，探索着地域与融合的和谐之美。他所演绎的小生清俊风雅又具备昂扬洒脱的气节。

妻子的故乡在苏北，那里最流行的剧种就是淮剧。燕赵大地出生的我要唱淮剧还真费了一番心神。非常感谢上海淮剧团的"淮剧王子"——梁伟平，是他教会了我妻子家乡的音律。当我第一次听到《卖油郎独占花魁》的旋律就喜欢上了，大概这也源于我对妻子那份一见钟情的选择。

2006年是淮剧进沪100周年，11月12日晚上我应邀到上海大剧院主持了《申江百年淮剧情——淮剧交响演唱会》，充分感受到了淮剧人自我拯救的"挣扎呐喊"和淮剧在上海的"两极分化"——苏北人的痴迷和上海人的漠视。

淮剧有200余年的历史，发源于苏北农村，是周恩来总理的家乡戏，后来随苏北农民入沪，成为上海的"移民"剧种。

作为"移民"上海的苏北剧种，淮剧在新中国成立后有过繁荣和辉煌。但从上世纪80年代初开始面临"熊市"，到了90年代初，淮剧在上海的市场越来越小，观众流失日益严重。起初上海淮剧团还沾沾自喜地"回娘家"，频繁去苏北演出，总往"娘家"跑，"娘家人"就慢慢失去了新鲜感。等到筋疲力尽再回到上海，演员们已经找不到在都市剧场中演出的感觉了，与上海观众的距离也越来越远。

淮剧在上海穷途末路奄奄一息，就在这危难之际，《金龙与蜉蝣》横空出世，它让淮剧在上海起死回生。

1993年上海淮剧团排演了《金龙与蜉蝣》，在当时造成的轰动可以用"惊世骇俗"来形容。它不但留住了差点被上海"淘汰"的淮剧，也让淮剧在全国重新赢得了声誉。

《金龙与蜉蝣》一炮打响，人们对淮剧刮目相看，1999年《西楚霸王》的成功进一步巩固了"都市新淮剧"的命题。正如这两部戏的编剧罗怀臻所说："'都市新淮剧'

就是以现代都市人的文明视角和价值观念去解读历史、表达人生，以现代都市剧场艺术和都市观众审美趣味来展示百年淮剧。"

"都市新淮剧"第三部是2005年赵莱静和罗周编剧的《千古韩非》。梁伟平至今感慨："演了《金龙与蜉蝣》和《西楚霸王》后，我一直在寻找能够超越自我的剧本，但始终没有这样的机会。《千古韩非》让我心动了，韩非是一个性格复杂的人物，他有文人的自恃自傲和气节。人物性格多重性和几种矛盾情感的纠葛，给塑造舞台上的韩非带来难度，但最终我还是努力完成了角色塑造。在淮剧的人物长廊中，增添了新的人物形象，同时完成了'都市新淮剧三部曲'的完整结构。'都市新淮剧'发展到今天，让大家看到了淮剧在上海生存和发展的希望，我们也算没有辜负前辈们的期望。"

"都市新淮剧三部曲"——《金龙与蜉蝣》《西楚霸王》以及《千古韩非》尽管都被冠以"新淮剧"，但梁伟平强调说："在形式求新的同时，'都市新淮剧'并没有背弃最传统的唱腔和表演。经历十几年的淮剧改革，虽然我们做了形式上的探索和创新，但在淮剧经典唱腔和表演上都予以最大的保留，毕竟淮剧粗犷、豪放的唱腔是其他剧种无法替代的。'都市新淮剧'不是一个定格，而是一种动态平衡，我们一直在寻找最时尚、最前卫的理念，在淮剧的实验舞台上，真正的内涵在于探索和创新。像'都市新淮剧三部曲'这样每部都在中国戏剧节上大放异彩的情况，在上海淮剧100多年历史上是从来没有过的。淮剧如果不改革，早就在城市的发展中淘汰了，而正是有了'都市新淮剧'的实践，才有了淮剧的今天。"

白燕升：我每次到上海，总能听到喜欢你的戏迷跟我描述你，总有追随者对你是倾注了无限的情感。按说在这样一个有消费能力的城市，做为一个名家应该不愁市场，为什么还要坚持每天骑自行车上下班？据我了解，上海其他剧种的名角儿都有车，而唯独你没有。听说你是做给青年演员看的。

梁伟平：是的。其实并不是买不起汽车，骑自行车上下班，确确实实我是做给年轻人看的。我何尝不想买辆车过过瘾，但现实告诉我淮剧在大上海，还是比较艰难的。一方面，我们淮剧艰苦创业的精神需要传承，另一方面，上海城市诱惑性很大，而淮剧青年演员工资偏低，如果我过分招摇，青年演员容易产生心理落差，我骑自行车也有同甘共苦的意味在里面。当然我也为自己找了一个非常体面的理由，

一是为了健身；二是为了环保。说实在的，淮剧在上海，我们每天都有危机感。这个危机每天都伴随着我们，所以我们抗争、生存的意识也特别强。我常说"淮剧没有双休日"，就是想表达这个意思。上海的淮剧是跟上海的苏北人联系在一起的，这些老观众都是苏北人，他们实际上向您倾诉着一种渴望，希望您能为淮剧张扬一点，宣传一下。

白燕升：淮剧闯进大上海已过100年了。

梁伟平：淮剧进上海103年了，它比上海外滩有些建筑的历史还要长。苏北人在上个世纪初，由于家乡发洪水，一下子上百万人沿着京杭大运河南下，经镇江、常州、无锡、苏州、上海，求生谋生，一大批的人最终定在了上海。苏北人来了，也就把淮剧带到上海。新中国成立，国家定了个编制，是国营剧团，之后淮剧就成了上海市的主要剧种。到现在为止，它已经成为国家级和上海市非物质文化遗产，成为这个城市的文脉了，所以这一点确实也是不容易的。多年来，编制上调整之后，像锡剧、扬剧、甬剧、绍剧等剧种在上海"水土不服"都回去了，淮剧能够留在上海，跟上海的几百万苏北人是有关系的。相当一部分扎根在上海的苏北人，都是中下层的普

通市民，体力劳动者居多，包括京剧现代戏《海港》最早取材于淮剧《上海的早晨》，说的就是上海苏北人在海港码头上的故事，像上海的整个第三产业工作者，大多数都是苏北人。

白燕升：你刚才讲上海有那么多苏北人，但为什么在上海公开场合人们听不到苏北话？

梁伟平：这是有历史根源的。上海这座城市非常讲究档次，解放前，租界区域属高档的"上只角"，棚户区属低档的"下只角"，住在"下只角"的大多数为苏北人，所以苏北话也就自然被贴上标签了。时至今日，确实在上海的公开场合很少听到苏北话，特别是在上世纪90年代之前，这种现象更为突出。如果有人在公交车上讲苏北话，周围的人马上都会"齐刷刷"地看着你。苏北籍子女在谈对象时，不准父母讲苏北话，也是常有的事。但事实上，在上海，除了沪语之外，苏北话应该是第二大语种。因为在这座城市的每个角落，邻里之间，都能听到苏北话，每个上海人，也都能大致听懂苏北话。苏北话在这个城市有它的普遍性，连上海本土的滑稽戏也时常以学说苏北话来制造笑点，逗乐观众。如果换一种大家都听不懂的方言，就不可能达到同样的舞台效果。上海有些弄堂里，也很有特色，各种方言都有，就象72家房客。可想而知，苏北话与上海人的生活是多么的密切。

我认为，语言本身是没有罪过的，方言也不应有好听、难听之分，倒有可能是世俗心态和观念上的问题。你说广东话，我们一句也听不懂，但改革开放之初，大家都唱粤语歌，学说香港话，那是因为那个地区富裕。而苏北话属中原语系，一字一音，发音接近普通话，怎么说也不应该算难听的。原因也很清楚，苏北人总体上比较贫困，我们试想一下，如果苏北地区现在比纽约还要富裕，那我们的苏北话还会难听吗？

白燕升：在这样一个现代化的国际大都市，有相当一批普通的市民，他们喜欢着淮剧，一方面这是淮剧从业者的幸运，另一方面可能也会有些许尴尬，因为他们的消费能力不强。

梁伟平：确实很尴尬，一方面城市产业结构调整，制造业外迁，城市环保了，但留下来了大批的下岗工人。这其中大部分都是我们的淮剧观众，加上原来的老观众，他们退休早，工资少，所以我们的市场急剧缩小，我们的票价正常只能维持在30元左右，这样的状况直接导致了演职员的收入降低，同时市场的物价不断上涨，二度创作及制作成本大幅提高，其结果可想而知。我们只能在夹缝中求生存，一种职业信仰在支撑着我们。

在《琵琶记》中饰 蔡伯喈

《千古韩非》饰 韩非

白燕升：我还听说淮剧在上海被称为"淮老五"？

梁伟平：对。淮剧在上海戏曲界过去被戏称为"老三"，京昆之后就是淮剧了，也不知道从什么时候开始，就变成"淮老五"了。现在是京昆越沪淮，当然这也不是谁来封的。你说京剧，它是国剧；昆曲，百戏之祖；越剧，典型的江南戏；上海沪剧，它是本地戏，一个都不好得罪，只有淮剧是个外来的。加上我们的观众消费能力不强，苏北人的后代又不讲苏北话，自然我们的市场是越来越小了。我们现在所做的工作，就是要尽量改变这样的局面。

白燕升：我听说上海的某位领导曾说过：淮剧在上海可以消失了。

梁伟平：确实有过，而且说这话的是个重量级的领导。作为苏北的剧种在上海一度很尴尬，我们始终有"客家人"的感觉。一种无形的东西始终让你觉得融不进这个城市，但恰恰苏北人又把我们当作上海人。苏北人总觉得你是上海的戏，我们回家乡以后，他总把你当客人待；你既然是上海的，家乡搞什么活动，搞淮剧节什么的，都不让你去参加的。好像始终有一种距离感。真是：北望家乡心惆怅，南来游子几重悲。所以有一次，有个领导公开说淮剧，可以回家乡去，回老家去，在上海消失嘛。但这不是社会主流，这座城市的精神是海纳百川。只要有作为，你就有地位。从老前辈开始，一代一代不断地变革，随着这个城市的变化而变化，直到我们的"都市新淮剧"推出来，用我们的作品来震撼别人，这里面从某种程度说，包含了一种呐喊，一种抗争，那种求生的欲望也通过我们的作品表达出来，那种自强不息的精神，全部在作品里面表达了出来，我们为此付出了一切。

白燕升：说到都市新淮剧，我们不能不提到一出戏：《金龙与蜉蝣》。到现在有十六七年了，我是在今年，2009年3月22号，我到上海东方艺术中心专门看了这出戏。16年来，这出戏我听过看过一些片段，但是从来没有在剧场里，从头到尾地来看整出戏。那天看完非常地激动，我邀请梁团长和编剧罗怀臻老师，我们一块儿聊了很长时间，16年前的一个新编戏，我今天看来，依然觉得它有时代感，依然能够震撼我。这个戏你演了至少300多场，第一次演这出戏的情景，还记得吗？

梁伟平：记忆犹新，刻骨铭心。我是演小生的，小生就是要漂亮，唯美，不能破坏它。我确实是非常艰难地跨出这一步，因为我演一个阉人，演一个太监，从表演上，从心理调节上，那是非常艰难的。一个演员，如果遇到一个好角色，一个挑战性的角色，是一生当中非常幸运的事情。电影艺术家潘虹看完这个戏说："一个演员如果能够碰到一个好的角色，自己特别喜欢的角色，能够进入到这个人物心灵的角色，这个演员等于多活了一辈子。"这句话非常有启发性。

白燕升：我看过编剧罗怀臻写过的一段文字，他说当初你在接受这个任务的时候，他说"见证了你的犹豫和烦燥"。这之前你演的都是风流倜傥的小生，接触这样的一个扭曲的蜉蝣，我觉得你不只是烦燥，还有进退维谷，左右为难。

梁伟平：排练场上的第一步，我是跨不出去的，酝酿了很长时间，包括那些形体动作。这些扭曲外化，心灵的外化，需要心理准备和心理调节，需要一个适应过程，最终还是跨出去了，这就叫"跨越"。

白燕升：选择了一种工作，就选择了一种生活，我觉得选择一个剧种，也是选择了一种生活方式。你从事淮剧39年了，人生没几个39年，20年前，在你及上海淮剧最艰难的时候，你完全有离开的理由和机会，我听说很多影视剧导演高薪聘请你，让你去演影视剧，为什么不走？况且演影视剧没有错。

梁伟平：我到上海是1984年，团里缺小生。老前辈筱文艳老师到苏北地区所有的淮剧团去找小生演员到上海来挑梁，结果没看中，她不满意，回去了。后来有一位老导演，在苏北给我导过戏，他告诉筱文艳，说有一个人已经转行了，手续还没办完。筱文艳老师听人介绍之后，就到扬州找我，那个时候见到筱文艳老师，不得了啊，筱文艳老师怎么会到我家来？她像找到宝贝一样，拉着我，看着我很开心。她拉着我坐在沙发上，她说你让我找得好苦啊，终于找到你了。我估计她一看我这形象，个头儿，基本上符合要求，也是蛮满意的。她说我要请你到上海去，后来我就跟筱文艳老师到了上海。你刚才说那么多的机会，确实很多电视剧组都来找过我，最多时一天有四个剧组来找过我，而且是非我莫属，但你说我能去吗？筱文艳老师请我来是唱淮剧的，我不能整天去拍电视剧赚钱，这个好像做不出，尤其是淮剧在大上海，要想赢得足够的尊重和尊严，必须得有这样的一种专一的、负责任的精神。

白燕升：演员拼来拼去，到最后拼的是文化。从你身上我真的感受到了这一点。1997年你已经40岁了，还要考上海交大，还要深造？为什么？

梁伟平：你看一代代大师，俞振飞大师，梅兰芳大师，琴棋书画样样行，我的老师岳美缇老师，看她的自传，厚厚的一本，我真是由衷地从心底敬佩老师。对我来说，读书是自觉的，要向大师学习，提升自己，提升剧种。

白燕升：40岁的年龄，不算老也不算少，不管在团里还是在家中，都是承上启下的位置。演戏、生活，本来已经很累了，你还要每天骑40分钟的自行车，参加复习班，怎么说服自己？怎么克服困难？

梁伟平：我也不知道哪来的动力。我总觉得在上海，那么多的剧种，那么多的演员，你要想不掉队，就必须提升自己的品质，这是我最大的动力。我当时排《马陵道》，是1995年，是我最最艰难的时候。我是一个剧团主要演员，常年的大戏压在身上，我从进上海淮剧团之后，所有的小生戏全演遍了，都是传统戏，直到1993年开始排演新创剧目，《金龙与蜉蝣》一炮打响，或许这就叫厚积薄发。1995年开始排《马陵道》的时候，正好我妻子住院，孩子又很小，上一年级，都要接送的，那个时候我又自己读书，真是不知道怎么过来的，一个人当几个人用。有一次我印象很深，陈薪伊导演吃午饭时说，就半小时到一小时，一点钟你必须要赶回来。我拿上盒饭，就穿那个练功裤，骑上自行车赶到华山医院，看她（妻子）一下，5分钟，然后再赶回来，那盒饭根本就没时间吃，还放在车兜里。回来之后就要排戏，下午还要接孩子回来。我儿子他们学校，放学的时候人特别多，老师就把一个班级的同学，带到离学校门口200米的一个弄堂里面，每天到这儿由家长来接。我那天排戏太投入，忘了接孩子，到下午四点多了，天有一点暗了，陈薪伊导演她说你开个灯吧，我一开灯的时候，马上想起，哎呀！天黑了！我儿子还没接，我说"导演！我儿子没接！他不在学校门口，在马路边上！"当时陈薪伊导演发火了，说："你在干什么，赶快去啊！"我赶快从五楼飞奔而下，然后自行车一骑，拼命赶，不管红灯还是绿灯，直到学校门口，一看，都没人了，孩子到什么地方去了，到处找，哦……在一个角落里，有几个老爷爷在问他，这孩子谁家的？孩子哭得让你看了心疼。我到以后，孩子那种乞求的、恐惧的、怜悯的眼光，让人心酸。一年级的孩子，七八岁，那种感觉我终身难忘，我眼泪都要下来了，我很自责，那个时候确实非常艰难，孩子送回去之后，我动手做饭，晚饭后把孩子再托给亲戚，自己赶去交大读书。

白燕升：我觉得不光是责任，还有来自骨子里的想为淮剧赢得尊严的一种良知。

梁伟平：有作为才有地位。

白燕升：我听说到各地演出，甚至包括到台湾演出，一直带着课本，最后考上海交大，成绩怎么样？

梁伟平：在整个一级演员里边，我考了第一名。

白燕升：那一刻应该觉得以往付出的一切都值了。

梁伟平：值得，值得，真的值得！

白燕升：为什么一直保持着旺盛的创作激情？

梁伟平：必须要保持。你要带动一批人，带动这个队伍的年轻人，大家都看着你，你的精神状态，你的一切。一方面是一种责任，一方面很大程度上是为了下一代，后来排《西楚霸王》时，我提出了一句口号——"人争一口气，团争一台戏",就是希望整个队伍能始终保持一种发奋的状态,现在这句口号已成了剧团的口号。上海戏剧界很多老前辈说,淮剧这个团队非常有志气。我们如果不是一个戏接一个戏地不断地探索、创新,淮剧在上海这个大都市里怎么能立住脚?要不然你真的就被赶回江东了,但我们就像项羽一样,绝不回江东。

记得一位作家,曾经写过一段非常到位的话,他是区分明星和艺术家的,他说:"明星成名后,迅速变成了既得利益者,而艺术家,他们正在不同的剧种,不同的地方,毅然决然地肩负起了复兴该剧种的重担。"

我从淮剧名家梁伟平身上看到了后者的光灿。

"都市新淮剧三部曲"——《金龙与蜉蝣》《西楚霸王》以及《千古韩非》是淮剧史上里程碑式的作品,它完成了上海淮剧从传统戏剧向现代都市戏剧的转变,也成了主演梁伟平的"戏曲标识",并且垒起了这位"淮剧王子"的戏曲人生。

也许不久的将来,"淮剧王子"会成为"淮剧皇帝",还会为淮剧再添一个全新的流派。

我怀着祝福期待着那么一天的到来……

那些角儿 THOSE PROTAGONISTS
一个"外行"眼中的梨园

李桂英：锡剧不是小剧种
LI GUIYING

李桂英

无锡市锡剧院国家一级演员，师承著名锡剧艺术大师梅兰珍。工花旦，扮相秀丽大方，唱腔甜糯柔美，博采众长进行艺术创新，形成了自己独特的表演风格。

她致力于锡剧艺术与电视的嫁接，建树颇多，主演了《珍珠塔》《双玉蝉》等十多部锡剧电视作品，为锡剧的传播做了有益的探索。曾获得第八、九届全国戏曲电视剧"优秀演员奖"，全国戏曲电视剧评奖创办十周年"最佳演员奖"等奖项。与此同时，她积极拓展文化产业，创办了"无锡市李桂英文化艺术有限公司"，为戏曲艺术培育市场和年轻观众。

在美丽的太湖流域，有一首江南民歌，和大家熟悉的《茉莉花》一样闻名遐尔，这就是旋律优雅的《太湖美》。这首《太湖美》已经成了无锡市的市歌。无锡市锡剧院的锡剧名家李桂英与太湖情缘颇深，作为土生土长的太湖儿女，几十年来感受着青山秀水和吴文化的滋养熏陶，言谈话语无不散发着江南人的气韵。

李桂英是无锡市锡剧院的花旦演员，拜著名锡剧表演艺术家梅兰珍为师。舞台实践已有40余年。多年来，李桂英女士一直致力于锡剧和电视艺术的嫁接，作品多，影响大，为锡剧的时尚感和电视化做出了努力。她曾在《珍珠塔》《沙家浜》《玉蜻蜓》《双推磨》《五更锣》《杜鹃山》《湖水情》《玉梅闹婚》《鬼断家私》《双玉蝉》《摘石榴》等剧中担纲主演。她扮相秀丽端庄，唱腔甜糯柔美，不仅吸收、借鉴名师名流的唱腔唱法，还悉心学习其它戏种的精华，博采众长，形成了自己独特的表演风格。

客观地说，李桂英或许不是锡剧最好的花旦演员，但她在文化产业化方面的探索尝试有目共睹有口皆碑。她创办了"李桂英文化艺术公司"，策划操办了多届"中国无锡阳山桃花节"等大型文化演出，与剧院梅花团联手经营演出，仅《青蛇》一戏就完成了超百场的演出。她还热心于社会公益事业，经常下部队、工厂、农村、社区演出锡剧。传播锡剧艺术，振兴太湖文化，作为太湖儿女的她似乎责无旁贷。

白燕升：无锡虽然不大，但是湖光山色，非常漂亮，早在上个世纪九十年代初，你就拍了电视艺术片《此曲只因太湖有》。那么10年以后，她又拍了一个电视艺术片《情缘太湖》。这两个电视戏曲专题片的名字都没离开太湖，我估计你也离不开太湖了。

李桂英：对，俗话说一方水土养一方人，我是喝太湖水长大的，曾经有人比喻我们的锡剧，是太湖摇篮中养育出来的婴儿，我觉得用太湖这两个字最能体现锡剧的神韵。

白燕升：说得很形象，锡剧是太湖摇篮里孕育的婴儿。《情缘太湖》这个专题片拍得非常讲究。无论从视角和听觉上，都展现了锡剧的美，还用了很多现代化的手法，制作严谨，创意考究。

李桂英：大家都知道戏曲不景气，多年来我一直在尝试戏曲和电视的嫁接，运用各种手段吸引广大观众。我拍了很多电视戏曲片都是以传统戏为主的，《情缘太湖》展现的是一些折子戏，用非常考究的形式来展现这些小戏，尤其考究的是拍摄地点。

《双推磨》饰 苏小娥

白燕升：拍摄这样一部电视戏曲片，地点涵盖了无锡、同里、上海、横店等，简直就像拍一个电影大片。江苏也好，上海也好，周边都有保存完好的园林，怎么要南下几百里，专程要到横店去拍《孟丽君君臣游园》呢？

李桂英：《孟丽君君臣游园》要有皇家的气派，我们无锡的公园，苏州的公园，都是江南水乡的风格。上海的大观园，虽然有皇家的风范，但是它的屋顶琉璃瓦，是蓝色的，没有黄的。为了找黄色琉璃瓦的皇家屋顶，为了要有皇家气派，只能到浙江横店横去拍才能解决。再譬如我们的看家戏《珍珠塔》，是在苏州同里新建的一座陈御史府第拍的，《双玉蝉》在我们无锡薛福成故居拍的，开头一段在我们无锡，最后"出走"一段，我们走到浙江安吉拍的。

白燕升：为什么要到哪里去拍？

李桂英：因为那里有竹林，我们要找一片竹林。

白燕升：为了给大家带来视觉和听觉的美感，可以说不惜投入一切。在表现手法上，还加入了很多新的元素，比如动漫，这是我没想到的。

李桂英：不瞒你说，拍动漫是逼出来的。

白燕升：为什么？

李桂英：当初呢，我要求导演把《孟姜女》的唱段拍成锡剧MTV，有两个原因。一是《孟姜女》的唱段广泛流传，大家都会唱，有群众基础；第二个原因，这个唱段的唱词太短了，拍MTV比较合适。后来发现这个唱词里面有春夏秋冬四个季节，里面的场景，有古代的街道、客栈、住宅、万里长城、牌坊，加上还有要打雷下雨下雪，要拍一年，时间太长了。

白燕升：无论是实景拍摄，还是搭景拍摄，耗资巨大。

李桂英：搭景拍四个季节的景，费用也好大的，拍出来的效果也不一定好。于是有想到用动漫拍。

白燕升：对一个搞传统艺术的演员来说，用这么前卫的方式拍戏曲，你能接受吗？

李桂英：很能接受，我觉得这是一种新的表演方式。

白燕升：你要跟动画里的人物去配戏，其实在拍摄现场就你一人。

李桂英：对，我在演独角戏，现场什么都没有，没有演员跟我配戏，就我一个人。我缝衣服没有衣服，开窗没有窗，连我手里打的雨伞也没有。作为一个戏曲演员，我并没有什么难度，我们舞台上的虚拟动作太多了。

白燕升：虚拟性戏曲的特征之一。

李桂英：对，比如吃饭喝酒，上山下山，上楼下楼，骑马都是虚拟的动作，我感觉不成问题，拍下来蛮顺的。

白燕升：一些年轻的朋友看了以后反应怎么样？

李桂英：有很多年轻人打电话给我，这个动漫好看，你们这个动漫是怎么拍的？他们感到新奇觉得好玩。

白燕升：用动漫的方式，还尝试过拍其它的戏吗？

李桂英：越剧。我和赵志刚合演了一段《沙漠王子》

算命一场，也是用动漫。这个戏是少数民族的戏，它里面有一个帐篷、宫殿，舞美制作也是耗时耗钱的。

白燕升：说到越剧王子赵志刚，你们非常熟悉了，对这种跨剧种的合作，有没有压力？

李桂英：压力倒还可以，因为我们锡剧和越剧是兄弟剧种，我跟他也是好朋友，所以也就没有太多的障碍和隔阂了。我感觉他演戏很认真，是个非常好的演员，这次动漫我们是第一次合作，在舞台上我们经常合作。

白燕升：《情缘太湖》的专题片里面，除了锡剧越剧还有其它剧种吗？

李桂英：有啊，京剧《智斗》。

白燕升：跟谁演的？

李桂英：京剧名家关怀，关栋天。他是一个跨界的非常优秀的演员。还拍了评弹《庵堂认母》和上海沪剧《魂断蓝桥》。

白燕升：一个锡剧演员为了拍好电视艺术片，煞费苦心，确实令人赞赏。你唱锡剧40多年了，问一个老生常谈的问题，演了那么多的戏，塑造了那么多的角色，最喜欢哪一个？

李桂英：我最喜欢《双玉蝉》中的芳梅。芳梅是封建婚姻制度的牺牲品，由于父母之命、媒妁之言的婚姻制度，把一个18岁的姑娘嫁给了2岁的小孩，她含辛茹苦把这个小孩带大，最后考上了状元，但他却娶回了一个年轻美貌的妻子，而芳梅为了这桩婚姻，葬送了自己的一生，很凄楚的一个故事。这个戏使我想起了中国台湾白先勇先生写的名作《玉卿嫂》，玉卿嫂和芳梅是一个类型的，另外，她从年轻的少女要演到中老年，年龄跨度较大，对于一个演员来说是个挑战，所以我喜欢她。

白燕升：真的是很奇怪。生活当中的锡剧名家李桂英风风火火，热朗感恩，偏偏喜欢在舞台上演些凄苦的有些悲剧色彩的人物。戏里有一个长镜头，芳梅下楼走长廊，对于有着40多年舞台经验的你来说不是问题。但是在拍这一段的时候恰恰就出了问题，听说是忍着伤痛拍的？

李桂英：拍摄时间很紧张，脑子里装满了许许多多的事，还要琢磨唱腔，我因为太专心了，走路不小心，摔了一跤，左脚骨折，第二天就要进录音棚，怎么办呢？我只能金鸡独立，用那只好腿站了两天，两天站下来，那只好腿都不能走了，鞋也穿不上去，这边马上要开机了，按摄制组的计

饰·孟丽君

划,第一天就是拍我两条腿走快步,从楼上长廊到下楼,再穿过庭院到门口,距离足足有两百多米。

白燕升:一个长镜头。

李桂英:对,我当时想怎么办呢?不拍这一段?想想还是不行,整个摄制组的计划要耽误了,后来我还是下决心,咬着牙忍痛坚持拍了这段戏。

白燕升:难怪后来《新民晚报》的记者写了一篇报道,说你"要戏不要命"。

李桂英:对,因为我喜欢,我喜欢的事我愿意去拼,我有认真不服输的一股劲,做事一定要做好,尽量做到完美,戏曲艺术不能在我们一辈演员身上消亡,所以我愿意拼。

白燕升:有人说一个人成年后的言谈举止行为方式一

在《泪美人》中饰 冯香罗

定会从他的少年经历里找到答案，你今天的坚韧品性，是不是和儿时的经历有关？

李桂英：我13岁的时候就会唱锡剧里各种各样的调。因为我们村经常有演出，每次演出我都去看，当时我们村成立宣传队，排《红灯记》，我哥哥演李玉和，我姐姐演李奶奶，我演李铁梅，一家人一台戏，我们到处去演出，很红火的。有一次演到一半，我突然肚子痛，痛得浑身都是汗，后来我还是坚持演完了。戏演完了，我人也倒下去了，他们用一块门板把我抬到镇医院，镇医院医生一检查，说我是急性阑尾炎，马上要开刀。开刀还有故事呢，手术做一半停电了，我们农村停电是经常的事，后来点着汽油灯把手术做完的。

白燕升：你现在的坚强源于小时候的不要命。你的很多同事和当地人都说你非常能折腾，除了演戏之外，还创办了文化公司。

李桂英：我创办这个公司，并不纯粹是为了自己要赚钱，我的生活水平是可以。我主要的目的呢，不是说大话，就想为社会为文化方面做一点实事。

白燕升：无锡有一个一年一度的"中国无锡阳山桃花节"，到现在办了十几届了，从第6届开始一直到现在，开幕式的大型演出都是你的公司来承办的，办得红红火火，深得当地政府领导以及老百姓的喜爱，操作这样的大型演出，麻烦操心自不必说，压力很大吧？

李桂英：压力是蛮大的。我第一次操作这个大型晚会确实有点难度，因为当地政府有这样那样的要求，要求名角到场，要创作主题歌……经费是有限的，节目又要好。办这样的活动跟在舞台上唱戏还不一样，这个戏我喜欢，这个人物我喜欢，那么我就去唱。办这样的晚会有很多不是你的意愿、你的审美所致，你要满足不同人的口味来组织一个大拼盘。你要精心策划，要学会算帐，事无巨细都要亲自落实，庆幸的是，这么多年来，我结交了很多文艺界的朋友，多亏他们帮忙。

白燕升：组织策划这样一些社会活动，看到了锡剧舞台之外的世界，我相信你再回过头来演锡剧心胸会更豁达，有这种感觉吗？

李桂英：对，是放松。

白燕升：锡剧作为江南一个主要地方剧种，它在上世纪五六十年代是最辉煌的，号称华东地区三大剧种之一。

李桂英：对，三大剧种，黄梅戏、越剧、还有我们的锡剧，锡剧可不是小剧种。

白燕升：在今天这样一个文化多元，观众审美多元的社会氛围下，很难再现锡剧当年的辉煌，作为一个人到中年的锡剧演员，您也有学生，如何引领他们面对锡剧的未来？

李桂英：2002年，戏校的一批学生分配到我们锡剧院，成立了一个小梅花锡剧团，排了一个戏叫《青蛇》。当时剧院聘任我为业务团长，我专门跑市场，这个戏不到一年，我们连续演了130多场，其中在一个城市的一个剧场里面连演了39场，这在江南地区的戏曲团体近年来的演出中，我们创造了票房最好成绩和连演场次的最高记录。戏曲就得多演，尤其对于年轻演员，只有多实践，才能有提高，才能有收入，形成了良性循环，锡剧才会有希望。

其实我早就听不少朋友讲，锡剧演员李桂英是个多面手，像京剧名家关栋天、越剧王子赵志刚、锡剧王子周东亮、扬剧王子李政成等各剧种演员都这么说过。还有无锡锡剧院的一些领导和同事，在谈到李桂英的时候，都说她非常能干，不只是在舞台上演戏，更多的说她在舞台之外，做了很多好事。她不光为锡剧跑市场，也为越剧，为京剧，为各式各样的戏曲活动奔走呼号，像主人一样为外地到无锡的艺术家和演员提供广阔的舞台和空间，为包括锡剧在内的戏曲在做着力所能及的事情。

久而久之，全国不少兄弟院团到无锡来演出，都要找她，她大都帮忙，帮他们解决最实际的票务问题。这就是对戏曲实实在在的爱，这就是对戏曲身体力行的付出。戏曲的普及推广不只需要名家好戏，同样需要锡剧名家李桂英这样的热心人，为戏曲穿针引线牵线搭桥，以此赢得更多的观众和市场。

那些角儿 THOSE PROTAGONISTS
一个"外行"眼中的梨园

赵志刚

上海越剧院国家一级演员，上海嘉定人。他不仅在中国尤其在江浙沪一带拥有一大批热情忠实的观众，在香港乃至新加坡、日本、美国等地，同样影响广泛，戏迷众多。1982年正式拜尹桂芳为师，继承并发展了尹派唱腔和表演艺术。他的嗓音圆润厚实，韵味隽永，行腔流畅，吐字清晰，被誉为"越剧王子"。

这个浪漫的越剧王子，用男性独有的嗓音诠释着温婉的江南。他构思创作了符合多元审美的题材，越剧小生因他的领悟增添了别有风韵的磁性魅力。只要你听了他的演唱，一定会陶醉在韵味隽永的情真意切中。

赵志刚：越剧王子的皇帝梦
ZHAO ZHIGANG

1987年，一部越剧电视连续剧《沙漠王子》红遍了大江南北，剧中的罗兰王子成了许多人的白马王子，他就是赵志刚。

赵志刚曾于1984年秋，在"首届江浙沪越剧青年演员电视汇演大奖赛"上荣登榜首；1986年秋，中央人民广播电台与上海、江苏、浙江、福建、江西、安徽六家省市电台联合举办"全国越剧中青年演员演唱大奖赛"，他又名列第一，北京越剧爱好者协会投了他的全票。他成了最有观众缘的男小生，被喜欢他的观众亲切地称为"越剧王子"，他无疑成了越剧男女合演的领军人物。

白燕升：我知道你最早学的不是尹派。

赵志刚：我最早学的是老生。后来才改成小生，先学的徐派，第一个大戏是徐派的《追鱼》，后来又改学了范瑞娟老师的范派，最后才学了尹派。

后来我发现，我妈妈也是一个越剧迷，也是尹桂芳的迷，当我正式唱尹派的时候，她拿出了珍藏多年的尹桂芳签名的剧照，我很惊讶，所以对尹派又多了一份特殊的情感。有媒体说，赵志刚是隔肚听音，在妈妈肚子里的时候，就已经喜欢上了尹派，好像有一种缘分在。

这之后，电视台正好举办一个流派演唱会，每个流派要有一个中年演唱者，一个青年演唱者。当时青年尹派演唱者，一个也找不到。听说越剧院学馆里，有一个男孩子会唱尹派，电视台的老师就带着我，去了尹桂芳老师家，第一次拜访尹桂芳老师，奠定了我唱尹派的基础。第一个大戏就是《何文秀》，我第一次上电视，唱的第一个唱段也是《何文秀》的《桑园访妻》，我穿着尹桂芳老师文革中没被抄走的

在《盘妻索妻·洞房》中饰 梁玉书

一套服装，从此跟尹派结下了不解之缘。

白燕升：80年代初，你参加了江浙沪越剧青年演员电视大赛，当时这个大赛几乎荟萃了最好的青年演员，你夺得了一等奖的第一名，所以就有人说了，赵志刚这个奖项是捞来的，占了尹老师的光，你怎么看？

赵志刚：当时自己也没有想会拿到一等奖，因为参赛的演员很多。最后获奖的演员有10个，9个是女的，然后一等奖给了我一个男演员，特别兴奋和激动。颁奖晚会上，主持人说，你获得了一等奖，给大家说句话，我随口就说，我"捞"到了一个一等奖，当时人们哄堂大笑。这也促使我以后加强文化修养。

我觉得我的成功和我的老师是有很大的关系。新中国成立前，尹桂芳老师就被推举为越剧皇帝，她有众多的观众，特别是在江浙沪一带，在59年她带团去了福建，走的时候，观众是集体卧轨，不让火车开，那种场面，非常感人。1962年三年自然灾害刚开始的时候，老师带着团回到上海演出，非常轰动，一票难求。那一年，我刚刚才出生，所以跟尹派的这个缘分，好像是我出生的那一年，就注定了。

老师很多的影像资料没有留下来，有很多观众给我提供了很多资料，包括尹桂芳老师演出的说明书、音带、剧照。老师后来半身不遂，不能上舞台，观众就把对老师的那种爱，移情到我身上，所以我借了老师的很多光。

白燕升：志刚今天谈到尹桂芳老师的时候，很平静和真切，我能感受到志刚的一种谦和心态。我想问志刚，刚才你提到，尹桂芳当年在上海滩红极一时，有越剧皇帝的美称，你出道以来，一直被喜欢你的观众称为越剧王子，如今的王子已经过了不惑之年，是否也该建立自己的王国了？

赵志刚：这个不是我自己能够封的，首先我自己要努力，这个还取决于你有没有好作品，有没有众多优秀传人，观众和专家能不能承认你。我非常赞赏这句话，不想做将军的士兵，不是一个好士兵。我觉得不想成为一代流派宗师的演员，也不是一个好演员。

我是希望能够创造出在尹派基础上发展出来的一个自己的赵派，这是我的目标。

白燕升：你的这句话让我特别感动。说出这句话是需要勇气的，我想不光我，喜欢你的越剧爱好者，都希望有朝一日，你能够形成自己的流派风格。

纵观这么多年的艺术道路，我发现志刚的心并不安分，有很多新的尝试。比如说在《杨乃武》、《第一次亲密接触》，还有新版的《红楼梦》里，前面两个戏里，你是用不同的流派来演绎人物，新版的《红楼梦》，你把多年不演的尹派贾宝玉，又搬上了舞台。

说到越剧《红楼梦》贾宝玉这个形象，徐玉兰老师的贾宝玉，已经深入人心，你怎么还要突破观众惯有的一种审美样式，去塑造这人物？

赵志刚：新版《红楼梦》对我的压力非常大。老观众会对尹桂芳的贾宝玉有一个定位，我的老师塑造过5次贾宝玉，5个戏中扮演过贾宝玉。徐玉兰老师的电影，深入人心家喻户晓，每个人都会唱"天上掉下来个林妹妹"。所以当我们决定要把我最新版的《红楼梦》，推上上海大剧院舞台的时候，我是怀着一颗忐忑不安的心接下这个任务的，我记住了老师跟说的一个字，"情"。

我当时和导演陈薪伊老师，一起去了尹桂芳老师家，其中就问到，怎么样去演好这个宝玉，让老师给我一点提示。当时老师示意我过去，我蹲在她的膝前，她的右手不能动，她左手用一支笔在我的手心指上，写了一个字感情的情，实际上就是用情去演好宝玉，恰恰就是这个字，对我塑造宝玉作用很大。

《红楼梦》合成连排演出的过程中间，老师病危。当我演完《红楼梦》的时候，老师去世了，我在去电台做直播的路上，接到老师去世的消息，所以我做电台直播的一个小时，我几乎都不能说话。当一个观众在电波里，让我代问老师好，祝老师身体健康的时候，我忍不住哭了，我哭了出来。主持人说，你就把这个消息，告诉听众吧，所以我在第一时间，把老师去世的消息告诉了观众。当我赶到医院的时候，已经有很多观众守在老师的灵前，那次追悼会，来了5000多个人，把追悼大厅的玻璃全部都挤碎了。

我再演到《金玉良缘》的时候，当我揭开红盖头，看到薛宝钗，不是自己心中的林妹妹，脑子里应该马上出现躺在病榻上的林黛玉，而这个时候，我脑子里出现了病榻上的老师，我一下子就移情了，泣不成声。舞台上所有的演员，两边侧幕看戏的演员，全部都哭了，舞台上大家都哭得不行。"我和妹妹都有病，两个病原一条根"那一段唱，完全是哽着唱的，唱完了演完了，我根本出不来，和老师的这份情感，恰恰和黛玉的那份情感，在那一刹那有了一种沟通，我觉得是老师在一刹那，帮助我塑造这样一个人物。所以我每次演到《红楼梦》的时候，我都会特别怀念我的老师，因为这是我老师的一个代表剧目，她的宝玉，真的是非常棒。所以我也很希望能够把老师的《红楼梦》向更多的观众去展示，并能够把它传承下去。

白燕升：对老师的这份情感，刹那间在舞台上宣泄了，都给了自己塑造的人物。这么多年来，志刚一直坚守在越剧舞台上，恐怕也是对老师的一种告慰。

你在男女合演的道路上，一直是争议不断的。有很多人对你的这种探索给予了的肯定，你也凭着这些创新剧目获了很多奖。但是，也有很多老戏迷，还是喜欢你的《何文秀》，喜欢你的《沙漠王子》，我想问问志刚怎么在这两者之间找到一个平衡点？

赵志刚：作为一个男女合演的一个演员，如果我只是满足于现状的话，对我自身来说，没有问题，我可以生活得很好，但是我不满足。我老师曾经跟我说过，她说志刚，"算命"那段唱，我觉得还不大满意，你演的时候，能否改一下。我说不行，我说老师您随便怎么唱都是尹派，我现在的第一个大戏唱尹派，我把这个"算命"改掉，观众会说赵志刚在唱什么东西。虽然那一次没有修改，但给我的影响非常深刻，老师也是不断地吸收养料，这段"算命"里，就有苏州评弹。

她最欣赏京剧的叶盛兰老师，她从京剧、昆曲中间，学习了很多的东西。这样一位前辈艺术家，在我一个初学者面前，居然说让我去修改她的唱腔，这在我后来的艺术创作中间，给我留下很深刻的印象，起到了很大的作用。我的老师不保守，只要是好的东西她都会去学，去接受，让我没有框框，没有束缚。特别是男女合演，我觉得近几年上海越剧院也提出男女合演，女子越剧错位发展，我觉得这个提法非常有意思。男女合演如果仅仅满足于现状，模仿女小生的一种形态去创作的话，那我最多是尹桂芳第二，永远不能成为赵志刚第一，所以我觉得这样一个提法的确定，一个平台的建立，为我的艺术生产，建立了一个很好的基础。

白燕升：《赵氏孤儿》，我知道是你的一个渴望，希望排这样一个戏，为什么呢？因为你曾经说过，少一些越剧原本的那种缠绵悱恻，少一些女子越剧无法表达的那种刚烈和悲壮，于是你选择了《赵氏孤儿》。但是你选择完以后，不同的质疑声音就出来了，说一个剧种，它本身就有一个剧种的审美，像越剧它就是唯美的。很多剧种都是扬长避短，而赵志刚演《赵氏孤儿》是去长就短，你听到过这样的质疑吗？

赵志刚：我听到过，但是我有自信，我的老师尹桂芳就演过程婴。她演过《义救孤儿记》，这是我最大的一个动因，我老师一个女小生，她都能够演程婴儿、演屈原。我赵志刚一个男演员，为什么不能去程婴去演屈原，所以屈原也是我一个非常喜爱的一个角色，说不定过几年我会去演。

程婴这个角色，让我非常感动，让我激动的落泪，我一定要把《赵氏孤儿》做出来，而且它恰恰是男女合演的最典型的一部作品。这中间我看过国家话剧院的《赵氏孤儿》，看过北京人艺的《赵氏孤儿》，看过豫剧的《程婴救孤》，我都非常喜欢。但是我要做出一个跟他们不同的《赵氏孤儿》，有我的追求，是越剧的，但是又有不同于常规女子越剧形态的，而是适合男女合演的《赵氏孤儿》。

白燕升：越剧是一个唯美的剧种，越剧可能更看重青春和美丽，舞台上的赵志刚到底能坚持多久，能演到多大年纪？

赵志刚：如果照我现在这个状态的话，应该还可以演几年。再老一点可以演老生，屈原也可以演。我觉得都可以尝试，以后可能性会更多，像程婴已经从小生演到了老生，我也不排除将来可以演一个角色，是从年轻演到老年的这么一个跨度几十年的角色，我也很想尝试。

和赵志刚聊天，我脑海里进出一个词来，那就是绵里藏针，算是我对他的整体印象，相信赵志刚的未来会更加大气和从容。

那些角儿 THOSE PROTAGONISTS
一个"外行"眼中的梨园

史依弘：依然弘扬京剧
SHI YIHONG

史依弘

上海京剧院国家一级演员，工旦角。1982年考入上海市戏曲学校京剧班，习京剧武旦，受教于著名京剧演员、教育家张美娟。她武功扎实稳健，出手快捷从容，有"彩色旋风"之誉。后来又向戏曲声乐专家卢文勤学习发声方法，向文武并重的艺术道路发展。

她的声音和身段，似乎有一缕含而不露的雅致，她将梅派的精髓贯穿到声腔的每一丝起落，不温不火、清新淡雅的风范让舞台上下为之震撼。当今京剧舞台上不可多得的梅派青衣。

史依弘，上海京剧院当家名旦。文武兼擅，风格鲜明，是具有时代特色的新一代京剧演员。

她10岁前学体操，也学过武术，很巧合的一个机会，考进了戏校。因为家里没有人搞这一行，所以，父母从不过多干涉，相反，给她创造了很好的学习环境。进戏校以后，她碰到了一位很好的老师——张美娟。

跟张美娟老师学了七年，不仅仅学武旦，也跟她学做人，受老师影响颇深。老师不计较舞台以外的事情，只对舞台上的一招一式严厉和专注。张老师是一个很棒的武旦演员，但是她没有嗓子，所以她把这种遗憾寄托在史依弘身上，希望得到弥补。

1985年，张美娟老师又把史依弘推荐给了戏曲声乐家卢文勤老师。卢老师听了史依弘两段唱以后竟然说，张老师，你把这个孩子交给我吧，我能把她培养成一个很好的梅派青衣。

用史依弘的话说，跟卢老师学声乐，是一生修来的福。

白燕升：史依弘没有在一个梅派的圈子里，去刻意地找老师，而是找到了一位声乐教育家——卢文勤老师。别人理解你吗？

史依弘：很多人不理解。都觉得戏曲要什么声乐啊，嗓子怎么会练出来，爹妈给的就是了嘛。我觉得，卢老师毕生钻研梅派艺术，钻研梅兰芳先生的唱腔，研究了一生。他告诉我：我是把我一生积累的梅兰芳的最好的东西给了你，我把我总结的精髓给你，卢老师教学很奇特，他绝不口传心授，他从来不示范，从来没有唱过。我学了一句《玉堂春》

"含悲泪忙往前进"一句慢板,大概学了有半个学期,就一句。他也不教你别的,很枯燥,就像我们当时学武旦,练圆场一样枯燥。但是这一句学完了,里面张口音、闭口音、高音、低音全有了。老师就给你讲,我就天天唱,我也烦。我说你教我点新的吧,他不教你,他说,你只有每天听梅先生的录音。

白燕升:他叫你天天听梅兰芳大师的录音?你这么做了吗?

史依弘:我天天这么做,而且我那时候住得很远,到京剧院每天一个小时。后来我毕业了,就每天塞着耳机骑自行车,一个小时,戏是在这个路程上学会的,越听越美妙,听得很陶醉。因为梅兰芳先生的那个唱腔选集是他整理的,他写的,所以他就说这本唱腔选集拿回去。比如说教你《玉堂春》,起解、慢板,他就给了我一个梅兰芳先生的录音,然后拿着这个谱子说你回去,明天你学会了来。我说你为什么不给我说?老是要让梅先生给我说。他说我有什么资格给你说?你一定要"取法乎上,得乎其中",就是说,你一定要学最高层次的,如果梅先生是一百分,那你学他你能得到七十分、八十分,如果说你的眼光只有在八十分,那你学到了六十分、五十分。

白燕升:说得好!取法乎上,得乎其中。就是在卢文勤老师的这么慢慢调教下,观众对你梅派的认可了。你毕业的时候,去了一次香港,一出20分钟的《西施》,基本上是一开口就是一个好。你的梅派,得到了香港观众如此强烈的反应,带队的张美娟老师是什么反应?

史依弘:她拥抱了我。因为我老师是一个很内敛的人。老师从来没有表扬过我,她当时拥抱着我说,乖乖,你真是太棒了!你今天唱得太好了。

白燕升:你完成了她的夙愿。也得归功于卢文勤老师的教学方法,我们不能说独一无二,至少说在戏曲界是独树一帜了。你跟卢文勤老师学了这么长时间,期间也怀疑过,质疑过,我听说你又到北京找别的老师学过一阵?

史依弘:那个时候,我被批判的焦点是,没有字儿的。后来我就跟老师说,为什么人家都批评我?说我的咬字松。你教的我就是这个样子吗?

白燕升：你这样说话胆子也够大的。

史依弘：因为我跟他真的是像孙女一样的。老师教我的时候已经快六十了，我那个时候才十几岁，真的像孙女一样。我说别人老师批评我，说我字儿咬得那么松，你老是说我唱得那么好，说我的学生真棒，出去肯定是一流的。我说什么一流？我出去给人家批判，说我没字儿。

白燕升：卢老师怎么说？

史依弘：他说这个吐字的事儿，就是猫拿耗子，拿死了，咬死了，逮松了，耗子就跑了。他说这个事情，不要去过多的计较。他说艺术是要看宏观的，要从宏观的审美去看它，不要去看它局部。梅兰芳先生的艺术，多数人说的是瞎子摸象，摸到象的鼻子说，梅兰芳先生唱是这样子的。摸到它眼睛，我知道了，它是这样子的……其实都不对，学梅派不能从那么一点点，太小处去注意它，梅兰芳先生的艺术，之所以好，是因为它是一个宏观的艺术，它是一个宏观的审美。你要去从更高的审美角度去评判它、去看它。你们真是没有我们当时用功，不能比的，我痴迷梅兰芳先生的唱腔，不知听坏了多少录音机，听坏了多少磁带，我半夜里觉得这一句唱得感觉好象不对，我起来就两个磁带拿起来对比，梅兰芳先生年轻的和中年的、晚年的我都有，你们会这么钻研吗？当时我无言以对，哑口无言。

白燕升：卢老师真的很伟大，我没有跟卢文勤老师接触过，更没有交流过，但是我听史依弘这么一讲，我突然想到当时上个世纪二三十年代，就是评选四大名旦的时候，梅尚程荀。梅兰芳当时唱不是最好的，或也不是最好的，甚至说梅兰芳大师他也不是赢得掌声最多的，他的票房也不是最高的，可是为什么梅兰芳大师成了四大名旦之首，为什么梅兰芳成了中国京剧甚至戏曲的一个符号，一个标志，可能就像卢老师分析的，他整体是美的。那么你到了北京，带着对卢文勤老师的怀疑，到了北京进修，再回到上海，我听说卢老师给你打了一个分数？

史依弘：他说史依弘，你现在由中学生降低为小学生了。我觉得问题严重了。确实，我学完以后，自己觉得嗓子非常不舒服，真的。我确实觉得嗓子很疼。从北京回来以后，卢老师说那你就唱一遍给我听听吧，在北京学的怎么样？我就唱了，唱完以后，他把琴都扔了。

白燕升：真的？生气了？

史依弘：生气了。他把琴一扔，说我简直太失望了，我花了那么多的心血，把你带到了快毕业的大学生水平，你

在《杨门女将·探谷》中饰 穆桂英

现在给我回到小学生了。哪有这么唱的？我当时也不敢再说，因为我嗓子确实很难受，后来就又给他恢复恢复，又回来了。

白燕升：卢老师在这个圈子里孤独吗？

史依弘：很孤独。您这句话问得非常非常好！我觉得理解他的人很少，太少了！

我有时挺担忧的。我们京剧界，尤其是京剧教学方面，还是存在很多问题的。老师去影响一个学生，也必须具备像卢老师一样，他要眼高，你如果眼不高，你手不可能高，你眼低你怎么可能手高呢？卢老师当时跟我讲的第一堂课，我印象很深。他说你放松，你放松着唱。可当时我不会放松，我只会较劲，我只会提着劲儿。他说你怎么不会放松，我说我不提气儿我怎么能唱呢，他说你气儿从哪提你知道吗？你哪里使劲你知道吗？你根本就不知道，其实是使的蛮劲。

但是我记得小时候在戏校，多数老师告诉你，你这孩子怎么不使劲，你怎么塌着气儿唱，那么学生就使劲，不知道使哪里的劲儿，使得肯定是横劲，有多少劲就都使出来了。

最近我认识了一个小朋友，她的母亲一直喜欢我的戏，她孩子长大了就让她考了戏校，考完戏校以后，学了大概不到一个月，她母亲就给我发了一条很长很长的信息。她跟我说，依弘，我的女儿唱得可能不得法。声带小节了。嗓子声带小节了，才十岁，我当时心特别疼，我心想才十岁那怎么办呢？我觉得，我们戏曲界很多老师，很努力很想倾心传授给学生，作为老师来说，也应该去学习一些声乐方面的知识，或者去了解一些。

之前，我对于史依弘的印象是不善言谈，淡雅柔软。那次访谈，我没想到她讲了那么多的感悟，并且坚毅执着，让我刮目相看。

在《牡丹亭·惊梦》中饰 杜丽娘

她最早演《挡马》《火凤凰》《扈三娘与王英》等武戏，后来唱《凤还巢》《廉锦枫》《生死恨》《宇宙锋》《霸王别姬》《贵妃醉酒》《穆桂英挂帅》等梅派戏，她也唱《蝶恋花》《杜鹃山》等现代京剧，同时她大量地创排新剧目，使她的表演突破了传统京剧行当的局限，如新编海派连台本戏《狸猫换太子》、大型神话剧《宝莲灯》、新现代京剧《映山红》、大型交响京剧《大唐贵妃》，并参与了音乐家谭盾的多媒体音乐剧《门》和《2000Today》新世纪交响音乐会的演出。2009年3月6日，由她主演的带有实验意味的多媒体京剧音乐剧《白蛇传·爱情四季》在上海首演，她在交响和京韵之间出入自如，达到了新与美的和谐。

史依弘的表演节奏明快，演唱与表演结合紧密，可塑性很强。雨果笔下美艳多姿的吉卜赛女郎又让她圆了一个梅派梦。

梨园界一直有则逸闻：京剧大师梅兰芳对弟子言慧珠说，你很适合扮演《巴黎圣母院》里的艾斯米拉达。十年浩劫，言慧珠未能排演《巴黎圣母院》。用梅派演绎艾斯米拉达，成了梅派弟子们的一桩夙愿。在史依弘的积极推动下，青年编剧冯钢将《巴黎圣母院》改成了京剧《圣母院》，雨果笔下的艾斯米拉达变成了京剧中的艾雅，史依弘理所当然地出演这一女主角。

史依弘原名史敏，后来改的名，有段时间我报幕时，很不习惯，总要跟观众解释一句。据说，上海的观众对她改名字很不解。我问她要不要把名字改回去，她淡淡地说，不改了，大家习惯了，我也习惯了。我觉得这个名字很好听，也更符合我现在的心意，不管生活怎么改变，我依然弘扬京剧。

在《霸王别姬》中饰 虞姬

黄新德

黄梅戏名家。国家一级演员，国家级非遗传承人，安徽省黄梅戏剧院艺术总监。

他功底深厚，唱做俱佳。近半个世纪的戏曲生涯使得他在舞台及影视作品中塑造了百余个栩栩如生的艺术形象，是当代黄梅戏杰出的代表人物。

现为安徽省人大常委，第七、八、九、十届全国政协委员，安徽省文联副主席，安徽省戏剧家协会主席。优秀专家。梅花奖、文华奖、白玉兰奖获得者。享受国务院颁发的终身特殊津贴。

黄新德：不要把肉麻当有趣
HUANG XINDE

2009年3月，黄梅名家黄新德带着他从艺半个世纪以来的首张专辑《梅之韵——黄新德唱腔作品》再次接受我的访问。这次聊天很有速度自然也就很轻松，全无2007年接受访问时的沉重和忧患。用他的话讲：那次是'老愤青'，这回是'老玩童'。

这张专辑的亮点之一，是马兰的倾情加盟。曾经合作了20年、8年未见的黄梅戏舞台的黄金搭档终于握手言和了。他们既是吟唱黄梅心曲，又似感叹如戏人生。

我相信心的感应，我相信这是包括我在内的喜爱这对黄金搭档的所有人企盼祝福的结果。

依然清晰地记得2007年我和黄老师的对话。

重温沉重和忧患，或许能让我们更清醒地面对黄梅戏的过去现在和未来。

白燕升：看王少舫老师的影像资料，我感受得到，他把黄梅戏这个剧种放大了。其实王少舫老师的条件不是特别好，但他的做派和唱腔，的确是大家风范。按照习惯的说法，王少舫老师和黄新德老师是黄梅戏梅开一度，梅开二度的男演员的杰出代表，梅开三度的男演员似乎不好说，为什么？

黄新德：有几个原因，在我们地方戏里面好象有一个不成文的规律，是不是历史留下来的呢？在剧目的选择和社会的关注度上，好像女性占据着某种先天优势，所以男演员展示的空间相对有限，加上我们黄梅戏有些音乐遗留不是很合理，男女同调，比例也不是太科学，所以使得男演员的成才比较艰难。再加上受重视程度不够，有些演员的自我放松或者放弃，也加剧了这个生态恶化，作为男演员也感到有一些难过。我们可以当绿叶，我们不能甘当绿叶，我们也应该当红花。

白燕升：我在博客上发表了近期要采访您的消息，很多黄梅戏爱好者，都发来了帖子和留言。一个叫做陈龙的，他的网名叫"江南散人"，他说：黄新德老师是黄梅戏的骄傲，更是安徽人的骄傲，他与马兰一起创造了黄梅发展的一个时代，在黄梅戏的舞台上，留下了一串坚实的脚印，留下了一个一个鲜活的艺术形象，留下了众多脍炙人口的男声唱腔，在他的唱腔里保留着地道的黄梅韵味，塑造了人物，又兼容了许多时代气息，与观众的审美同步发展，极大地满足了一代黄梅戏观众的审美需求。黄老师在《龙女》《遥指杏花村》《梁祝》当中的表演，所演绎的艺术形象已经突破了一带宗师王少舫留下的憨厚淳朴，更多了几分儒雅和潇洒，看黄新德老师在《大树参天》《风雨丽人行》当中的表演，将反面人物刻画地入木三分，颇见功底。看他的剧评和对后辈演员的点评，言词恳切，建议一针见血，感谢这位黄梅戏舞台上的资深专家，感谢他带给我们无数次的审美愉悦。

面对这些黄梅戏迷对您的热爱和赞赏，恐怕是演员最大的欣慰了。

黄新德：是的，我觉得一个演员的价值，就在观众当中。无论怎么样，吹捧也好，甚至利用不正当的手段提高自己的知名度的话，我觉得最终还是要用作品说话。我觉得我要做的事很多，岁月不饶人，我有很多想法，得不到实现，我有很多心愿未了，有很多遗憾，每天在拷打着我。我在演员中间算是一个比较有想法，或者多虑的人，或者叫庸人自扰。

整个戏曲界热闹有余，繁荣不足。不是真正的繁荣。但是黄梅戏这个剧种，它的如此青春，它有如此强大的生命力和观众群，它有理由达到跟它这个名声相匹配的一个成绩。遗憾的是，我们黄梅戏至今，激动人心的剧目、脍炙人口的唱段、大家公认的好演员，似乎还不是那么多，和大家的要求有距离。说真话，我身上也有不可推卸的责任，可能身上有一种暮气或者是惰性，或者是泄气，多方面的原因都有。好像我的责任感也在减轻，我知道这很危险，因为你大半生都奉献给了黄梅戏，现在好象有种远距离的观望，本身就是失职。

戏曲的艺术规律，离不开唱、念、做、打。没有扎实的基本功，什么都干不了，黄梅界在这方面，还有待加强。过去有一些好演员，很注重自身的艺术修养和文化修养。但是我们有些年轻演员，可能是时代的原因，浮躁，急功近利，眼前利益的东西比较多，使得舞台上显得格外浮躁。总想一次性的尽快地速成，这是违背戏曲艺术的规律，它需要台下十年功。现在台下的功不是为了台上，是为了报纸上，为了电视上，为了官场上。

白燕升：黄梅戏是一个知名度非常高的剧种，但是近十几年来，有不少的黄梅戏演员各奔东西，这可能也是影响黄梅戏发展的其中一个原因。因为我一直觉得，任何戏曲样式都是角的艺术，角们在一起强强联合，或许会产生精品，如果分散到各地，人单力薄，孤军奋战，恐怕也不大利于整体的繁荣和创作。您怎么看？

黄新德：我试着说一下，一个精品，不是招之即来的。精品是在积累和时间的基础上、观众的检验中诞生的。我放肆地说一句，即使现在有些评上精品的剧目，它只能活在专家的心目中，不是活在观众心目中。或者有些评上大奖的剧目，只能活在领导的心目中，同样也不是活在观众心目中。我期待的是观众要喜欢，专家要满意，领导也要看好。

至于黄梅戏的人才分流问题，可能别的剧种也

黄梅戏音乐电视剧《诗仙李白》中饰 李 白

有，为什么黄梅戏格外突出，可能是一个剧种普及率知名度高，大家才格外关注。再一个原因我们黄梅戏演员，有点像越剧演员一样，涉足比较广，也有演电视剧的，也有唱歌的，格外牵动人心。还有一个原因，我们是不是给演员提供了土壤、环境？可能做得还不够，让他们含泪而去。如果仅仅用待遇留人的话，可能是小看了我们。从事戏曲的人，没有几个指望发财的。恐怕还应该是环境留人，感情留人，事业留人。

白燕升：杨俊为了谋求发展，悄悄地离开了安徽省黄梅戏剧院，可以说含泪而别到了黄冈。在黄冈，她和张辉打出了黄梅戏的一片天。前不久，她又到了武汉。客观地讲，杨俊也有很多的痛楚和无奈，但她一直为黄梅戏奔走呼号。

黄新德：我很理解，也很欣赏。这样的人多一些，这个剧种的元气，会恢复得快一点。黄梅戏界不仅是艺术上需要出成果，恐怕我们这支队伍，内部需要团结，需要提升它的各方面的修养，不要把肉麻当有趣，不要把庸俗当时髦。繁荣黄梅戏，不仅仅需要口号，更需要行动。搞精品创作，我们不仅仅需要结果，更要看重过程。我们对于文艺改革，不仅仅要提出标准，还要有措施，这个恐怕不仅仅是黄梅戏一个剧种的问题。

杨俊那期节目，我看了。她的真诚，她的责任感打动了我。

白燕升：提到黄梅戏大家就会想到"树上的鸟儿成双对"，您觉得以后黄梅戏还会有这样的唱段流行吗？

黄新德：理论上说，应该有。过去它是在观众中间传播的，它有大量的演出，更多地争取了观众，旋律在观众的耳朵里面打滚，它自然就定型了。现在演出的机会，和观众接触的机会远不如过去。

现在手段虽多，但数量不多；范围很广，但程度不深。要让它留下来站得住，活得长，台上的基本功要加强，另外，包装方式，宣传方式，也要跟着改善，要双管齐下。

黄梅戏，主要是唱腔和语言。我们的优势也在这儿，但我们的优势正失去，很多年轻演员们，唱得歌曲化，在没有继承传统的情况下就去改革了。改革是永恒的，前提是应该站在历史的肩膀上，而不是割断历史，尤其我们传统艺术更是如此，在理论上有点模糊。毛病出在哪里呢？我们视历史为包袱，视传统为垃圾，要与过去告别，创造个崭新的黄梅戏，这显然是不对的。你要叫黄梅戏，必须要有渊源关系、血缘关系，所以我觉得改革步子是不是大了一点，好唱腔不多，与我们理论上有些混乱有关系。

白燕升：在我的博客上还有一条戏迷的留言，他非常喜欢黄梅戏，并表达了一个殷切的希望。他说，黄新德老师跟马兰老师，创造了黄梅戏的梅开二度，是艺术界公认的黄金搭档，珠联璧合，天衣无缝。他问了一个问题：我们还能看到他们的合作吗？

黄新德：这问题呢？虽然不大好回答，我还是愿意回答。这种场合，这个窗口，藏着掩着袖着，我觉得都对不起人，我也不希望辜负您对我们戏曲的关爱，对我们黄梅戏的殷切希望。

必须承认，马兰是一个非常优秀的非常有品位的艺术家。她的素质，她的气质，包括演出的水准，我觉得恐怕不是什么人都能取代的。我跟她很荣幸的合作了二十年，也塑造了太多电影、电视、舞台剧。

这些年来，大家没有合作了，她七年没有回到黄梅戏舞台了，说实话我也深深地惋惜，我希望她能够回到黄梅戏舞台上来，我希望她能再为黄梅戏的振兴和发展，做出她的贡献。可能她有些苦恼，我表示理解，我二人的关系不是很好，作为老大哥，我要承担相当的责任，可能有些误会，应该说，有我的关系，有我的关系……

说到这儿，黄老师非常激动，眼里噙着泪水，头扭向一边，眼光离开了我的视线，他无法再说下去了。我接过他的话，有劝慰，又像是平静着自己的没想到。

我的结束语刚落地，黄老师终因激动过度无法自制，起身快速离开了现场，我示意编导过去安慰，并让司机送他回宾馆休息。因为我接下来还要继续访问其他演员。

编导告诉我，黄老师离开现场哭出了声。

我理解！

这期节目播出前，我发短信告诉马兰注意收看。那天她认真地看完，同样也很激动。

那个时候，直觉告诉我，这对合作了20年、8年未见的黄梅戏舞台的黄金搭档曾有的不快，将有焕然冰释的可能了……

那些角儿 THOSE PROTAGONISTS
一个"外行"眼中的梨园

张建敏："断桥"情难断
ZHANG JIANMIN

张建敏

浙江婺剧名家，国家一级演员，"梅花奖"得主，师承婺剧表演艺术家郑兰香。金华市政协常委，现任金华艺术学校校长。

多年来，张建敏对婺剧表演艺术进行了不懈的追求，她博采众长，兼收并蓄，显示了自己独特的表演风格和鲜明的艺术特色，文武兼备、唱做俱佳，被誉为"浙江第一花旦"。2001年，她离开了绚丽的舞台，来到了曾经培养她的母校——金华艺术学校，开启了教学育人历程。

说到《白蛇传》里的《断桥》，因为它的跌宕起伏，因为它的情真意切，得到了全国太多剧种的青睐。而能够在舞台上呈现那种人神合一的至高境界，有一个地方剧种做到了。上世纪60年代，浙江婺剧团首次晋京汇报演出，周恩来总理看后说，他看过很多剧种的《断桥》，婺剧的《断桥》表演风格独特，别具一格，可谓"天下第一桥"。从此婺剧《断桥》声名鹊起。

《断桥》自然成了浙江婺剧团的看家戏，但婺剧人没有固步自封。上世纪80年代中后期，浙江婺剧团在原来《断桥》的表演基础上，进一步革新创造。首先在服装上作了较大的改进，吸收了敦煌飞天的服饰式样，解放演员的肢体，突出人体线条美，并在表演上汲取了现代芭蕾造型。为使几位青年演员能更好地动起来，剧团还专门送他们到浙江省歌舞团进行培训。另外，在音乐编配上，运用了小提琴、大贝司、爵士鼓等西洋乐器，并充分发挥灯光效果，吸引观众眼球，增加美感。

张建敏、陈美兰、赵姝珠、周志清四名年轻演员在第二届浙江省戏剧节上演出的《断桥》终于脱颖而出，获得了"青年演员一等奖"、"浙江省艺术明星奖"、"浙江省新花奖"等。

新版《断桥》晋京演出，同样得到了首都观众和专家的一致好评，戏剧理论家郭汉城还题写了"举国同夸第一桥"的赞语，不久陈美兰、张建敏又先后荣获中国戏剧梅花奖。

一折《断桥》从1985年至今演出近两千场，上至国家领导人、专家学者，下至城乡百姓，无不对《断桥》拍手叫好。遗憾的是，种种原因，当年《断桥》的几位主演，也是艺校的同班同学，在正值艺术的成熟期却各奔东西天各一

方。陈美兰仍在浙江婺剧团;张建敏已从舞台走上讲台,担任金华艺校校长;周志清现在浙江省群众艺术馆;赵姝珠在浙江昆剧团。

不管是坚守的还是离开的,都值得尊重!他们曾经付出过,并且必将继续为婺剧付出。

2009年3月,在北京我采访了浙江金华艺术学校的校长、当年白娘子的扮演者张建敏。

白燕升:《断桥》演了20多年了,那种冲突、那种缠绕、那种蛇步的动作,今天演来会有不同吗?

张建敏:今天我再体会这个角色,跟以前的体会完全不同。以前演的时候,对于这个人物的把握,心理的这种把握,还是不很准确。我们当时既年轻,又没有经历过这种很曲折很委婉、又很爱、又很恨的心理,那种感觉当时理解不了。记得我当时在排《断桥》的时候,我在舞台上简直是失声痛哭。

白燕升:真哭啊?

张建敏:对呀。就觉得白娘子怎么这么可怜,许仙怎么这么狠心,泪流满面,然后泣不成声。

白燕升:那还能唱吗?

张建敏:下来以后,我们导演我们老师就跟我说,建敏,演戏要控制。那时候不懂得控制,以为进入到人物的情境当中我就可以挥洒情感。爱哭就哭,爱笑就笑了。

白燕升:建敏,我发现你在说白娘子这个人物的时候,好像很激动,眼睛里好像很湿润。为什么?

张建敏:我记得有一个评论,"说不清是张建敏塑造了白娘子,还是白娘子造就了张建敏。"因为我们在学校那个时候只知道是模仿,然后到剧团,慢慢地锻炼,一直走向舞台,让观众所接受,这里凝聚着很多人对我们的帮助,凝聚着老师的心血,和同行们的关心和帮助,所以我觉得能有今天离不开大家的支持。

白燕升:说到婺剧《断桥》,说到这三个人物,无论是唱煞、跌煞、还是做煞,张建敏、陈美兰、赵姝珠、周志清,你们几个人合作的婺剧《断桥》又成了一个新范本、一个新经典,给太多人留下了深刻的记忆,还有合作的可能吗?

张建敏:只要有这个需要,我想也会有这个可能,当初的经典毕竟演了那么多年。

白燕升：作为当事人，说心里话，你们后来的离散，彼此之间会不会或多或少有一些惋惜？

张建敏：您这个问题拨动了我心里最深的那根弦。我是觉得有一些惋惜，因为很多人都问过我这个问题，但是我始终没跟他们说。我以前从剧团出来的时候，其实那个时候真的是做了很激烈的思想斗争，我们这一代人不容易，婺剧有这么一批好演员不容易，然后我们把所有的青春、汗水、泪水，包括我们在婺剧舞台上的奋斗，有痛苦，有欢乐，有鲜花，有掌声，这个地方给了我留恋的舞台。从剧团出来，不可能不惋惜——因为在一个人艺术生命最成熟最好的时候，突然不得不走，不得不选择去另外一个地方，或者说离开舞台去当老师。

我从剧团出来的时候，老是做梦，好像总是要演出，来不及，要化妆啊，那个锣鼓老是在吹，快点、快点、你怎么还没准备好……你赶快去，演出开始了，已经来不及了……我就心慌意乱。突然之间就梦醒了，就吓醒了。静下来一想，我已经离开舞台了。

我从剧团出来的时候，给我们领导写了一个辞职书，我说婺剧培养了我们，无论我在哪里，我的心都在婺剧，我永远会热爱婺剧，我永远都会关心婺剧。如果有一天需要我回来的话，我会回来的。

白燕升：说说你的学校你的孩子们吧。

张建敏：我觉得当老师，真的是非常不容易。那些孩子刚进来的时候，有些是农村的嘛，他头上长满虱子，我跟所有的老师在一起给他们除虱子，买药，然后给他们包头，把虱子都除掉。还有一些孩子晚上尿床，还有一些孩子，一到晚上就哭鼻子，我就这么一点点看他们长大。记得去年一批孩子毕业了，我在想他们刚来的时候是那么小不点，突然之间他们变成了亭亭玉立的大姑娘和一个个很帅气的小伙子。在毕业晚会上，他们跟我说，校长，我们能抱抱您吗？我那个时候，我就觉得特别地幸福。我付出所有的一切都值。

我们这个学校下去招生的时候生源很好，可是家长到我学校一看，巴掌的的地方，只有三亩地，人家就带着孩子要走，根本不听你解释。我就在想，有什么办法能够解决这个问题。靠什么来吸引学生，得到家长的信任，很多家长几乎要走了，然后我们就跟他们说，您再看看，您别认为这个学校小了，你就不相信我们这个学校。我甚至跟他们吹牛，我说你们要相信，我也是国家一级演员，我也是梅花奖得主，我也是金华的政协常委。我就希望他们能够相信我。我说您留下来,先看一下我们的演出。看了以后,那些家长真的是没有一点怨言。到现在,那些孩子的家长对我们特别地支持。

白燕升:这应该是让建敏最欣慰的事儿了。或许正因为把精力和心思给你的学生多了些,听说建敏对儿子的教育有些遗憾或者说心存歉意?

张建敏:我有个朋友,她说你只管你的这些学生,你就管不好你自己的儿子。因为工作的原因,原来一直在剧团里,就没时间好好地照顾孩子;后来到了学校。一开始困难重重,对我的压力真是很大。我对孩子的关心简直太少,我的孩子对我意见蛮大的。我教其他孩子的时候觉得可以得心应手,但面对自己的孩子却束手无策。

我希望我的儿子能够理解我,我希望我儿子今年高考

能够考出好的成绩，能够上一所他理想中的大学，我希望他以后学业有成，能够孝敬从小把他带大的爷爷奶奶，孝敬一直关心爱护他的外公外婆。我也想跟他说，其实妈妈很爱你。

2009年5月底，我率摄制组再次来到浙江金华采访，走进金华艺校，让我感慨良多，弹丸之地，几乎是艺校全部家当的两层小楼被周围高耸的居民楼包裹其中，如在井底。但他们没有坐井观天，他们一直满怀信心地憧憬着婺剧的未来，也许就在今年年底，他们将搬迁，搬进宽敞明亮的新校区。

来到金华，浙江婺剧团，我是一定要去的。这个团在王小平团长的带领下，常年累月下乡演出，每年的演出总量多达四五百场，艰苦劳顿自不必说，但他们积极健康的生活和演出状态让我动容。正是大量的舞台实践，浙江婺剧团又造就出了以楼胜、杨霞云、黄曼婷、陈建旭、张磊、陈晓建等为代表的一大批优秀青年演员，延续着婺剧的传奇。

从金华回京后，《金华日报》的资深记者苗青打电话告我，7月24日和25日，陈美兰将在北京民族宫大剧院演出她的代表作《梦断婺江》。我早听说过这出戏，它是浙江婺剧团在新世纪初创作演出的大型古装婺剧，陈美兰在剧中兼演生、旦两行，曾给观众留下了美好印象。这台新婺剧对太平天国的历史命运作了精辟解释，也成了有学术价值的一出戏。

到时候，我一定去看，为陈美兰们鼓掌！为有着400多年历史的"徽戏的正宗、京剧的始祖、南戏的活化石"——婺剧喝彩！

饰 穆桂英

饰 白牡丹

那些角儿 THOSE PROTAGONISTS
一个"外行"眼中的梨园

李小锋 张 宁：秦腔是中国最古老的摇滚
LI XIAOFENG ZHANG NING

李小锋

陕西省戏曲研究院秦腔文武小生，国家一级演员，生于陕西临潼。"梅花奖"获得者，秦腔界第一个中国戏曲学院表演专业研究生。

著名作家贾平凹评价说："李小锋先生是秦腔舞台上的名小生，他以现代人的理念和意识，诠释古典戏剧人物，唱念做打，皆有新意，诚为可贵。"

张 宁

陕西省戏曲研究院秦腔名旦。她的嗓音甜美圆润，行腔委婉流畅，善于以声传情，在传承"苏（蕊娥）派"唱腔特点的基础上，她同时吸收了秦腔名家肖玉玲的唱腔特点，在秦腔演唱方面取得了卓越的成绩。她和李小锋先后合演了《花亭相会》《夜逃》《四郎探母》《彩楼记》等剧目，尤其《花亭相会》更是久唱不衰，得到了广大观众和业内人士的一致好评。

在幅员辽阔的三秦大地上孕育了一个历经沧桑的艺术，文人们赞美过它的高昂，当地的老百姓把它看成是心中最动听的歌，正所谓"八百里秦川秦声飞扬，三千万儿女高吼秦腔。"陕西著名秦腔演员李小锋和张宁夫妇就在大秦之腔里"鸾凤和鸣"。

李小锋和张宁是陕西省艺校的同学，毕业后一同进入陕西省戏曲研究院。在30年的舞台艺术生涯中，他俩互帮互学，大胆创新，取得了骄人的成绩。二人珠联璧合，笙磬同谐，成为秦腔界的黄金搭档。

张宁的嗓音甜美圆润，行腔委婉流畅，善于以声传情，在传承"苏（蕊娥）派"唱腔特点的基础上，她吸收了秦腔名家肖玉玲的唱腔特点，得到了观众和业内人士的一致好评。她在"西凤杯"秦腔演唱广播唱腔大赛中脱颖而出，一连获得三届一等奖，她还荣获了首届中国秦腔艺术节金奖，西北五省（区）戏曲邀请赛一等奖。她坦言：作为一个演员自身的先天条件并不是很好，毕业后分配到人才济济的陕西省戏曲研究院秦腔团，最初自己的演出机会不多，能演主要角色的机会更少，她非常珍惜每一次上台的机会，那怕是演出丫鬟宫女，她也一丝不苟，认认真真，她在台上暗自向主要演员观摩学习，从而不断提高自己的表演水平。

李小锋是一位不甘平庸、思维活跃的新时期秦腔领军人物。他的创造欲望和创造力似乎是与生俱来的。他较早意识到提升文化素养、加强美学理论指导对戏曲演员的重要性。戏曲演员自小学戏，文化基础较弱，容易满足技艺的娴熟掌握，忽视了文化素质的修养。他对弘扬民族文化有独特的坚持，他曾说：民族文化是一个国家的精神支柱。目前，国家文化及经济由一个浮躁的状态慢慢地走向沉淀，有一天必然回归到祖先给我们烙上的"中国印"。这其中也包括我们的生活习惯，比如，西安人喜欢秦腔与泡馍、面条，陕北人喜欢民歌与小米稀饭。这种生活上的习惯就是文化，就是流淌在我们血液里一辈子也不能改变的"中国印"。

他还说过，打民族文化品牌，必须因地制宜。比如到了陕西，想到的是秦腔、秦俑。有声的是秦腔，无声的是秦俑；动态的是秦腔，静态的是秦俑；地上的是秦腔，地下的是秦俑。文化投资绝不能撒胡椒面儿，什么都搞，最终没有重点，没有品牌，也就没有了特色文化。

白燕升：提到秦腔，人们常说是吼秦腔，难道只有吼才过瘾？才令人叫绝吗？

李小锋：我觉得应该是唱秦腔。吼是一种自然状态，现在叫原生态吧。秦腔随着时代的发展，应该是艺术的再现。它是有艺术性的，让人觉得悦耳动听，吼应该改成唱秦腔，这是我的感觉。

白燕升：2007年4月9日，《戏苑百家》走进了山西洪洞，我们邀请了十几个剧种的演员，共同唱响《苏三起解》，张宁也参加了，张宁唱完第一段以后，山西的观众说什么也不让她下去，掀起了晚会的第一个高潮。张宁那天唱秦腔，让我很惊讶，不是以往那种吼的印象，她唱得非常抒情，非常动听，你是刻意地追求，还是秦腔的声腔本就如此？

张　宁：不是刻意的追求。秦腔里面，比如说花脸呀，须生呀，可能有这个吼的因素，但是好多旦角演员的唱法，特别是我们这个年代的，已经在老艺人的那个基础上，融入了很多民歌元素。从1980年，我们就开始学习民族声乐，我们在学校就有这个科目，当时可能年龄很小，没有把它很好地融入进去。后来，在这么多年的演出实践中，才把它巧妙地结合了起来。所以在我的艺术演绎过程中，不要去吼，而是把它唱得悦耳动听，用声音去表现人物此时此刻的心情。

白燕升：吼，是一种原始的状态；唱，是现在的一种追求。小锋跟张宁，你们俩是在一起合作多久了？

张　宁：我们俩1980年认识，1987年毕业，1984年我们俩合作的第一部是《断桥》。他是许仙，我是白蛇。从1984年开始合作到2007年，20多年了。

白燕升：我听说最初合作，还发生过冲突？

李小锋：要是没有那个冲突，可能也走不到一块。

白燕升： 真的吗？给我讲讲。

张　宁： 这个是我印象最深的。在戏校的时候，当时排完《断桥》后，我就开始排《游西湖》里面的李慧娘。当时跟我搭档的一个小生刚好到变声期，可小锋的声音还好着呢，天生一条好嗓子。他刚开始学戏，学的是丑角、三花脸。我们老师说把小锋调到我这个剧组，演裴生，突然跟他搭档，我就觉得很别扭，我们俩就吵架，他也不高兴，他那会儿是我们的班长，吵完后我就哭了，我几天情绪都不好。结果没想到，我记忆最清楚的是，在一个有月光的夜晚，他把我叫出来给我道歉，就在这个时候，被我一个同学发现了，说李小锋把张宁叫出去，神神秘秘的。那个时候，大家都说这说那，从那以后，他可能也有点不好意思了，就慢慢对我注视了，关注了，那我对他也注意了，也关注了。

白燕升： 你道歉的时候，选择了一个月色朦胧的晚上，是别有用心呢，还是很自然的一种巧合？

张　宁： 我认为可能不是别有用心，因为他没有那个心眼。

李小锋： 我们俩周末就开始学对儿戏，当时就学了《花亭相会》《虎口缘》《写状》，学了好多对儿戏，我认为那段时间虽然是在学生阶段，但是很值得我们留恋，通过排对儿戏，两个年轻人的心也就自然而然地靠近了。

白燕升： 你们合作的第一个戏是《花亭相会》，有点像京剧的《坐宫》，两个人的对唱严丝合缝，两个人应该说很默契了。但是戏里你打了他一巴掌，据说这一巴掌不那么好打？

张　宁： 这一巴掌看着很简单的，但是你打的那个节奏一定要卡到那个坎上，才显得真实，而且这个巴掌既要有爱还要有恨，我们在家里面不知道练了多少遍，才练出那么真实的。

白燕升： 孩子看到过这个场面吗？

张　宁： 我非常清楚地记得，有一次，孩子一岁多的时候，我们俩带着他到西安的一个地方去演出，我们俩正演着呢，我一巴掌扇过去，底下人拍手鼓掌，孩子不乐意了，哭了。别人就问他说，你哭啥呢？孩子说我妈妈打我爸爸，就跑到后台去哭。

白燕升： 那证明你们打得还是比较真实的，至少把孩子给骗了。

提到李小锋，不能不提到他的代表作《周仁回府》，这个戏唱多少年了？

李小锋： 唱了将近20年。

白燕升： 著名作家贾平凹看了你的演出以后，说李小锋是在用现代人的理念诠释古典戏剧人物。这话你怎么理解？

李小锋： 我觉得虽然是古典戏，但是它具有现实的教育意义。演员就是高台教化，寓教于乐。你看完《周仁回府》，就会得到好的思考。

白燕升： 有人说秦腔无论在唱腔和程式上，都是野劲有余，细腻不足，但是我发现，小锋近些年来非常细腻地进行了一些探索，比如说《劈山救母》。一个人演了三个角色，为什么要这么做？

李小锋： 作为演员应该对自己挑战。《劈山救母》是秦腔传统戏，原来演出都是三个人来完成的，小生演员演小生，老生演员演老生，武生演员演武生，作为演员应该挖掘自己的艺术潜力，不应该抱住一个行当。《劈山救母》这出戏，7年前我就喜欢，想排这出戏，由于种种原因，没有

在《白逼宫》中饰 汉献帝

排出来。去年我找了全国的7个剧种的录像、剧本，我把它拿回来，自己对照着进行整理，整理了一个新的《劈山救母》。秦腔原来演三个半小时，我整理以后演两个半小时。《劈山救母》的传说，发生在陕西华山，陕西秦腔应该把它演出来。作为演员来说，我是唱小生的，老生我没有涉足，对我提出一个挑战，一定要把它拿下来，因为我太喜欢它了。刚好我的一个老师叫雷开元，他的代表剧目就是《二堂舍子》，老师非常高兴，说李小锋可以说是功成名就了，不用再搞这些冒险的行为了，我觉得作为一个演员，不能只是为了得奖，应该多塑造几个观众喜爱的角色，这才是一个艺术家所追求的目标。我去请教老师，老师非常高兴，就给我把这个戏传下来。为什么我敢演武生戏呢，因为我以前演过《劈山救母》那一段，所以说找一个能够体现文武兼备的戏，能促使我去继续练功，不能把功夫扔掉，我必须排出来，因为已经憋了七年了。再加上我十几岁就没了母亲，我有一个心愿，排这出戏好像在救自己的母亲。可以说既有自己对母亲的怀念，又有对自己事业的一种爱，两种爱加在了一起。

后来，凤凰卫视有一个节目叫《巨石传奇》，他们请了全国七个摇滚乐队，在华山脚下搞了一个陕西的旅游演出活动。

白燕升：这跟你有关系吗？

李小锋：他们从网上搜到我的《劈山救母》，请我去演，参加摇滚明星演唱会。

白燕升：请你去唱秦腔，你去了？

李小锋：去了。因为我觉得秦腔是中国最古老的摇滚。

白燕升：秦腔是中国最古老的摇滚，这话好！

李小锋：它是现代摇滚，我们是最古老的摇滚，如果说摇滚是巨石，我们华山就是一颗很大的滚石，《劈山救母》的传说，就发生在华山。

白燕升：为小锋的这样一种开放的心态，和对于秦腔的理解而叫好。其实我也感动于主办方在一个摇滚明星演唱会上，能够想到李小锋，能够请他去唱秦腔，我觉得这个创意好。当时观众反映怎么样？

李小锋：观众觉得好啊，觉得这个非常地新奇，新颖。

白燕升：张宁对于小锋这种大胆地迎接类似实验性质的探索怎么看？

张　宁：我很支持。如果你没有开拓精神的话，会把路子越走越窄，小锋要把秦腔进行到底，做了很多先锋性的创造。

白燕升：张宁也很风光，办了个专场。办专场不唱秦腔，唱的是陕北民歌。

张　宁：这是一个偶然的机会，人家来跟小锋签合同，谈具体怎么操作。吃完饭后，小锋说，张宁，你唱一首陕北民歌吧。我说好呀，我就唱了两首。当时没有伴奏，无伴奏清唱更见功底。人家就问我，你的专业是干啥？我说跟小锋一样唱戏的，他说，张宁，我想让你也去香港。

他跟小锋签合同来了，突然要带我去，而且不唱戏，要唱歌，我觉得害怕。我说让我考虑考虑。我把我从小学的都梳理一下，我都会多少，够不够一个音乐会，而且能不能拿出手。我有压力了，我应该再加一把油，我跟人家说，我答应你。

白燕升：小锋，张宁在香港开民歌演唱会的时候，你在台下看吗？

李小锋：这一次对张宁来说，是非常好的机会。她唱的时候，我可不能只在旁边看，里面还有几首情歌对唱呢。她在准备演出中，一有空就去学声乐，学发声方法，这一点，我就不能比了。张宁唱秦腔为什么那么婉转动听，她把民歌的这种科学发声技巧融入到秦腔里去了，更有欣赏性了。

那天在采访现场，我请他们唱几句情歌，他俩深情对视唱起了《想亲亲》。

头一回我来你不在/你在那个地里挖苦菜/亲亲

三天不见哥哥的面/拿起针来穿不上个线

二一回我来你不在/你妈妈就打我两锅盖/亲亲

三天不见哥哥的面/口含上砂糖也不甜

李小锋的演唱激越嘹亮，张宁的嗓音恬静柔美，别有情趣的对唱寄托了他们对美好未来的憧憬和畅想。

正所谓：琴瑟相调结同心，鸾凤和鸣当空舞。

（本篇后记：这是2007年6月，我们对他们夫妻的采访。我考虑再三，还是把它呈现给大家。这是历史，也是对历史的尊重。）

在《打柴劝弟》中饰　陈勋

在《周仁回府》中饰　周仁

那些角儿 THOSE PROTAGONISTS
一个"外行"眼中的梨园

王蓉蓉 杜 鹏：戏为媒
WANG RONGRONG DUPENG

王蓉蓉 杜 鹏

北京京剧院一团团长王蓉蓉，中国戏曲学院研究生班班主任杜鹏。

一个是华美大气的青衣，一个是俊雅潇洒的老生；一个深得张君秋先生的赏识和真传，一个受益于翰墨京韵的耳濡目染。两个舞台上绝配的行当，两个舞台下绝配的演员，他们结成连理，成就了当今梨园一段风流佳话。

京剧《状元媒》里有一句唱词说，"愿天下有情人都成姻眷"，这是柴郡主的一种美好期待；在京剧的《四郎探母》里，杨四郎也经常把"我在南来你在番，千里姻缘一线牵"挂在嘴边，这是杨四郎的真实故事。一个把"如花美眷"唱了二十年，一个把"千里姻缘"唱了二十年，直到他们的不惑之年，两个人才实现了他们的美梦，一位是北京京剧院一团团长王蓉蓉，一位是中国戏剧学院研究生班班主任杜鹏。

白燕升：很多人跟我说蓉蓉结婚以后变了。现在不光是一个领衔主演，还是一个团的领导，要负责艺术生产，甚至是市场营销，方方面面都得操心，也一定会着急，我知道蓉蓉是个完美主义者，尤其在艺术上。

王蓉蓉：是。这么多年，了解我的人，跟我合作时间长的人都知道，我这个人生活上的事儿太马马虎虎了，怎么都成。但是排戏演出，舞台上的事儿，我爱较真。现在有很多青年演员到我们团里来，不太了解我，都说我脾气大，其实我所有发火的时候都是在排练场上，是为演戏，排练着急。我经常在排练场跟杨广同(鼓师)较真。

白燕升：吵吗？

王蓉蓉：吵啊，真吵，他觉得按照我的要求没法儿打，我认为按照他那个打法，我没法儿做，在排练场，我们两人能够当着很多人，有时候就过不去，没完没了，反复地在这儿争。他说他的道理，我说我的道理。但是争完以后，过去就过去了，丝毫不影响我们私底下的交往，因为争的是艺术，为了演戏的艺术质量。

白燕升：不光是跟鼓师、琴师过不去，一个龙套走不好，你都要重来。这可能跟蓉蓉的流派教育有关，因为张君秋大师生前就一直在讲：戏不能演油了，自己得跟自己过不去。

王蓉蓉：对。他经常说，演每一场，都要跟演第一场的那个感觉一样去演，千万不能演油了。

白燕升：有了张君秋大师的教育做基础，再加上蓉蓉二十多年的感悟和执着，成就了今天王蓉蓉华美的声腔。其实你们两个人性格上还是挺互补的，蓉蓉风风火火，杜鹏是老师，特别得随和，你说他应该是个好脾气。

王蓉蓉：他脾气比较温和，比我好多了，我太急了。

白燕升：杜鹏出身于梨园世家，我听说五六岁的时候就会唱杨子荣了。

杜鹏：对，家里不希望自己的孩子也要干这个，希望我搞音乐，就送我到青岛学了两年小提琴。可是回来之后，我还是愿意跟团里的演员接触，练功、吊嗓子，一直受到这种熏陶。我六岁的时候还没上学，一听到喇叭里播现代戏，就不玩了，赶紧回家听收音机。那时候县里宣传队组织演出，我就能演一整出《智取威虎山深山问苦》那一折，我演杨子荣，我是最小，其他那些角色都比我大，所以说一直特别向往干京剧。

白燕升：我发现杜鹏他活得挺幸福，挺滋润的。有人评价杜鹏的表演：规矩，没毛病。蓉蓉，你认同这种说法吗？

王蓉蓉：这个说法我还是认同的。跟他的工作有直接关系，我觉得剧团跟学校是不一样，我也是从学校出来的，我在学校学的时候，老师教我的是方方正正，规范的动作，如果老师不方正，你的学生不可能方正，所以我觉得方方正正、规范，是跟他的工作有直接关系的。

白燕升：做老师必须这样。

王蓉蓉：对，不能有丝毫的发挥，那是剧团。他本人自然条件还是不错的，如果他想到剧团发挥，很早到了，那么他会是另外一种状态了，绝对不是现在这种状态。他完全是服从于学校的这个状态，不容许他去发挥。

白燕升：我相信，杜鹏心里一定有渴望，那就是对于舞台的渴望。

杜鹏：尽管现在在学校，其实这个渴望由来已久，一直到现在。特别是我的专业老师，还有我的绘画老师，都对我寄予很大期望。十几年来，有好几次机会，都差一点就到团里去了，后来因为种种原因，学院也不放，就留在学校里面，但只要有戏约我我就上。

白燕升：特别渴望在舞台上演戏，其实是想证明自己，还有另外的一层意思，那个时候您已经是张派名角了，杜鹏当然也想证明自己了，尤其男人。

王蓉蓉：可能会有吧。

杜鹏：我跟蓉蓉近距离接触，是1996年上研究生班的时候，近距离接触。另外像我的绘画老师刘继瑛先生，还有吴素秋老师，王金璐老师，还有我的恩师王世续老师，他们都对蓉蓉特别关注，特别喜欢，愿意给我介绍。你刚才说的非常对，关键是我心里就觉得好像怀才不遇，我觉着人家确实各方面都比我优越，特别是专业，我最注重的就是专业，我一直想提高提高再提高，跟这些老先生们学戏，也是为了提高自己。不管从专业上还是从绘画上，我都愿意潜心学习。在这种情况下，我觉着我还不够，我还要继续努力。

白燕升：蓉蓉跟杜鹏

二三十岁的时候，两个人心里都挺不安静的。蓉蓉期望自己在事业上能够更加成熟，更加辉煌，杜鹏呢，也是一个非常健康的心态，也希望能够不断地充实完善自己，展示自己的才华，能够和蓉蓉的名声相匹配。尽管1996年认识了，好像没有那种水到渠成，就走到一起的感觉。

杜　鹏：没有达到，还需要一段时间，我得去提高一下，才能够有更多的共同语言。

白燕升：于是两个人一下又悄无声息了，又没关系了，并且达八年之久，彼此都没音信，也不发个短信什么的？

王蓉蓉：没有。

杜　鹏：我对蓉蓉还是一直向往的。

白燕升：你给她发过短信吗？

杜　鹏：发过，见面我们也打招呼，但是她对我确实有意见，我能看得出来。

白燕升：她对你的意见是什么呢？

杜　鹏：那时候，我们这个关系好像已经公开了，闹得满城风雨，全都知道。突然我要去战友京剧团排戏，我把这个放下了，就好像是我们已经分开了一样，大家就认为吹了。这样的话对她影响非常不好，那时候人家已经是特别有名气的一个演员了。

白燕升：分开这八年，老师们还在撮合吗？

杜　鹏：老师一直说我，特别是我的绘画老师刘继瑛老师，她特别得喜欢蓉蓉。

白燕升：这些老师跟蓉蓉说过吗？

杜　鹏：我就不清楚了。

王蓉蓉：主要是说他来着。因为我们两个人在研究生班三年，在这个期间，主要是几个老师希望我们俩好。从心里来讲，虽然那个时候三十几岁了，对我来讲考虑家庭少，没有真正考虑那么深。人家也跟我说，应该交个朋友，应该结婚，应该成家了，已经三十几岁了。我嘴上是答应的，但是实际上我的内心深处，想的还是少，跟现在这两年想的完全不一样。那么我现在想起来，作为我们两个人当时脑子里想的第一位的，还是业务上，专业上，能够再进一步，再好一点，多演几出戏。两个人都没有真正静下心来谈生活。

杜　鹏：有关婚姻的事情，没说过一个字。

王蓉蓉：我们俩一次都没说过。

杜　鹏：就是谈工作。

王蓉蓉：我们两个没有看过一场电影，没有吃过一顿饭，没有逛过一次公园。

白燕升：不可思议，真的。你俩都是戏痴。这八年当中，蓉蓉的张派艺术如日中天，你看没看过她的戏？

杜　鹏：看过。

白燕升：是有意识的吗？

杜　鹏：有意识关注她，有时候看电视，有时候在剧场。

白燕升：蓉蓉，你知道他去看吗？

王蓉蓉：不知道。

白燕升：两个人都没关系了。

王蓉蓉：就是没有关系，一点都没有。

白燕升：真没劲你俩，这八年就是这样过的。

杜　鹏：后来我们在一块开会，我就有意识地试探她，接近她，然后我问她手机号码。

在《上天台》中饰 刘秀

白燕升：还不知道手机号码？

王蓉蓉：因为在研究生班，我们俩在一块的时候，我还没有手机呢。

杜　鹏：她对电器一无所知。那时候我就有意识地给她发信息，可是从来没跟我回。我就跟刘继瑛老师说她没信息。刘老师觉得不管怎么样，打个电话，不管成与不成。

白燕升：叫你给蓉蓉主动打电话？

杜　鹏：对，咱们试一把，别老蔫不溜秋地发短信了。我当时做好了思想准备，如果她把我回了，说不行那我就踏实了，那就没缘分了，那我就再另外寻找幸福，只能这样了。还不错，她还是希望再次见面。

白燕升：结婚的日期是？

王蓉蓉：2006年12月份。

杜　鹏：非常得快，12月24日。

王蓉蓉：圣诞节前一天。

白燕升：也算闪婚了，八年冷战，2006年的下半年刚联系上，就闪了，哈哈。

杜　鹏：她也是在……

白燕升：什么意思？

杜　鹏：走了一圈……

白燕升：走了一圈是什么意思？你是说，她也见过好几个？你这是话里有话。

杜　鹏：那肯定是，她不回（短信），我也在寻找，她也在寻找呗。转来转去，觉得还是我们同行，当时其实我不想找同行，关键是有没有缘分，后来我们觉着还是我们在一起能说得上来，能够互相帮助。

白燕升：在2006年的平安夜，两个有情人相持了八年，最后还是终于走到了一起，尽管八年没见面，但是再次联系上以后，很快就接受了彼此。

王蓉蓉：对，我觉得可能是跟两个人的职业是同行，有直接关系。

白燕升：我知道尽管没有联系，但是这八年来好像彼此都或多或少的惦记着，牵挂着对方，也很在意对方的一些事儿。

王蓉蓉：当然，比如人家要跟我说别人的一些什么事情，听过就过去了。谁要说杜鹏怎么着，我就要认真去听一下，虽然不作任何想法，但是他就跟别人不一样。杜鹏的事情，我听起来还是不一样。

白燕升：杜鹏肯定也是这个感觉了？

杜　鹏：我在表演系当主任的时候，她们团到学校去借人，给她排戏。

白燕升：无条件。

在《状元媒》中饰 柴郡主

  杜 鹏：因为当时正考试，学生的时间需要协调，我说不耽误课的前提下，咱们一定要支持。

  王蓉蓉和杜鹏虽然在不惑之年结合，但他们言谈举止中透露出来的，是一种年轻人的朝气、单纯和执着，难能可贵。两个人分别在舞台上演绎了二十多年举案齐眉、相敬如宾的古典故事，以后或许要一起搭档联袂合演了，由衷地祝福王蓉蓉和杜鹏不论在舞台上还是在生活里同样能够龙凤呈祥。

那些角儿 THOSE PROTAGONISTS
一个"外行"眼中的梨园

王 惠：中州铿锵第一人
WANG HUI

王 惠

河南省豫剧一团副团长，国家一级演员。著名豫剧表演艺术家常香玉的入室弟子，以表演青衣、帅旦见长，闺门旦亦有不凡功底。唱腔高亢奔放又珠圆玉润，表演细腻传神，亲切感人，深得常香玉真传，被誉为"常派新花又一枝"、"雏凤清于老凤声"。

主要演出剧目：《五世请缨》饰佘太君、《大祭桩》饰黄桂英、《义烈女》饰童玉珊、《都市风铃声》饰郑英、《大明魂》饰张秀姑、《千古英风》饰岳母、《常香玉》饰老年常香玉等。

    河南省豫剧一团的前身，是香玉剧社，是人民艺术家常香玉耕耘过的地方，在那里，当年许多被常香玉大师言传身教过的演员孜孜不倦地为豫剧舞台增光添彩，王惠就是其中的一位。她是常香玉大师的亲传弟子，她在豫剧戏台上塑造的佘太君、穆桂英等艺术形象深受观众喜爱。近30年的舞台磨练，她成就了不少艺术上的第一次，为豫剧在新时期的开疆拓土挥洒着剧种特有的叛逆硬朗和铿锵。

    2001年今秋十月，融气势恢宏的交响乐与富有浓郁民族风味的豫剧为一体的"王惠豫剧交响演唱会"在河南省人民会堂举行。这场别开生面的个人戏曲演唱会，让数千观众体味到了传统艺术与西洋音乐完美结合所带来的视听享受。中央芭蕾舞团交响团派出的70余人的管弦乐队为王惠进行了伴奏，这是这家国内著名的交响乐团首次与豫剧结缘。

    "2006维也纳中国新春音乐会"1月15日在奥地利维也纳金色大厅奏响，这个音乐之都的乐迷们被中国戏曲艺术家们的精彩表演彻底地征服了：雷鸣般热情的掌声，一次又一次的返场致谢。那年维也纳中国新春音乐会的一大特色是中国戏曲牵手交响乐，王惠一身大红色的戏装把豫剧经典《花木兰》选段《谁说女子不如男》第一次带到了金色大厅。

    2008年今秋十月，"纪念改革开放三十周年·豫剧名家王惠交响演唱会"，在北京人民大会堂隆重举行。她又成了在北京人民大会堂开个唱的豫剧第一人。

    以下是2007年8月，我对她的采访。

白燕升：2007年终于把老师的代表作《五世请缨》搬

上荧幕,拍成电影了。什么时候拍完的?

王　惠:六月底以前,向"七一"献礼,向党的生日献礼。这是老师的代表作。也是我多年演的一个戏,我从1987年,一直演到现在,整整二十年了。从去年我就想把这部戏搬到荧幕上,让更多的观众来了解《五世请缨》的魅力所在。然后我就以"王惠工作室"名义向企业界的朋友求援,又联合了河南省影视集团,经过了将近两年时间,终于拍成了戏曲艺术片,和全国的观众见面了。首映那天,满场,大伙起码觉得这台戏好看,咋说好看,因为咱们土话说嘛,看戏看旦,这台戏光旦角就12个,从扮相、服饰上,耳目一新。并且都是有名有姓的,都是有份量的旦角,一个半小时中间,没有起坐的。

白燕升:对自己的表演还满意吗?

饰 花木兰

王　惠：我觉得平时演戏，都是在舞台上，和观众是远距离的交流，拍电影我觉得和演戏不太一样，一定要细致，包括一个眼神。我自认为还比较满意。像佘太君、花木兰，包括岳母，我从小就崇拜她们，我就认为她们是中原女性的代表，中原的女英雄。我从小就对这些人物非常崇拜，这些戏我唱起来，也觉得得心应手。

白燕升：我听说这个戏，全部是用交响乐伴奏？

王　惠：我觉得艺术要发展，首先要创新。说到交响乐呢，我就想说2001年的时候，我就有一个大胆的想法，想把传统的豫剧和交响乐结合起来，以一个从视觉到听觉崭新的面貌呈现给观众，让观众有另外的一种享受。我就邀请了中国电影交响乐团，当时请了我国著名指挥家彭家鹏老师，应该说非常得成功。

白燕升：《五世请缨》拍成了电影以后，还为河南的灾区奉献了爱心？

王　惠：大家都知道，河南遭遇了50多年来的特大洪涝灾害。当时我们豫东、豫南大部分地区都遭灾了。电影首映式以后，我就想收回成本，收回资金，肯定走院线是惟一的一条路，但看到河南受了灾了，作为演员嘛，只能用这种形式，联合了慈善总会，举办了一场《五世请缨》戏剧艺术片赈灾义演晚会。当时徐光春书记也批示，说王惠同志做得很好，由《五世请缨》把自己老师的一出代表作搬上荧幕，又通过这个电影为家乡人民做着善事，做着好事。

白燕升：王惠这一次跟中国电影交响乐团合作，其实这是第二次合作了。

王　惠：当初2001年，举办个人演唱会的时候，也是由彭家鹏指挥的。

白燕升：这些学院派的指挥家也好，还是乐团的乐手们也好，他们接受豫剧的旋律吗？

王　惠：说到这儿，我又想到2006年，我应中央电视台的邀请，参加了2006年维也纳新年音乐会，这一次的乐团是维也纳交响乐团。豫剧就我一个人。开始嘛，他们交响合乐前期排练，已经拿到了曲谱，已经熟悉了。但像"刘大哥讲话理太偏"，你也知道，它不像那些音乐有一个旋律，所以前四句的时候，他们停住了，他们觉得怪，可笑，因为咱们这是带有我们民族特色的，地域特色的，甚至是乡土气息的这样一种最纯正的味道。但是他们可能还不大了解。他们开始笑，可我是全身心地在对调，时间紧，我很投入嘛，认真到后四句的时候，也对调完了，他们也投入了。根据我的情绪也进来了。后来唱完了以后，对调一遍结束了以后，他们也都不由自主的拿着那个琴弦敲，表示认可，表示好。

白燕升：你的声音的表现力，再加上交响乐的这种烘云托月，确实很和谐。我想问王惠，2001年的个唱我担任主持，之前常香玉老师知道你开演唱会吧？

王　惠：她知道。首先我的想法要给老师讲，老师说很好，孩子。当时老师眼睛是白内障，也比较严重，她说我不能到现场去，但是我对你这种想法和做法，我是非常支持。她给我写了四个字"发扬光大"，就是把我们常派艺术，把我们豫剧一定要发扬光大。

白燕升：王惠您看，在自己的家乡举办了演唱会，并且还作为豫剧的第一人走进了维也纳金色大厅，尽管你的演唱征服了乐队，让他们感觉到了豫剧的魅力，但是我很想问问，奥地利的观众什么反应？他们是用什么样的方式来表示欢迎？

王　惠：中间，他们就静悄悄地认真地听，等一曲唱完了以后，观众是抱以热烈的掌声，他们鼓掌，欢迎，然后谢幕，然后还要再鼓掌，那一天是连续谢了三次。他们鼓掌的方式，我估计着肯定不像我们国内的观众，他们不叫好，就是很优雅地鼓掌。

白燕升：您喜欢哪种方式？喜欢这种优雅的鼓掌，还是喜欢边叫喊、边热烈鼓掌的？

王　惠：在咱们北方城市演出，还是喜欢连叫好带鼓掌。

白燕升：你是常香玉大师的亲传弟子，那么常香玉大师是在2004年的6月1号去世的，在随后不久，一出名为《常香玉》的舞台剧又诞生了。这是哪一年排的？

王　惠：这就是老师去世了以后，我们作为学生，作为弟子，为了纪念老师，我们河南省豫剧一团就联合了咱们省主创人员，咱省著名的导演李利宏，一起商量要在老师一周年的时候，推出这么一台现代戏，以示对老师的怀念。

白燕升：这出《常香玉》舞台剧，你演的是老年的常香玉？

王　惠：对。剧本我拿到了以后，那天下午演日常戏，没事儿，我就在房间把剧本看一遍，一气读下去，不知不觉读完了。剧本写得也好，也感人，读到最后，看到老师说"我以后不能给你们唱了"，读到这儿，我激动，我觉得老师没有走，我眼泪就流下来了，我不由自主在哭。我想这跟谁说说呢，我就拿起了电话，给我们这台戏的导演李利宏老师拨通电话。拨通了电话，我啥话也说不出来，我只说了个"李导，谢谢你了！我代老师，代俺娘……"。因为老师对我太好了，后来我就不叫老师，就是娘。老师见了我就喊闺女、闺女。

白燕升：据说在排练《常香玉》这个戏的时候，全剧组的人，没有一个人迟到或误场？

王　惠：对。没有人迟到，没有人误场，没有催场，一到上班时间，大家静静地都坐到那儿等，等导演来。真是全团上下一条心，一股劲。

白燕升：你觉得大伙的这股劲儿来自哪里？

王　惠：我觉得还是对大师的一种敬意。每次排练，我就感觉老师在看着我，冥冥之中，老师在注视我。从排练到每一场的演出，我心里都那么静，一点干扰都没有，一点杂念也没有。

对艺术怀着一份敬畏，我们才会走得更远，才会收获惊喜。现代豫剧《常香玉》在第十二届"文华奖"上荣获文华大奖、文华剧作奖、文华导演奖、文华舞台美术奖、文华表演奖、观众最喜爱剧目奖和观众最喜爱演员奖，创下了河南省原创剧目在国家舞台艺术最高级别赛事中获单项奖最多的纪录。

王惠正值艺术的成熟期和爆发期，至少现在她不会停下来，她还会继续上路，下一站是上海还是纽约？不得而知，总之，把豫剧把常派带到更远更大的地方是王惠的心愿，也是我们的期盼。

那些角儿 THOSE PROTAGONISTS
一个"外行"眼中的梨园

杨 赤：叱咤山海间
YANG CHI

杨 赤
大连京剧院院长，国家一级演员，袁派花脸。大连市戏剧家协会主席。梅花奖、梅兰芳金奖、白玉奖等多项大奖获得者。工架子花脸，兼工铜锤和武花脸，有"全才花脸"之誉。

近些年，他扛起传承和发展袁派艺术的大旗，为弘扬光大袁派艺术不遗余力，成为袁派艺术的领军人物和学术带头人。

他放弃了京津沪向他伸出的橄榄枝，甘愿带领一个萧条的剧团闯天下；他摘掉练功场上"面向全国，走向世界"的标语，让他的伙伴快乐工作，继而走向殷实生活。

在当今京剧界，架子花脸难找，架子花脸能够做到铜锤唱，犹如凤毛麟角更难寻觅了。京剧界历来就有"千生百旦，一净难求"之说。

1982年，当时的大连京剧团为培养青年演员请来了京剧袁派创始人袁世海先生来大连授艺。年事已高的袁世海先生多年来一直寻觅高足，看到虎头虎脑的杨赤，袁世海不觉眼睛一亮：这个年轻人相貌酷似自己当年，嗓音宽亮厚重，文武基本功也扎实……一个正遍寻良师，一个正苦觅高徒，二人一拍即合。在大连市有关领导的安排下，一杯清茶，杨赤便正式拜袁世海先生为师。

如今，做为大连京剧院院长的杨赤已具有了架子花脸，铜锤花脸和武花脸的多重功力，也许是这个行当感染了他的性格，他很讲义气、重情义。

2008年金秋十月，第五届中国京剧艺术节上，大连京剧院的新编历史剧《风雨杏黄旗》一炮打响荣获金奖，恢宏的场面，深邃的内涵，传神的刻画和淋漓酣畅的演唱，使圈内外赞叹不已。杨赤在《风雨杏黄旗》中为我们塑造了一个崭新的李逵。我想，有着"活李逵"美誉的袁世海先生九泉之下有知，一定会欣慰的。

白燕升： 很长一段时间，杨赤一直跟国家京剧院合作，排了好多戏，以至于很多戏迷都觉得你就是北京的，可是这么多年来你一直在大连，杨赤的角色也一直在变换，由原来的大连京剧团团长，到现在的大连京剧院院长。大连固然是个好地方，这样一座不大的城市，会不会多多少少束缚了你？

杨 赤： 我常常跟朋友说，我是一个不太有出息的演员，为什么这么说呢，我考虑事情不像一些非常执着的艺术家那样，完全从艺术上考虑，艺术只是我其中很重要的一部分，还应包括其它更多方面。所以我觉得多多少少受一些影响。

白燕升：我听得出来，艺术不是杨赤的全部，杨赤还是一个注重生活质量生活品质的人，觉得在大连生活得非常得安逸和舒服？

杨赤：确实在大连的根扎得太深了，你走了似乎也觉得对不起大连这帮哥们弟兄，当时没有离开大连就是割舍不下对大连的这种情感。我在北京拿了梅花奖甚至在梅兰芳金奖获奖以后，包括中国京剧院，还有些领导希望我能到北京，那个时候确实心里有点动了。后来之所以没走成，其中一个主要的原因，那个时候，大连京剧院是非常困难的一个时期，如果我离开了大连，无形中给大连京剧团多多少能带来一些困难，这个困难会直接影响到我这些同学们，都将近四十岁的人了，改行来不及了，退休又早点，不如留在这儿，大家一起把大连京剧院做好。不是说我杨赤有多么高的思想境界，我获得的所有的奖，梅花奖、梅兰芳金奖，包括文华奖，都是在大连京剧团获得的，这些奖的后面有大连市的家乡父老，大连市方方面面的领导，包括大连京剧院我这些同学们的支持帮助，人不管走到哪一步，怀着这样一颗感恩的心，肯定走得更踏实、也更明白。

白燕升：杨赤现在是院长，当初是团长，当领导有十年了，说说十年前，怎么想到要当这个团长？

杨赤：不是主动的，也不是有意识地想去当团长，当时就是想怎么把戏唱好，一心一意地就想跟着袁世海老师，把他的艺术怎么学好，其他的事儿想的不是很多。后来有一件事情对我的感触比较深刻，我记得中国京剧院的高文澜老师给我写了个剧本，叫《梁山恨》，当时我非常感动，把这个本子拿回团里，请孙元意老师给我们排这出戏。当时排练场的创作氛围总感觉不是太理想，团长在，大家的情绪就比较高，领导不在，大家的情绪就比较低沉，似乎不是为自己干事儿，是为领导干事儿。要知道，创作一出戏，需要大家一起来投入的。当时我非常苦恼，我跟谁，我跟他，跟乐队，我们平时都挺好的，都是从小一起长大的哥们，没什么矛盾，我排戏他怎么不认真？后来有人跟我说，杨赤，你不要想的太多，大家对你一点意见都没有，问题不在你杨赤身上，他跟你杨赤傍好了，跟你杨赤配合好了，与他分房子、涨工资，与他的一切一切没有关系。我觉得这个话说得有点偏颇，但还是有一定道理的，这是现实。那个时候我就想，将来有机会我也当团长，我当团长了再排戏。

白燕升：作为传统艺术，尤其作为戏曲，从古到今其实还是一个讲究角儿的艺术，是一个演员中心制的艺术。杨赤觉得一定要当团长，要有话语权，要把戏排好，这样能更好地调动大家的积极性。我很想知道，十年前接手了大连京剧团，那个时候的景象很风光吧？

杨赤：那个时候可以说用非常惨来形容。上面来宣布杨赤当团长，当时那五分钟，确实有一种挺荣光的感觉。没过十分钟回到团里，无数个问题出现在你面前，你一点感觉都没有了。举个例子，我当了团长，马上就过春节，我们办公室主任说，团长每年过春节之前必须得到老干部老师家去走访。我说好，你领着我走，今年就不按照级别了，我们按照哪位老先生岁数最大，第一到他家。我记得团里有一个著名琴师迟德才老师，他九十多岁了，老先生看着我长大的。我说咱们先去看迟老师，一进门迟老师拿着一摞医药费，就是没报销的医药费说，杨赤，你当团长了我非常高兴，我是看着你长大的，我今年九十多了，你看我在临死之前能不能把我这点医药费给我报了？我不太愿意流泪，我当时几乎眼泪就下来了。从迟老师家出来，我说主任你走吧，我不能走了。因为我知道，到了第二位老前辈家里，仍然是医药费，因为当时大连京剧院有五六年没给老先生报医药费，每一位老前辈手里都攥着好几万的医药费。十年前那几万块钱，是一个非常大的负担。我说我没法儿走了，你代表我你走吧，我回来就想怎么能解决这个问题、后来我们统计完，有几十万的医药费，一块就给报了。后来我在剧团非常困难的情况下，坚持参加医疗保险，虽然每年拿出十几万，当时这十几万对我们团来说是一笔不小的开销了，我说一定要参加，我们每一个人都有老的时候。

白燕升：当初自己当团长的初衷是想排戏，想有点话语权，可是没想到新官上任，首先面临的是这些老职工，老前辈的医药问题，和生活艰难的问题。咱们的排练场贴着一幅标语叫做"立足东北、面向全国、走向世界"，我听说你一上任，就把标语摘下去了？

杨赤：是。这个标语没有错，但与当时的大连京剧团很遥远，不切实际。我当团长之后最怕的日子就是每个月的10日。10日是团里开饷的日子，那么我们还在为每个月的饷钱奔波，怎么能走向世界？现在全团上下，我们只有两个字："生存"。

白燕升：非常清醒。

在物质非常匮乏，全团条件非常艰难的情况下，你给大家明确了一点，我们现在的主要任务是生存。你怎么给大家鼓劲？很多人估计还是看不到明天。

杨赤：没错！那个时候我就跟全团的同志们说，我们从事的是一项比较清贫的事业，如果说在座的要想追求金钱请改行，京剧恐怕一时半会儿不会给你这些东西。目前我们没有追求金钱的权利，但我们有追求快乐的权利，相互之间关系要融洽，一个单位，它的风气能改变一切。你这里要有好演员、好剧目，好的艺术水平。比如说有一些演员，虽然他在艺术上很有水平，他也是国家一级演员，也非常有影响，当他在剧团起到一种不太好的，或者是负面影响的时候，我宁肯舍弃你的艺术，我要保护剧团的一种氛围。我在努力改变大家经济状况的同时，在这方面也是我追求的一个目标。

白燕升：大连是座非常漂亮的美丽的花园城市，老百姓的生活也很殷实，也很富足，想当年，大连京剧团并不富裕，甚至用贫困来形容。尽管现在慢慢地好了，恐怕也没有跟上大连经济发展的步伐。但是无论有什么样的困难，我知道杨赤不管到北京，还是到全国其它地方演出办事儿，一演完出总是马不停蹄地要回大连，有一种归心似箭的归属感。

杨赤：是。从我学戏的那天起，一直到今天，时时刻刻在出现感动我的事情。我只说一件，我记得1993年，我进入了梅兰芳金奖决赛，我记得，进入决赛的几位演员，花脸演员全是京津沪。北京京剧院有黄彦忠，天津的是邓沐伟、孟广禄，还有康万生。还有上海的唐元才，加上我。当时竞争很激烈，因为那次打分挺有意思，现场评委是占百分之五十，那百分之五十是观众投票。这你知道，京剧的戏迷都有地域的感情色彩，并且大都集中在京津沪，大连的戏迷跟京津沪的戏迷从数量上那是没法儿比的。当时我非常担心，我说，这下可麻烦了，观众打分肯定没法儿跟京津沪去抗衡了。我就说了这么一句担心的话，旁边一位记者听见了，第二天我们《大连日报》的头版，这标题是什么呢？——"大连市民请投杨赤一票"。

白燕升：就是决赛当天？

杨赤：对，我当时非常非常感动，后来我问组委会，观众的票怎么样？对方说没问题。

白燕升：这件事儿让人感动。说到杨赤，不能不提到他的恩师，著名花脸表演艺术家袁世海先生，袁世海先生就海葬在大连？

杨赤：是。

饰 张定边

白燕升：有什么特别的用意吗？

杨　赤：老师跟师娘都属大龙的，他说我们都商量好了，将来就是海葬，不给后代留麻烦。我不但艺术上佩服我老师，在这方面我也非常敬佩他，他之所以选择在大连海葬，用他的话说，杨赤，将来我海葬在大连，我要看着你怎么样把架子花脸发展下去，这是一种情怀。我师娘早先生五年去世的，海葬的时候，老师也跟着一块出海，把师娘骨灰撒到大海的时候，老师还跟我说，将来你得给我记住这地儿，将来也得给我放在这儿。当时确实感受到了艺术大师的一种胸怀。

可能大家不相信，我从拜老师到他去世二十年，我没给老师一分钱，老师没收过杨赤一分钱。我记得1982年拜完师之后就是演出，他带着我演三场《九江口》，《九江口》那戏是非常累的，演了三场《九江口》最后盈利一万块钱。当时领导认为这个钱理所应当是归袁世海老师，当把这个钱拿给袁世海老师的时候，老师说这个钱我不能要，这个钱留着给杨赤制几身蟒。我看他那个蟒太陈旧了，这就是我所知道的，真正的袁世海。

白燕升：跟袁老师学了二十年，我听说前十年几乎没怎么学，就是照顾老师的生活，好好跟老师相处，希望在生活当中有一种默契，后十年才正儿八经地跟他学，是这样吗？

杨　赤：非常准确。一开始我对老师更多的是一种仰望。袁世海艺术大师到了大连，作为一个学生最主导的思想让老师高兴，让老师吃好、住好，生活得愉快，学戏不是想的太多，这是前十年。后来随着年龄的增长，对艺术的认识，特别是老师反反复复的教育，逐渐开窍了，对老师的艺术才有一种真正的理解，有了真正的理解就有了真正的崇拜。以前的崇拜是空的，就知道好，好在哪儿不知道，现在我明白老师好在什么地方，就想学了。后十年跟老师学的东西比前十年要系统，要多得多。我记得袁世海老师有一句话，他反复地说，你一定要记住，我们的架子花脸是"高级味精"。"高级味精"就是说架子花脸不是主菜，我们更多的是要起到一种调味的作用，不像老生旦角那样，经常地站在舞台中间，但是这不等同于降低艺术水平。我觉得袁世海老师用他自己的实践说明，艺术绝对不是用数量和时间来衡量的，这是一个架子花脸要追求的，也是我追求的一个目标。

从杨赤，到他的老师袁世海先生，再到袁世海先生的老师郝寿臣先生，一脉相承追根溯源，我仿佛看到了前辈

艺术大家塑造的一系列人物，后来的人们总习惯在这些人物前面加一个"活"字，活曹操、活李逵、活鲁智深、活张飞、活李七……把人物塑造"活"是需要手段的，那就是既要有嗓子，又要有膀子，更要有真情实感，为人物而唱，为人物而做。

饰 李逵

吴凤花： 越剧霸王
WU FENGHUA

吴凤花

绍兴小百花艺术中心党支部书记兼副主任，国家一级演员，师承著名越剧表演艺术家范瑞娟。浙江省十大杰出青年，全国文化系统先进个人，中共十七大代表。

曾荣获中国小百花越剧节金奖，中国戏剧梅花奖，上海白玉兰"主角奖"，中国戏剧节"优秀表演奖"，中日戏剧"友谊奖"。

她被誉为越剧届不可多得的小生，她潇洒地将文戏武演，武戏文唱，观众因她金属般的唱腔振奋得精神抖擞；范派被她明亮的声音唱得荡气回肠。她挺拔、饱满的阳刚之美在越剧女小生中独树一帜。

以柔情密意的才子佳人戏擅长的越剧舞台上，有一位别具英武阳刚之美的女小生，戏迷说，她是越剧舞台上的"霸王"。理由有三，一、她在台下为人谦逊，但到了台上，就透出了一股霸气。第二，都说文无第一，武无第二，若论武戏，在当今的越剧舞台上，没有人跟她争这个第一。第三，她在新编戏《虞美人》里，扮演过霸王，无论这个戏成败如何，她都是现代越剧舞台上的第一个霸王。

这个越剧舞台上的"霸王"就是绍兴小百花越剧团副团长吴凤花。舞台上的吴凤花，帅气、俊逸，阳刚，在女小生中"独树一帜"。"文武兼备、阳刚小生"是外界对她的一致评价，也是她的自我期许。

2006年6月我在北京采访的她，种种原因，一直拖到半年后的12月19日(周二)晚上才播出。无巧不成书，吴凤花的婚礼是2006年12月20日在绍兴举行的，那期节目像是特意送给阿花的结婚礼物似的。要知道，半年前我采访她时，她还是孤家寡人一个。

吴凤花出生在绍兴，绍兴是越剧的故乡，她自然地喜欢越剧，每天放学回家，打完猪草，就抱着收音机听越剧。这和我小时候迷恋河北梆子一样。

刚进戏校的时候，她先学的老生，一年半以后改学花旦，两年半以后，又改学小生。改来改去的，她很苦恼也为此哭过。改学小生最先学的是陆锦花老师的陆派，1986年，吴凤花首次登台演出《劈山救母》，虽然演的不是主角，但惟妙惟肖的陆派唱腔，让观众从此记住了吴凤花这个陌生的名字。1987年，她又去天津演出了《穆桂英挂帅》，天津的观众说："那个唱陆派的吴凤花，日后必成大器！"

此时，扮相俊美、唱做俱佳的吴凤花也引起了著名越剧表演艺术家范瑞娟的关注。1987年12月24日她正式拜在

饰 梁山伯

范瑞娟老师门下，直到今天。

白燕升：演戏做人，是相辅相成的，这也是老师给的财富。

吴凤花：要学艺先树人，范老师从舞台到生活，她都很注意形象，非常细微的事情都很注意。打一个小的比方，按说她应该"打的"到越剧院或者到医院去，可她就喜欢坐公交车，我扶着她上去，她每看到有老人站着的时候，她肯定会让座，其实她的年龄完全超过了那个老人。在她看来，她觉得自己很年轻。就是一个细小的动作，可想而知对我们年轻一代的影响有多大。

白燕升：我听过一件事，让我很感动，1998年吴凤花在武汉演出，在做一个高难度动作吊毛时，由于连续发烧积累起来的极端疲劳，落下时后背竟砰然砸在台上。全部演出结束后进医院拍片，让大家吃惊的是，吴凤花第六根胸椎骨折，并已出血，原来她是在骨折的情况下演完了最后30分钟。经过了十几个小时的紧急抢救后，医生讲，如果再晚上手术台几分钟，这位优秀的越剧小生有可能全身瘫痪。虽说是为艺术献身，但用医生的话来讲，是拿命来逞强。事隔这么多年了，怎么去看当初的这件事？

吴凤花：我当时坚持演出理由很简单，既然在台上出了意外，或者说给我这次演出造成遗憾，我希望把那个意外和遗憾，弥补到最低限度，这是一点。第二，我觉得是来自于观众的动力，我觉得观众和演员之间这种特殊的情缘，是永远分不开的无可抵挡的。《断桥》这个戏是从浙江婺剧团移植过来的，这次摔伤以后，我把以前演出的录像资料全部拿出来总结，我觉得以前有很多不足的地方，假如说现在去演，我会有新的长进。因为我爱舞台，我喜欢演戏。

白燕升：正是因为她热爱，喜欢，所以我听团里的人讲，吴凤花差不多快卖给剧团了，连谈恋爱的时间都没有。至今还是单身，为什么？

吴凤花：我之所以到现在还是单身，有一个特殊的原因，当时我们团里两个花旦，吴素英跟陈飞，我1998年摔伤以后，她们两个人也经历了人生的一个转折点，都相继结婚，养孩子，每一个人差不多离开了两年。我一年之后复出，我们的各级领导希望我延长青春期。我觉得一个团永远要面对市场，作为团里一分子有这个义务，有这个责任，去帮团里度过这个非常时期。她俩回到舞台之后，团里演出任务不断，这样一来不经意我就三十好几了。在家里，我父母唠叨得蛮多，但是他们很理解我，不给我太多的压力。

白燕升：其实人在舞台上的黄金期，没有多少个四年。

吴凤花：首先可能是没碰上，或者说我在工作上投放的时间偏多了一些。到现在为止，我还是随缘，不刻意强求。另外，人家还说我是个假小子，因为平时喜欢跟男生一起玩，不是十分女性化的一个女孩子，线条也比较粗，不会做菜，不会下厨房，这是我最大的弱点了。

白燕升：你的很多朋友看你在舞台上演戏，非常心疼，为什么呢？首先是年纪轻轻，落了一身的伤，再有呢，因为你油彩过敏，这个脸青一块紫一块的。

吴凤花：现在基本上适应了，不化妆也敢出门。有时候也会出笑话，比如说到农村演出，别人说我是演包公的，也有说这个人好像跟谁打架过一样，这种笑话很多。现在我基本上适应过来了，我把它理解成职业病。至少说它还没有影响到我的舞台上。早几年我不适应，我很怕丑，怕出去。那时戴眼镜或者戴个帽子，就是要化个妆才出门。现在的业余时间，我会去学习怎样保护皮肤。

白燕升：一个人越是内敛，越是低调，喜欢你的观众就越是紧紧相随。吴凤花从艺以来的第一个艺术专场不是在绍兴，而是上海为您举办的。吴凤花有足够的条件、足够的资本，到更广大的天地里去发展，我听说过，上海、杭州、宁波等很多地方，都向你伸出了橄榄枝。

吴凤花：绍百目前三个一级演员都没有离开绍百，这是一种特殊的情缘，这是第一。第二我觉得只要是你在这一块土壤里面，辛勤的耕作，都会给你同样的回报。我的感觉。第三点，目前来说，整个机制非常灵活，你没有必要调到哪个团，现在有比较灵活的市场操作，各个团都可以合作的。

白燕升：看着自己的好朋友，好姐妹都成家立业了，有没有想早点结束单身过一个属于女人的小日子？

吴凤花：其实我很想有个家，只不过缘分没到。我希望一切随缘，能够找到一个可以相互倾诉或者志同道合的，能为你事业增光添彩的一个伴侣。

白燕升：不光是我，很多喜欢吴凤花的戏迷朋友，恐怕在心底都怀着一份默默的祝愿，祝愿你早日找到另一半。

吴凤花：谢谢。

白燕升：你所在的绍兴小百花越剧团是以文武合演见长的，越剧又是一个讲究柔情唯美的剧种，于是就有人说，你打得过京昆，打得过北方剧种吗？还是老老实实的演才子佳人戏吧。听到过这样的说法吗？

吴凤花：很多。绍百建团的时候，就是一个坚持演文武戏的剧团，刚开始那几年，观众反馈给我们的意见很多。

吴凤花和陈飞《十八相送》

一种是，不要搞了，何苦自找麻烦，自己找苦吃。一种就是觉得可以尝试，也许能找到属于自己特色的一条路来。通过20年的探索，观众逐渐在认可，行家也给了我们较高的肯定。我觉得戏曲是百家争鸣，我们应该找到一个适应自己生存土壤的空间。

白燕升：上个世纪90年代，你在《吴王悲歌》里演的吴王，给大伙留下了特别深的印象。于是有人说，吴凤花塑造的吴王，有一种别的女小生身上没有的霸气。巧了，后来你演了《虞美人》里的西楚霸王，可以说是现在越剧舞台上第一个霸王。《虞美人》里的霸王和《吴王悲歌》里的吴王，这两个角色差异在哪？

吴凤花：吴王残暴好色、不理朝政，这方面，历史对他自有评价。我们展现的是吴王另一个侧面，就是他渴望过正常人宁静的生活，他也需要一份情，不希望打打杀杀。现在回过头来演这个霸王，事隔12年，通过12年的舞台实践，我肯定会有所提高，这也是一个非常好的组合，三地剧团联合演出，除了单仰萍，董柯娣大姐也一起加盟演出。我觉得三个人物对我们三个演员还是比较吻合的。展现霸王形象，女子越剧有很多先天不足，但是在这个戏当中，定位要找准的，不论从唱腔还是从造型上，包括表演导演的整个处理，我觉得还是要找到属于越剧风格的一个演绎。

白燕升：《吴王悲歌》到《虞美人》相隔了12年。人物都属帝王将相，很神似的两个角色，这是一种巧合呢，还是吴凤花有意为之呢？

吴凤花：应该说是有意和无意加在一起吧。别人把我定在"武戏文演，文演武演"这个小生行当中，无意之中，也就是这样沿袭过来，包括我后面创作的《马龙将军》、《越王勾践》，都是属于帝王，属于舞台上比较阳刚的形象。所以说我觉得是有意和无意之间。

白燕升：吴凤花在绍百当仁不让的成了女主角。2005年11月份，"吴凤花艺术工作室"在绍兴成立了。作为一个绝对的领衔主演，不愁没有人跟你演戏，也不愁没戏演，为什么要成立工作室？

吴凤花：很多人会觉得，可能是团里演不到戏，其实我演出机会，实践机会很多。目前政府对文化相当重视，作为工作室来说，也是一个新兴的文化产业，既然你选择了这行，就要有勇气去尝试走市场。至于说市场带给你的风险大还是小，就是要你边学习边摸索；但反过来说，目前这个工作室，各级领导对我非常关爱，没有给我太多压力，希望我一步一步的走，不要步子跨得的太大，我不是和团里脱钩，我跟剧团是上下级，我是团里的一个艺术创作室，我还站在舞台第一线。我希望跨出一小步的同时，更多的是锻炼自己，以前是孩子，现在要学做一个小大人。

白燕升：我能感受到吴凤花的一种坦诚，怀着一份对各级领导和同事的感激。2006年是越剧百年，绍兴是越剧的故乡，身为越剧故乡的越剧人，对越剧的下一个百年，有什么期许和打算吗？

吴凤花：首先我觉得越剧能够跨过一百年，这是老一辈艺术家创造的财富。一百年之后的越剧是什么样，我觉得在继承的同时，更多是靠我们中青年一代去绘制蓝图，毫无疑问，在机制方面，宏观上会有所变化，你要在变化的同时，去选择去寻找你更好生存和发挥的点，这是最主要的。第二，演员就是要创作就是要演出，一百年留下来的越剧是宝贵的财富，包括丰富的剧目像《梁祝》都已成为一百年历史的见证，中青年一代要摸索创作新的题材新的剧目，它有一个成长到成熟的过程，直到最后观众认可，成为一个可以留下来的好作品，这需要一个很长的磨炼过程。一百年之后，我希望我的工作室包括我们团，能够创作出属于越剧风格的，老观众也能接受的，年轻观众更喜爱的具有时代感的剧目来；一个人的力量是不够的，我希望有一批中青年演员寻求创作空间，大家努力，心齐，向前走，我们的目标是一致的，希望越剧在戏曲百花园中占领一方特有的土壤。

1998年，吴凤花到武汉演折子戏《断桥》，一个"吊毛"动作没做好，胸椎压缩性骨折，但她依然坚持到演出结束。时隔7年后的2005年，吴凤花再次来到武汉，同样演的是《断桥》，折服了武汉观众。

2008年11月，我们在浙江嵊州相遇，那时她已经怀孕好几个月了。知道她属于高龄孕妇，那次演唱会特意没约她。可没想到，身怀六甲的阿花居然毫不在意，还去浙江嵊州担任越剧大赛评委，我认真地嘱咐她小心谨慎，她倒安慰起我来，没事儿，我身体好，呆着难受。

后来，收到短信：儿子牛牛正月初五降临，七斤三两。

再后来，又收到短信：陪儿子的感受是辛苦加幸福，准备2009年下半年复出。目前正在寻觅新剧本，为摘取"二度梅"努把力。眼下关键问题是减肥，牛妈妈尚超重十斤左右。

那些角儿 THOSE PROTAGONISTS
一个"外行"眼中的梨园

张建国：打开了另一扇门
WU FENGHUA

张建国

1958年生于河北省晋州市。1972年考入石家庄地区戏校，1975年毕业后分配到石家庄地区京剧团。1993年调入中国京剧院。现为国家京剧院三团团长，京剧奚派艺术的佼佼者。

1984年拜张荣培为师，并得到欧阳中石的指教。

擅演剧目有《白帝城》《范进中举》《杨家将》《失空斩》《上天台》《红鬃烈马》《将相和》《赵氏孤儿》《法门寺》、《乌盆记》《珠帘寨》《击鼓骂曹》《打渔杀家》《四郎探母》《甘露寺》《白毛女》《油灯灯开花》《泸水彝山》等。

2008年5月23日至29日，国家京剧院三团团长著名奚派老生张建国在北京连演了七台大戏。首先是奚派名剧《范进中举》和《白帝城》，之后是经典传统戏《乌龙院》《赵氏孤儿》《四进士》和《将相和》，最后则是获得多项大奖的创新京剧《泸水彝山》。

张建国举办演出周，一个演员连续主演七天，而且每天一个剧目，是京剧舞台上少有的景观。这些戏唱做并重，对于无论如何也不算年轻的50岁的演员来说，是个不小的挑战。

张建国专场演出周拿住了自己，也拿住了观众。期间正值四川地震不久，他把第一场"范进中举"，确定为赈灾义演，义演所得善款128564元全部捐赠给灾区。

张建国是我的河北老乡，他是一位文武兼备、唱做俱全的演员，又是当今京剧舞台上奚派艺术的佼佼者。1984年他正式拜奚啸伯的得意门生张荣培为师，并得到欧阳中石先生的指教。多年的舞台磨练，他掌握了奚派严谨工整、韵味浓郁、委婉流畅、行腔百转迂回的艺术特点，演唱腔圆韵足，颇具洞箫之美。1989年他只身闯上海，连唱三天一炮打红，被称为"小演员轰动大上海"。

很凑巧，我们都是1993年从石家庄调到北京的。之前，他已经名声在外，先后获得了上海第二届白玉兰主角奖，全国中青年京剧演员电视大赛最佳表演奖，还荣获了梅兰芳金奖。来到北京更是顺风顺水，1996年被推荐为"中国京剧之星"，2001年毕业于京剧研究生班，2002年荣获中国戏剧"梅花奖"。

近些年来，做为一个艺术上日臻成熟的演员，对于京剧的方向发展，有了更多的思考。张建国认可"老树开新花"的艺术理念，反对话剧加唱、大制作等。他认为，京剧艺术要发展，要和时代接轨，但这种接轨不仅是形式上的，而且是内涵上的。也就是说，花虽然是新开的，可它是在老树的基础上开出来的，而不是重新植根于另外一棵树上的，所以它仍然是老树的一部分，仍然是京剧。

除了《泸水彝山》，这几年，他还对《白帝城》《将相和》《四进士》这几出老戏进行了改革，在剧本、唱词以及舞台呈现形式等方面，都有所改动。他称这种改动为"润物细无声"，而不是大刀阔斧。

面对如今那么多新创作的剧目，却没有多少唱段流传，张建国也有自己的看法。他说，过去一个好的唱段，都是演员和琴师一起琢磨、商量定下来的，演员唱着舒服，观众听起来也舒服。而现在的一些唱腔设计全然不考虑演员怎么唱，只根据自己的兴趣来设计，还喜欢卖弄技巧，怎么难怎么来，怎么新怎么来，有的甚至脱离了唱腔设计的艺术规律，设计出的唱腔不符合演员的发声特点和艺术特点，演员唱得很费劲，观众自然听着也不顺耳。当然，还有一个原因就是演员的功力不够。如果演员的舞台经验和艺术功力到了一定程度，他就能根据自己的特点去"变"唱腔，即便设计得不合理，他也能改过来。

一个人的时运，就如同波动的曲线有高有低，面对人生的跌宕起伏，如何调试自己，或许人到中年以后，对这一切领悟的会更加真切。

白燕升：十年前，我和刘曾复老先生，在恭王府聊天，他跟我说了一句话"现在建国在舞台上会做戏了，有自己的东西了"。你知道一位虽学医但精通戏曲的大家，说出这个话来，我就能判断，你十年前在舞台上唱奚派是个什么境界了。记得还有一位相声名家说"张建国把奚派给唱红了"。在你嗓音条件高低不挡的时候，应该说不管是传统戏，还是现代戏，都能够应付自如。但是有一个阶段，建国对自己的嗓子力不从心了？

张建国：应该是2001年之后，突然感觉自己气息不对了，声音不对了，唱起来发横了，声音越来越宽。我想是不是累了，老师过去常说，人要到40岁，有一个第二次变声。因为生理有了变化，你再按原来的所学、按原来的方法演唱，已经不适应了。这个时候就要根据自身生理的变化，来变化自己的方法。对于我来讲是很难的。因为我学戏是比较认真的一个人，可以说我三分学，十分的努力去背、去琢磨、去按照老师教的临摹。其实自己还没有完全掌握奚先生的真谛，因为前辈大家所处的时代，他的修养

在《泸水彝山》中饰 诸葛亮

是非常深厚的，我们这一代是不够的。

我于是尽量回避大块的戏，比如《杨家将》我就不演了。我演什么呢？《赵氏孤儿》《四进士》《坐楼杀惜》，做功戏和念白戏。既丰富了自己的剧目，又提高了自己做念表的水平。尤其是找声音的时候，是非常艰苦的。因为原来对这些东西不太重视，自己觉得声音太好了，张口就有，想模仿谁的声音就能模仿，而起变化之后就不然了，甭说模仿了，自己的声音都不行，它都很难听。

人的事业不可能一帆风顺。有些前辈艺术家，有很多嗓子非常好的，到现在后辈人都赶不上，却最终没有留下什么。反之，那些嗓子不好的，倒让人百唱不厌，倒让人百学不烦。

白燕升：的确！就是很多创造了流派的一些大师，有相当一部分，他们最难能可贵的并不是他们无可挑剔的嗓音条件，相反正是因为嗓音条件的局限性，潜心研究自成一派，比如大家熟悉的像马派、程派、周信方先生创立的麒派。李少春先生，也不是嗓音条件多么好的一个人，但他唱出了人物、唱出了感觉，达到了更高境界。我相信建国嗓音出现危机的这几年当中，肯定会有意想不到的收获。比如说在塑造人物上，有些角色可能是太年轻了体会不到。

张建国：我当时学戏，我师傅那会儿说：《失空斩》这些你可以演一演。等到真正演好的时候，是在45岁以后。当时我真的是理解不了，现在，真的理解了。师傅说的是，只有人生经历了那么多的坎坷和历程，他才能演好。尤其是诸葛亮。这次我到日本演出《鞠躬尽瘁诸葛孔明》这出戏，我们演出了68场，历时两个月。为什么我现在觉得嗓子越来越好，这次也是一个很好的练习机遇。对于我来讲，每天必须演，甚至两场。你嗓子多么不舒服，你也得去唱。大段的念白、大段的唱，你得去面对观众。而且面对的是国外的观众，虽然是日本的观众，但是他们对中国的《三国志》了解得很深。我这几年，有得有失。关上一扇门的时候，打开了另一扇门。

白燕升：还有一位著名的书法家，也是奚啸伯先生的弟子——欧阳中石先生。说到欧阳老，建国一直以欧阳老为榜样，来提升自己艺术精神、文化素养。

张建国：我看过一个资料，说到奚派艺术的创始人奚啸伯先生，对于古文学，打下了特别好的基础。古文基础好，我相信对于分析唱词、理解人物都是特别有帮助的。

白燕升：对，我还听说奚啸伯先生，跟自己的弟子欧阳中石先生通信的时候，全部用毛笔。我知道建国现在学茶道也好，跟老师聊唐诗宋词也好，还是练书法也好，也是在有意提升自己的一种文化素养。

张建国：是，我和书画界、国学界的一些大家，都有着很密切的来往。就是熏陶自己，向他们学习对艺术的追求，这仅仅是一方面。更主要的学习他们的修养，他们做事的方法，以及他们对待事物的认识，对自己是很大的提高。看他们画画、写字，听他们聊天，对自己是一个熏陶，这需要一个演员，能够沉下心来、静下心来才能够去体会的。

我跟建国聊了很多，尤其聊到他在中年时期，嗓音出现危机时的一种探索和心态的调整，这使我想到了奚啸伯先生。奚啸伯先生特别喜欢用毛笔写字，每次写，总是停不下来，眼看着信纸的空白越来越少，字也就变得越来越小，但是无论字怎么小，笔笔不苟，字字清晰。

一个人如果想提高自己的生命质量，一定要耐得住寂寞，一定要沉下心来，潜心地钻研。这将是我们永远不变的一种探索，从张建国身上，我似乎看到了这一点。

张建国已经演了不少关于诸葛亮的戏，但他并不满足，想演出诸葛亮的连台本戏，从"初出茅庐"一直演到"星落五丈原"，连续演出10本，真正打造出一个完整的"张建国版"诸葛亮。

我们期待着！

张建国饰 宋士杰

那些角儿 THOSE PROTAGONISTS
一个"外行"眼中的梨园

杨 俊：天仙配未了情
YAN JUN

杨 俊

湖北省黄梅戏剧院名誉院长，黄梅戏名家，"五朵金花"之一，国家一级演员，享受国务院终身津贴的青年文艺专家，全国政协委员。

先后主演了黄梅戏两部电影《孟姜女》《血泪恩仇录》；主演的黄梅戏连续剧《貂蝉》获全国"飞天奖"；主演的舞台剧《未了情》《双下山》分别荣获中国戏剧"梅花奖"和全国"文华"表演奖、中国黄梅戏艺术节"金奖"。

她经历了黄梅戏巅峰时代的繁华，又在最艳丽的瞬间转身，找寻自己的天下。她似乎永远在探索、永远在追寻那份至情至性的黄梅风雅。

2006年初，我竞聘上岗，担任了《戏苑百家》制片人。

刚开始独立操作做访谈，谁有名请谁，从收视率来看，确实有效。栏目收视从接手时的倒数第一慢慢攀升，半年后，栏目排名冲进前五名，这对一档谈话栏目来说，实属难得。

收视上去了，我又产生了新的疑惑和不满足。我想，节目不能只为收视而存在，也不能成天只盯着所谓的明星大腕儿。

2007年4月中旬，对黄梅戏演员杨俊的专访，让我彻底改变了最初的创作思路。"成名"、"成功"固然重要和可贵，但是困惑、挣扎、超越及成长过程中流露出的人的品性更加动人，也更具魅力。杨俊显然不是黄梅戏最有名的演员，也不是最有争议的一位，但她却为《戏苑百家》创造了第一个收视新高。

为什么那么多人关注杨俊，因为她真诚的讲述、善良的心愿和依然有梦的纯粹。

白燕升： 也许是时代发展得太快，也许是机会和机遇蜂拥而至，就在五朵金花绽放的最绚丽、最耀眼的时候，她们各奔前程。对你来说，1982年去香港演出是你走向外面世界的开始。尽管当时演了很不起眼的三个小角色，你也因此特别的郁闷，但还是被香港大导演李翰祥先生看中了。

杨 俊： 我感觉就是天上掉馅饼。到了香港以后，我就是很正常地演，尽管我很郁闷，但是我只要上了台，还是非常尽心尽力的，让自己生活在角色里面。虽然是小丫鬟，但面对小姐的所思所想，我要做出各种反应，那天《女驸马》结束以后，后台就炸开了锅，因为李翰祥到后台了。我心想，李翰祥来后台，还不是看主角，于是我就开始卸妆，忽听有人喊：春红春红，春红不是我吗？我问，什么事？他们说李翰祥导演要找你，我说天啊，我简直没想到。

李翰祥导演和他太太把我拥抱在怀里说，太可爱了。这一下子我自己都蒙了，怎么又把我从地上拽到天上去了，我飘啊飘啊，我在香港那几天，我就觉得我自己挺了不起的，作为一个小角色，能被大导演看中，谁说我不行，我行的。

白燕升：李翰祥先生他写的自传里《三十年从头戏说》当中，还提到了到后台找小丫鬟这个事。李翰祥导演看中了你，给你带来了什么？

杨　俊：带来了极好的机会，他到北京来拍《垂帘听政》，大家都知道，里面有很多明星，有刘晓庆、梁家辉、陈烨等，我和他们一样也上了世界画报的封面，我也是安徽省第一个拍电影的人，你说安徽不炸了锅了？门都被记者踏破了。

白燕升：飘飘然了吧？

杨　俊：飘飘然，因为我那个时候才十几岁，刚毕业，承受力还非常有限的。之前我没来过首都，我觉得那个时候我不得了，眼前一切都是全新的，世界都是非常美好的，试了妆，终于开拍了，但看样片的时候，我无地自容。

白燕升：怎么了？

杨　俊：非常的胖。因为是宽银幕，就更加夸张。哪像丽妃，我演的是受慈禧太后虐待的一个妃子，是皇帝的一个宠妃。

白燕升：应该是惊艳无比又弱不禁风的那种感觉。

杨　俊：对！我整个感觉就像吃地瓜长大的。我自己也不敢看，我是很敏感的一个人，导演的脸色和周围的人的脸色让我无法自信起来，我无法找到杨俊的自我了，全部都捣毁了。再加上我十几岁，喝水都能胖的年龄，那时候也没有减肥药，怎么办，不吃饭也胖，没辙了，就换成了青年舞蹈家周洁。

白燕升：我相信看过《垂帘听政》《火烧圆明园》的观众，听过了杨俊的这段讲述以后，也会恍然大悟，如果当初杨俊像现在这种状态，就成丽妃了。结果后来呢？

杨　俊：导演一直没有说不行。我也一直在等待。我来到北京，就这样回到安徽，我怎么向那么多的同学，周围的朋友去解释，因为我的胖，而没有上去啊。我是那么激情满怀地来到首都，不能就灰溜溜地回去了。我一直在等，一直在这个剧组呆了九个月，别人每天开工了，我一个人在东四宾馆，死的念头的都有。那种心态，那种心情，我那个年龄是很难承受的。

白燕升：九个月以后呢？

杨　俊：后来，被杨洁导演的《西游记》剧组看中，又被广东电视台台长看重演杨贵妃。

白燕升：演杨贵妃合适了，胖一点正好。那个电视剧，叫《飘然太

白》。说到《飘然太白》这个电视剧,恐怕有些久远,大伙可能记不清了,但是说到《西游记》我相信大家一定是记忆犹新,杨俊演的就是白骨精变化的一家三口当中的那个村姑,这样一个角色,让你感受到成功的喜悦了吗?

杨 俊:那个剧组很多人都是戏曲演员,我感觉有种回家的感觉,有杨春霞老师,还有很多戏曲界名人都在那里。我非常感谢杨洁导演给了我这么一个机会,我就像抓住了事业的希望,之前我一直在怀疑自己。

白燕升:演完《西游记》以后,有没有想留在影视圈,不唱黄梅了?

杨 俊:一直在犹豫,到底是留在北京,往影视发展,还是回到黄梅戏舞台,我一直在游离,一直在等待着机会。但是不能够傻等着,你还要回去工作啊,我又回到了安徽省黄梅戏剧院。

白燕升:后来,你又有了演电影的机会,就是黄梅戏电影《孟姜女》,应该说是杨俊事业上的转折点。团里当初不重视你,现在让你主演《孟姜女》,又把你提高到一个很高的位置上了。

杨 俊:对,其实我离开黄梅戏舞台已经有两年多了,我没张口唱过,所以这个剧目给予我的时候我又吓了一大跳。因为这个舞台剧,是吴琼的,已经演了很多场了,她演得很不错的,很多脍炙人口的唱腔也是她留下来的。那个时候我有逆反心理,有一种愤青的感觉,你让我演可以,要我做小品参与竞争,不可能的事情。

我脑子里面跟领导有抵触,我这种拧的性格被导演看中了,那个时候我受了那么多打击,已经偏瘦了。

白燕升:不光是偏瘦了,脾气也长了。

杨 俊:脾气也长了,那时候很盲目的一种脾气,还是心理不自信的表现。我两年都没有开口了,再说吴琼在舞台上,正是她的鼎盛时期。当时我就没抱希望,爱怎么着怎么着。也许就是这样一个状态,导演就觉得你成。最后确定下来,孟姜女由我来演,希望吴琼给我配唱。于是我就认真起来了,我也找过吴琼,导演们,包括作曲家时白林老师也找过吴琼,希望她来给我配唱,吴琼拒绝了,说要演可以,配唱是不可以的。

白燕升:吴琼把这段儿,写到了她自传里,她是这么写的:我们的友谊应该说还是经受得住考验的,1988年我因为成功地主演了舞台剧《孟姜女》,事业有一点起色,电影厂要将《孟姜女》拍成电影,我以为我会咸鱼翻身了呢。结果导演还是不满意我的形象,提出让杨俊主演,叫我配唱。我想我们内心都很矛盾,最后我和杨俊当面谈心,希望她能够自演自唱,有什么困难可以来问我,我把我唱歌的录音带都给了她。杨俊果然出色地完成了电影《孟姜女》的演唱,而且从此在人们的印象中,不擅长唱功的杨俊,一跃成为唱得不错的演员,她对自己也有了信心,我们也因此维护了友情,依然是好朋友。

杨 俊:她写得非常真实。

白燕升:那你为什么还要离开安徽?

杨 俊:我觉得我应有更大的发展空间。宝塔只有一个尖,要坐到那个尖上去,猴年马月啊。可我心里不甘,老是想蹦出去,给我一个舞台,让我展现一下,心里很急迫,很渴望。

到底人间欢乐多

《西游记》剧组到湖北的黄冈市去演出，当地的领导找到了我，说湖北要把黄梅戏请回娘家。我觉得机会来了，就没有考虑在什么地方，我顾不得太多了，只要你给我一亩三分地，我就要撑起一片天，我没有提任何条件就答应了。我看了一下整个氛围，因为是歌舞团，唱黄梅戏是很业余的。你不说你能吗，你不说你有能力吗，你来改造吧。1989年8月28号湖北省黄梅戏剧院成立了。

白燕升：当时跟安徽省黄梅戏剧院的领导怎么说？

杨俊：没说，说也不可能放人。我写了一个辞职报告，在他们没有上班的时候，我从门缝里面塞进去。那天晚上下着蒙蒙细雨，我和张辉两个人就悄悄地走了，其实心里还是有一些凄凉的，没有朋友送我们，没有领导的祝福，没有大家的希望。因为我们是在黑暗中走的，也不知道我们走出去的路，是不是有光明，是不是很坦荡，都不知道，总觉得闷着头，冒着雨就闯吧，就闯到了今天。

白燕升：到了黄冈，一切从头开始。黄梅戏的发源地就在湖北省的黄梅县，杨俊跟张辉到了湖北这方天地里，似乎也找到了家的感觉。

杨俊：对。

白燕升：奋斗了十几年，湖北这块土地，给杨俊带来了许多荣誉，比如说梅花奖和文华表演奖，都是哪几个戏？

杨俊：一个是《未了情》现代戏，还有一个《双下山》古装戏。这两个戏呢，是我的师傅余笑予给我排的，他为我量身定做的，一个古装戏，一个现代戏；一个悲剧，一个喜剧，淋漓尽致地展现了我的一切。这两个戏，与其说获得梅花奖和文化奖，不如说我把这两个戏带到安徽，参加了1996年全国第二届黄梅戏艺术节，我印象更深刻。我太想在安徽证明我杨俊能行的。

白燕升：结果怎么样？

杨俊：结果如愿以偿，那一次，在上台之前手脚冰凉，我没有这么紧张过。已经默默无闻六年了，这六年，许多人都不知道我去那里了，但是我想，埋头是为了抬头，六年过去了，马兰那次也参加了，韩再芬等名角都云集在安庆那个地方。我拿到了个人的金奖，毫无争议的金奖，另外我们这个戏，拿到了优秀剧目奖的第一名。

安庆都炸开了锅，都说人家才叫真正的黄梅戏，我当时想，大家都是在为黄梅戏做事，我用努力证明了自己。

白燕升：尤其是在黄冈，那里的剧团也好，演出条件也好，都不是特别理想，这么多年，你一直坚持着挺了过来。应该感谢患难的好朋友张辉。

杨俊：是，我当院长期间，一个最大的愿望，就是要给张辉排戏。因为我来黄冈来湖北的时候，真是一个电话，张辉就一起来了，不问任何条件，我真是感谢。如果我杨俊能够有今天一些成绩的话，没有张辉的扶持，是不可能的，甚至也不可能有今天的湖北黄梅戏。我希望帮他完成心愿，拿一个梅花奖。张辉虽然现在还没有拿到梅花奖，但在很多人的心目中，他早就是梅花奖演员了。我能和他搭班，能和他合作，就像人家说的，黄金搭档也好，在台湾说我们是金童玉女也好，这种称谓是对我们的肯定。

《和氏璧》做完以后，我自己也有反省：黄梅戏这个剧种，承载这样的题材——以男人为主的戏，是有局限的。因为我们的音乐有限，班底有限，我们这个剧团，是不能打群体仗的，我们要突出张辉这样的单打。但宫廷戏，它是要场面，它是需要班底，包括灯光，音响需要综合地包装，这恰恰是我们团的短处。我作为一个院长，我的决策还是有些失误的，最后没有得到梅花奖，没有达到所期待的结果，这是非常遗憾的一件事情。

白燕升：我看到了杨俊的率真，不回避自己在探索当

中的所谓失败。说到杨俊和张辉，毅然离开了安徽到了湖北，一呆就是十八年，后来杨俊当上了黄冈政协的副主席，可是就在几年前，杨俊又辞去了院长的职务，为什么？

杨　俊：我真正辞去是2006年6月30号。为什么要辞职，我感觉到我有许多的无奈，有许多的不得已。湖北黄梅戏，它不是哪一个个人的艺术，它一定是综合艺术，我感觉到我的队伍太薄，人员太少，志同道合的人还不够多，总感觉到自己老在单枪匹马地做事，背负的责任和压力有时候承受不了了。我们这个剧团的很多团员，考虑的是生存，我考虑的是发展，所以我们有些想法是有落差的。

我从安徽到湖北，如果我第一阶段的事情已经完成的话，第二阶段的发展，我的想法跟我们团员以及一些领导可能无法沟通，我有一种无望的感觉，非常非常的痛苦。

白燕升：想把黄梅戏做大，并且还怀着一种激情，一种渴望，但找不到同行路上的同道者，所以就觉得非常无能为力，某种意义上辞去是一种无奈之举。

把舞台延伸到武汉，希望在武汉再打出一片天。

杨　俊：对，我希望如果黄冈有张辉的坚守，武汉有我的打拼，如果这两边遥相呼应，机会共享，我觉得会很好。如果同时埋没在黄冈这个地方，你不在经济和文化的中心，被边缘化了。所以说我现在的离去并不是背叛，我真的不愿意去解释什么，我觉得黄冈也好，湖北也好，永远是我感恩的地方，它让我成长了，让我成熟了，让我拥有了，让我得到了。今天我还想再发展，我没有停止，我做什么，永远代表着湖北黄梅戏，如果与湖北黄梅戏无关的事情，伤害湖北黄梅戏的事情，我杨俊是肯定不去做的，因为我有这份责任。只要做黄梅戏，大黄梅的意识一定要建立，不要小气，要容纳，要敞开胸怀要打开门窗，因为我们没有资本闭关造车，我们只有敞开胸怀，敞开大门，走出去，多听多看。我希望这种心态，能够传达给懂我的黄梅戏人。

杨俊的执着、困惑、隐忍、挣扎、韧性，我感同身受。事实上，她的讲述引得了圈儿内外太多人的共鸣。之后，我们邀请她参加了一系列演出，所到之处好评不断，她的甜美、她的善意、她的从容观众印象极佳。

2008年的春天，当选为全国政协委员的杨俊来北京开会，期间我们吃饭小聚，她的心情放松舒畅，人也更显年轻了。现在的她更加自由，除了应邀参加演出、讲课、拍戏外，还要以全国政协委员的身份调研民情民意，舞台上下杨俊乐此不疲。

但我知道，杨俊依然有梦，超越自我光大黄梅的梦。她的经历，经验，精力，精神正值鼎盛且年富力强，只要有一个环境一个平台一个团队，她一定会把梦做得更圆更美更绵长更久远。

2009年5月，她的老搭档张辉终于摘得"梅花"，参评剧目《双下山》，杨俊倾情配演。他们都如愿以偿。

2009年年底之前，杨俊将推出酝酿已久的新版《天仙配》。

祝福并期待杨俊早日实现黄梅未了情！

那些角儿 THOSE PROTAGONISTS
一个"外行"眼中的梨园

丁 凡：买票看戏才光荣
DING FAN

丁 凡

广东粤剧艺术大剧院院长，国家一级演员，粤剧名家。他戏路宽广，扮相俊俏，能文能武，嗓音华丽，唱做俱佳，尤以小生行当见长。曾主演《魂牵珠玑巷》《伦文叙传奇》《宝莲灯》《唐明皇与杨贵妃》《兰陵王》《宝莲灯》《紫钗记》《狸猫换太子》《沙家浜》等大批剧目。先后荣获了"文华表演奖"、"梅花奖"、"金唱片奖"等奖项。多次率团赴美国、加拿大、澳大利亚、新加坡、台湾、香港、澳门等国家和地区演出，深受欢迎。

他从来不为票房担忧，他演戏，观众买票为荣，剧场座无虚席；他把流行音乐融进戏曲，却让流行乐手拍案叫绝；更有甚者，为他一掷千金，用剧院规格建筑舞台，只为一次戏曲盛宴。

很多北方人听不大懂广东话，但听到歌曲《沧海一声笑》《男儿当自强》等熟悉的旋律时，大家会有种熟悉亲切的释然。这些歌曲都是香港四大才子之一的黄霑先生创作的。黄霑先生曾经获得过广东粤剧史和粤剧音乐的硕士学位。当年这些粤语歌曲都受广东粤剧深深的影响。

广东粤剧界的领军人物，广东粤剧院的院长丁凡是"宝玉"、是"许仙"、是"岭南才子"、他是"多情和尚"……很多女戏迷都称他是广东的"师奶杀手"。

丁凡原来是湖南人，他在广州长大，但不等于就喜欢粤剧。丁凡是典型的半路出家，1974年高中毕业后，德庆粤剧团觉得这个小伙子很有条件，就让他到剧团唱粤剧，专攻小生，之前什么叫粤剧从来没听过没看过，于是就边演边学。1979年被派往广东粤剧学校进修，可想而知，对于戏曲演员来说，二十岁开始学粤剧无论如何都太晚了。如果说有条好嗓子，学唱还勉强可以的话，身段的练习恐怕太难了，因为腰腿基本定型。不服输的丁凡迈出了第一步：走圆场，打旋子……先从基本功开始，练得非常辛苦。

因为他肯下苦功，所以进步很快。1980年，广东青年粤剧团组建，他被"伯乐"慧眼相中，进入省团。在这期间，丁凡遇到了他的好搭档陈韵红，在两人合作的近十年时间里，丁凡的艺术发展迈向了高峰。其间，除了排演了大批传统剧目外，他们主演的新编粤剧也好评如潮。

白燕升：现在不少剧团对于基本功的训练，不是那么强调了，尤其是年轻的演员。

丁 凡：不会，不会，我们广东粤剧年轻演员的基本功，应该是一代比一代强。只是有太多文艺节目忽视了他们的存在，对戏曲方面的宣传也做得不够。我有几个学生，他们的武打戏在全国也是拿得出来的，他们参加过全省地方戏比赛也拿金奖。今年去上海演出，尚长荣老师看了之后说，没想到你们粤剧界还有武打，打得那么好，我们上海京剧院都做不到。现在练南派的武打，比京剧的武打还要辛苦，南派的武打，像武术一样是有真功夫这样打法的，而且比较容易受伤。

我们早上很少练功，都是在晚上练。为什么呢？我们的习惯这样，因为我们演出一年一百多场，一百公里之内都是当天来回。下农村演出，南方夏天比较长，一般八点多才开场，演出回来也一两点了，不可能一早就起来练功，不演出的时候晚上都在练功，他们的功夫真的是不错，很不错。

白燕升：我发现广东的粤剧市场还有一个现象，值得全国很多地方的观众学习和借鉴：以买票看戏为荣。

丁　凡：对。我们粤剧有很多戏迷，包括我自己有"丁凡之友"。"丁凡之友"戏迷会他们都会动员大家买票看戏，他们都是要买票，而且也动员别人买票，来看我演出。

白燕升：他觉得这才是对偶像真正的支持。

丁　凡：对，我觉得是。

白燕升：以您个人在2005年搞的《今夜不平凡——丁凡艺术专场》为例，在香港和在广州两地，自然出票的情况怎么样？

丁　凡：出乎我意料。当时我在中山纪念堂演三场，你知道广州中山纪念堂是三千多座位啊，六百多块钱一张票。我都担心行不行，我每天在澳大利亚打电话回来，问怎么样，票房怎么样。当时帮我管票房的，他心中也没底，只是说，差不多吧。老是差不多，究竟行还是不行都不知道。因为我是第一次搞专场，如果真的场面不好，自己感觉没什么面子，我就打电话给朋友，我有专场，你们来捧场啊，都得买票啊，人家都答应我了。朋友说我买一百、二百，我说差不多，有几百张票了，谁知道回到广州以后全满了，不用朋友来捧场。

白燕升：三千座位的剧场全满了？

丁　凡：三千八。

白燕升：其实之前在香港文化大剧院连演三场，同样大获成功。提到粤剧不能不提到一个标志性的人物，前辈红线女。我听说您办专场的时候她也去看了。

丁　凡：她从彩排就去看了，彩排比较乱，我不敢叫她去看。她知道消息以后她打电话骂我，你怎么彩排不叫我，我说我太乱了，不敢叫你。她说，彩排才知道你有什么问题，我才能告诉你啊。所以她自己就来了。

白燕升：我知道您跟红线女渊源很深了，从什么时候开始接触的？

丁　凡：我们接触的时间不算太长，我在广东省粤剧院，她在广州市粤剧团，在不同单位。但是她看到我们有条件的年轻人她都特别喜欢，所以她经常看我的演出啊、活动啊，主动提意见，就这样。

白燕升：你们二位合作过吗？

丁　凡：在新加坡演出的时候我们清唱合作过。

白燕升：广东粤剧这个剧种，它很个性又很包容，甚至把流行歌、把西洋乐、把民间小调、甚至贝多芬的《随想曲》都可以融合进来，为我所用，善于吸收，兼收并蓄。我有一个疑惑，会不会让观众或者是老戏迷觉得粤剧不伦不类？

丁　凡：不会的，因为这是我们的历史形成的习惯。中国戏曲第一个用西乐小提琴萨克斯伴奏的，都是粤剧首先在全国戏曲当中首先运用的。包括我们现在把流行歌曲移植到粤剧来,但我们唱起来还是像粤剧,不像流行曲。

白燕升:广东的粤剧虽然是悠久,但是它非常时尚、时髦。

丁　凡:粤剧有那么多观众,我觉得这也是一方面的原因。

白燕升:有人说,有华人的地方一定有粤剧,我似乎找到了它流传的原因,它真的是包罗万象、与时俱进。

丁　凡:对,我觉得这像广东人的思想。广东人在经济方面搞得比较好,和他的思想和作风有关,因为受很多海外的东西影响。沿海地区比较早和外国人交流,所以它很能容纳各方面的东西,包括文化,其实三十年代就已经有这个潜力了,我们现在还是继承和发展。

白燕升:广东粤剧一直跟着观众的审美走。

丁　凡:是的,不要看太久的,就看我自己的吧。十年前排的戏,你再去看录像带,和现在都不一样了。观众的要求也是这样,我有很多是老戏新演,老戏新演剧本基本上没有什么大改动,但是我们从包装、服饰、音乐各方面,在位置上再调度一下,他们就觉得怎么比以前好看很多了。其实我们是加了新的元素,时代感的东西在里面。这就证明观众也是跟这个时代走的,不可能一成不变的老样子。

白燕升:香港四大才子之一蔡澜先生说过,这辈子我什么都敢碰,就是不敢碰戏曲。戏曲非常讲究,广东的粤剧就更讲究了,比如说打开电视,哪怕是静音的状态,我一看这个服饰、舞美,看这个画面,我能分辨出这是广东粤剧。

丁　凡:广东粤剧确实和内地的其它剧种不一样,给我感觉也是。一看我就知道这个是粤剧,因为从他的化妆、头饰、服饰、服装啊,都有自己的特点,我觉得这也形成了我们粤剧特有的魅力。

白燕升:您走南闯北,国内国外去了那么多地方,见了那么多的戏。如果我问您,像咱们的舞美,包括服饰,您觉得在中国戏曲界是领先的吗?

丁　凡:不是。我觉得应该原来是,这几年落后了。我现在看了很多外省的剧种,在各方面已经比我们广东粤剧要先进了。

白燕升:可能很多的剧院团体有一种依赖心理,反正是国家养着,国家出钱排戏,投入多少,产出多少,也没有

在《贬官记》中饰 崔云龙

一个要求，对于走向市场的意识比较淡薄。

丁　凡：关键是体制问题，像广东粤剧院，国家给我们经费很少，我们的工资也相对较低，我们的收入就靠演出，所以我们一定要排有观众看的戏，因为我们工资低，就是靠演出，我们演出有市场，演出越多，我们的收入越高。所以我们排戏都是希望能有更多的观众来看，能够多演出。

白燕升：当地政府有没有振兴推广粤剧的一些举措？

丁　凡：全国来说广东这方面做得最好。虽然现在编剧方面人才不是太多，但是做的工夫确实不少，广州市很早就有个粤剧基金会。粤剧基金会除了培养粤剧方面的接班人或者投资搞剧目，还有包括资助编剧和导演在里面。现在我们省也搞了一个粤剧基金会，资金更多，扶持的范围更广，你是大学生，你要喜欢学编剧，免费给你学编剧。每年都请很多全国的名家去广东演出，也有老师来教，就希望我们的粤剧能够搞得更好。

白燕升：一方水土一方人，其实一方水土一定孕育了有鲜明个性的剧种。就拿广东粤剧来说，它里面一定有广东人的风骨，我听说现在广东人有钱了，很多企业家、很多老板为了看戏做了好多可爱的事儿。

丁　凡：这个方面我很是很感动的。因为我现在演出还很多，经常下乡演出，去比较贫穷的地区没剧场，在农村搭一个简陋的舞台。看完演出他们觉得不满足，有人就给我提意见说，丁凡，你为我们演出不卖力啊？我说怎么这么说？他们说我在广州看你演出很好看的，来了这里不好看了，为什么？我说不会啊，我一样的戏，一样那么卖力。但为什么不同呢？因为你们的条件局限，搭个台那么小，人都不够放，布景又放不下去，灯光也不行，肯定和在广州看不一样的。那个老板就建了一个三百多万的舞台。

白燕升：就为了看你们的戏，花三百多万再建个舞台。

丁　凡：第二年再请我演，哎呀，真的确实不同，和广州看的没两样。现在附近的村的有钱老板就学他，为了请我演戏，又花钱建舞台，现在建了好多个，这方面给我的感动很深的。他们有了钱，不是光为了满足自己的生活，他们这一代的农村人都喜欢看粤剧，他说我建那个舞台能够看到你们好的演出，加上我的村也有知名度了，你看其它村的都跑来看戏了，大家看戏多好啊。

白燕升：我能感受得到你在广东，在广东戏迷当中的那种幸福。

丁　凡：问我在广东开不开心，我说很开心，真心

话，发自内心的。我能在这里跟你说话，如果粤剧没有名气，我没有成绩，你也不会找我来做节目。粤剧给我那么多东西，我觉得很开心。所以我觉得我生长在广东，我干粤剧这一行，我是非常非常开心的。

听丁凡讲他和粤剧的故事，我看到了一个古老剧种的年轻心态。丁凡说，为了让粤剧更好看，面对港台流行文化的巨大冲击，粤剧界的同仁要尽最大努力进行改革，但改革的目的不是为了让粤剧面目全非，而是要改掉那些没有生命力的东西。改革的原则是"移步不移形"，在继承表演程式的同时，借鉴话剧艺术对人物刻画上的细腻和深度，让粤剧吸引更多的新观众。

粤剧是丁凡一生最钟爱的事业，他说："经常看到一轮蓝月映挂在珠江上空，和缓缓流淌的江水一起映衬着秀美的南方。南方是有着粤剧的地方，一想到这个，我就忘却忧愁而感觉兴奋了。"

当年周恩来总理把广东粤剧比喻为"南国红豆"。由衷地祝愿丁凡带领他的同仁一道共同努力，让这颗"南国红豆"，更加缠绵，更加可爱。

那些角儿 THOSE PROTAGONISTS
一个"外行"眼中的梨园

沈铁梅：麻辣诱惑
SHEN TIEMEI

沈铁梅

重庆市川剧院院长、国家一级演员、川剧名家。"二度梅"获得者、非物文化遗产传承人。她的父亲是重庆市京剧团著名京剧表演艺术家沈福存。

她的表演和声腔艺术达到了化用一切可以利用和借鉴的戏剧因素，服务主题、塑造人物、阐发哲理的高级境界，使古老的川剧艺术增添了新的风采。她塑造了《金子》《李亚仙》等众多脍炙人口的戏曲人物形象。

近期，她的新作中国川剧交响——"衲袄青红"音乐会，将在比利时"欧罗巴利亚中国艺术节"开幕式亮相，并在欧洲巡回演出。

有一个非常有趣的网络调查，是针对四川和重庆地区网民的，题目非常有意思：谁是四川和重庆地区女孩儿的典型代表？大量网络的投票结果既出人意料，又在情理之中，这位四川和重庆地区女性的代表，既不是歌星，也不是影星，而是一位川剧演员，她就是重庆市川剧院院长沈铁梅。

这个调查有一点八卦和娱乐的性质，但某种意义上也说明巴蜀大地赋予了沈铁梅独特的个性，或许也和她的代表作《金子》有关，她成功地塑造了"一个有麻、有烫、有辣，同时又有情、有义、有爱的'金子'"形象。

沈铁梅的扮相华贵夺目，表演细腻传神，行腔华丽婉转，她将青衣、花旦、闺门旦、武旦及彩旦等多个行当融为一体，注重刻画人物个性，通过极富节奏感的唱念做舞表现出人物身心变化的轨迹，将金子的痛苦、磨难、叛逆、挣扎演绎得淋漓尽致，道尽了金子的爱恨情仇，一个敢爱敢恨、泼辣率直的悲剧女性跃然台上。

《金子》改编自曹禺的剧本《原野》，这是一出正悲剧。川剧的表现手段是"悲剧喜演，喜剧悲演"，单纯的一个悲剧演两个小时，可能会让观众压抑让剧场沉闷。可四川和重庆人对生活的理解很独特：悲苦中能幽默，麻烦中能洒脱，这或许也是川剧人的特点。

原著《原野》改名为《金子》，金子变为绝对主角，这出戏也就变成了用女性视角重新诠释的一出悲剧。

我们的谈话由此展开。

白燕升：我们老说"一方水土一方人"，一方水土一定孕育一方艺术，也孕育一方有个性的艺术家，像铁梅多年来执掌着重庆川剧院，是领导，还是主演，可能生活当中的雷厉风行，无形中就在你的戏里体现了。比如说《金子》，几乎没有废话，也没有多余的场次，很干净。我听说北大的宣传部部长看后说，什么叫精湛，来看《金子》。

沈铁梅：他给了我们很高的评价。戏曲是个综合艺术，精品它不是单一的，比如说剧本好，表演不好也不行，它需要各方面的呈现。当然我觉得最重要的还是舞台呈现，因为戏曲是"角儿的艺术"，它需要好的演员来呈现，所以北大的宣传部部长讲完以后，北大的学生报以热烈的掌声，对我们也是一个很大的激励。

白燕升：铁梅天生一副好歌喉，被誉为"声腔女状元"，你充满自由的婉转，似乎颠覆了以往很多人对于川剧的最初印象。

沈铁梅：确实，川剧是一个不好演唱的剧种，因为我从小喜欢京剧，有京剧的基础，因为我父亲的这种……

白燕升：在这儿我要插一句，沈铁梅的父亲沈福存先生呢，是一位京剧名家，被誉为"四川张君秋"，所以铁梅或多或少受了父亲的影响，京剧唱得也很棒。咱们接着说声腔。

沈铁梅：我们川剧有昆曲、高腔、胡琴、弹戏、灯调，五种声腔。川剧的高腔发展得特别好，也是这个剧种最有特点的，因为川剧的高腔有帮腔，大家都知道，现在很多剧种也借鉴我们川剧的帮腔。那么川剧的帮腔，它还有一个特色——"徒歌"，就是没有伴奏，要求演员在音准、在演唱方面特别得严。《金子》这个戏，实际上高腔都已经用了音乐，但是难就难在中间一段没有任何伴奏，很多人唱歌的时候，一定要给一个基准音才能找到调门，但是我特别喜欢自己清唱，就是所谓的"徒歌"。我觉得这个时候，最能发挥我的特点，我对音乐的认识和控制，这个时候我不跟任何人配合，我自己跟自己配合，而且可以把川剧的特点和特色唱出来，所以很多人说川剧音乐的改革，一定不要把高腔的"徒歌"给改掉了。

白燕升：自己进入到一个自由王国里，游刃有余地去施展自己的声音特长。

沈铁梅：我觉得不要用观众的掌声，来衡量你今天演出的成败，还是应该从人物出发。

白燕升：好嗓子唱高音要慎用，甚至是少用？

沈铁梅：对。下行腔也能够赢得观众掌声，这就要靠我们综合的一种表演去吸引他了，你的唱腔、你的表演是在人物里。

白燕升：讲到这种演唱境界，我想到了前不久我们刚刚追忆的一位评剧大师小白玉霜。

沈铁梅：我看了，非常喜欢。

白燕升：小白玉霜她不是没高音，但在她的代表作《秦香莲》里几乎很少用，她觉得人物不适合那样大喊大叫。

沈铁梅：对。还是要以人物出发。

白燕升：说到现在媒体对于戏曲的宣传，有的时候我是痛心疾首的，我们不担心说好说坏，大家关注就好，只是关注戏曲的媒体太少了。这就涉及到老生常谈的一个问题——缺失的"文艺评论"。现在对于戏曲的文艺评论真是很少见，如果说有的话也只有两个字，那就是"赞美"。

沈铁梅：其实这本身也不正常，我希望听到一些不同的声音，甚至相左的声音，相反的声音，能对我们有教育的声音。艺术的评价没有量化的标准，它不像体育。在评判好与坏的时候，完全是根据自己的喜好或者是自己的修养。然而我觉得，包括有的跑文化的记者，他实际上对专业也不是很热

川剧《金子》铁梅饰金子

爱，甚至不怎么去看，他只会问今天谁到了，只对这个感兴趣，你就不可能写出文艺批评，只有一个完成任务式的报道。所以我在重庆川剧院开大会的时候，我说同志们，特别是我们青年演员，我说可能我要准备一系列对你们青年人进行包装的活动，包装是为了宣传，但是你们一定要知道你们到底有半斤，有八两，应该对自己有个正确的评价，这是第一。第二你要正确地分析人家对你的评论，有的时候要知道"捧杀"是一种最恶毒的手段。比如说今天，你这个表演明明是错的，你向一个艺术的反方向走，但是有的人，他会用一种很恶毒的捧杀，说你今天做得很好，很可能他会断送你在这个上面的审美。我感觉应该有艺术的良知，有真正做艺术评判的，可以帮助很多在迷雾当中的人，指出哪条道路是正确的，哪条道路是不正确的。

白燕升：铁梅，你刚才这番话，我特别有感慨。我觉得很少有演员和艺术家，希望媒体，希望评论者向"我"开炮，说好说坏都不重要，你把我们说得准确，把我们的穴位点出来，一定对我们的事业有帮助。这样的文艺批评出现，一定会对文艺创作环境有好处。

《金子》该得的奖都得了，它已成为过去式了。2008年的11月，你又在保利剧院演了一个新戏叫《李亚仙》。

沈铁梅：为什么我选择这个戏呢，曾经有人说沈铁梅是一个现代戏演员，《金子》以后不知道我是否还会演传统戏。我觉得这个人物跟金子不一样，金子是属于外刚内柔，这个人是属于外柔内刚。因为李亚仙她是一个风尘女子，这是一个唐代的故事，她为了劝夫读书，不惜刺瞎自己的双眼，是一个"中国式的茶花女"，她外面是非常柔的，但是她内心是属于非常刚烈的一个女人，作为一个演

川剧《李亚仙》 铁梅饰 李亚仙

员来应该有可塑性，选择这个戏，也有这方面的考虑。

　　白燕升：如果单纯的是个领衔主演，把戏演好了，就万事大吉了。这个戏上不上坐，卖多少钱，怎么推广，怎么营销，其实跟主演一点关系没有。但你是重庆川剧院的院长，恐怕光演戏还不行，还得面临着如何面对市场、面对人才的培养等问题。

　　沈铁梅：比如说《金子》向精品工程冲刺的时候，我是一把手，法人代表，又是主演，这个时候需要调整人员，这是极度痛苦的。包括在艺术上一些见解，会出现一些碰撞，有时候，真恨不能钻到什么地方去，不想活了那种感觉。这个时候人们就不会理解，而且没有人来声援我。实际上我是一个喜欢挑战的人，我喜欢有人跟我竞争，我觉得我会进步，而且我会去学习它。实际上我在得奖的这个过程中，并没有感觉很喜悦，但是我会回忆，这个创作的过程值得我去记忆。

　　白燕升：铁梅最近还有一件事儿，用当地人的话说，"沈铁梅太牛了"。那就是建造了一个豪华的殿堂般的川剧艺术中心。我听说现在市值已经两个亿了？

　　沈铁梅：这是机遇加我的职责。以前重庆川剧院和唱川剧的，包括我的同学，他们出去，有人问你是哪的？回答说：我是文艺界的，我是文化系统的，绝不会说我是唱川剧的。但现在呢，他们会说我是川剧院的，我是沈铁梅的同学。然后重庆的人就会说，你们是重庆川剧院？就是《金子》那个团吧。大家就觉得身份都上涨了。在重庆川剧院大家的精气神都很足，市里边有一个政策：一个区养一个团，我们高新区的领导还有我们市长，给我划了六十几亩地，在这个地方修了一个一万两千平方米的川剧艺术中心。我们准备把它做成一个中国非物质文化遗产示范基地。这么好的一个环境大大地激励了川剧人的这种自信。我觉得中国的传统文化川剧艺术确实太博大精深了，大有可为。我们在法国、瑞士演出，他们看了我们川剧以后，叫"中国万岁"。包括在嘎纳，当时我们在嘎纳演出的时候，有一个卢森堡人，她是一个舞蹈家，她说她动了手术，癌症，她看了《金子》以后，她找了一个台湾人，跑到后台来找我，她说我现在感觉没有病了，我明天就回卢森堡。她说看了你们戏以后，给了她一种精神力量，她觉得川剧艺术的魅力给了她无穷的支撑。

　　精神疗伤、艺术疗伤看来是有道理的。那天跟铁梅聊了很多，我感受到了铁梅的心声——发展自己，发展川剧，让川剧优雅地走向世界，而且我看到了为此付诸实践的每一步，走得踏实和稳健，我们有理由为每一个实践者感到骄傲。

　　川剧演唱用的是川言蜀语，地方特色浓郁，虽说川剧是大剧种，可每当锣鼓一敲、帮腔一响，还是会让外行人感觉"土气"。面对一次次质疑，沈铁梅每每都哈哈大笑："谁说川剧土？我唱就不土。"

　　铁梅还说过：我是个相信缘分的人，我渴望爱情，我还喜欢小娃娃，不希望自己独身。一个人生活就害怕过年过节，非常孤独。

川剧《金子》剧照

尚长荣：永远不称"派"
SHANG CHANGRONG

尚长荣

上海京剧院花脸名家，中国戏剧界首位梅花大奖得主，国家级非物质文化遗产首批传承人。四大名旦之一尚小云之子。

尚长荣现为中国戏剧家协会主席、上海戏剧家协会主席、中国戏曲学院教授、上海戏剧学院教授、上海京剧院艺术指导。

在以《曹操与杨修》《贞观盛事》《廉吏于成龙》为代表的新创剧目中，尚长荣探索人性、激活传统，积极为传统艺术寻找新文化支撑的探索精神。

他的表演气吞山河、一丝不苟；他对生活潇洒浪漫、从容自如；他的艺术造诣四海皆知，而西洋情调却鲜有知晓。舞台上下的他，创造了艺术和生活上富有激情的双重境界。

他是一位身份显赫的长者，也是一位美食家，他最爱喝的是自己磨的咖啡。他特别会享受生活，甚至还有点小资的味道。他就是中国戏曲家协会主席，著名京剧艺术家尚长荣先生。

从《曹操与杨修》《贞观盛事》到《廉吏于成龙》，尚长荣的新编历史剧三部曲为他赢得了"激活传统"的美誉，他将铜锤花脸和架子花脸的技艺完美融合，使得"尚派"的说法在业内呼之欲出。对此尚长荣自谦道："我永远不称'派'，所谓流派是人们对一个艺术家艺术风格赞佩的一种称呼，我这个人优点不多、缺点不少；不爱造势，专爱做事；不能自满，不敢骄傲。"

对于艺术的传承和接班人问题，尚长荣给自己定下50岁前不收徒。他坦言，自己选择学生的标准近乎于苛刻："我们戏曲界有的人一天收8个徒弟，完全是在炒作，这我做不来。在收徒这件事上，我很实际也很忧虑，我知道自己的表演风格传承起来难度不小，但我想告诉学生的是，拜师不只是学技艺，卖弄技巧，而要学老师求索的精神和创作的意识。"

对于创新，虽属老生常谈却一直争论不休。在尚长荣看来，创新并非是简单的"拿来主义"，要把握分寸，既不能墨守成规，也不能走火入魔："中国传统戏曲博大精深，我们要做的就是'激活'，不要老是把眼光瞄准西方的艺术形式，借鉴当然是可以的，但贸然引进外来戏剧形式并以此取代民族戏曲的技法很不可取，我们应当更为关注民族戏曲本身蕴涵的丰富能量，只要我们能激活它，就会发现一个巨大的宝藏。"

他主演的《曹操与杨修》《贞观盛事》《廉吏于成龙》分别在第一届、第三届、第四届中国京剧艺术节上获得最高荣誉：金奖榜首。

2009年6月，尚长荣先生把自己主演的这"三部曲"之一——《廉吏于成龙》搬上了大银幕。

他曾说过，作为一个戏曲演员，如果要想在舞台上，把历史人物和现代人物演得栩栩如生，那你本身得会生活，你会生活才会演戏。

白燕升：台上的您光彩照人，生活当中的您很会享受，您的座右铭是什么？

尚长荣：做平常的人，演不平常的戏。

白燕升：咱先说说"做平常人"，您都有些什么样的爱好？

尚长荣：当个名演员，或者是当个角儿，最怕的就是，自个儿给自个儿扎上，老是端着。这个不好，自个儿觉得也不舒服，也不消闲。在舞台上，我们演架子花脸、演铜锤，演古代现代的英雄人物，我觉得在生活当中。做普普通通的人，平平常常的人最好。没事的时候，我也挺喜好玩儿的。小时候跟着老爷子巡回演出，到苏州、杭州，爱游山逛水，其实也是长见识。

白燕升：像什么电影、音乐，这些喜欢不喜欢？

尚长荣：我是个电影迷，那时候在北京，有个大观楼，东四那儿有个红楼，首都电影院，我经常去，有时候没演出的时候，练功也不忙，一天能赶好几场电影。

白燕升：据说，您不光是个美食家，饭做得还特别好。

尚长荣：以前家里的厨房，不让我们进去，怕我们捣乱。真正做饭这个手艺，我是从"斗批改"那儿学来的，您知道什么是"斗批改"吗？逗孩子、劈劈柴、改善生活。

白燕升：这么个逗批改呀。您都会做什么饭啊？听说您会做西餐？

尚长荣：西餐会做，中餐，我跟您说蒸馒头我会，揉面、和面、烙饼也行，发面，以前没有酵母，得用那个面肥，得泡着水，把这个面发上，发过了，您蒸出这个馒头，里面像加了醋一样，酸的，搁碱搁多了，碱大了也不好吃，这个火候不好掌握，这我都行，我只有一样不灵，不会擀面条。

白燕升： 包饺子也不会擀皮啦？

尚长荣： 擀皮，包饺子都行。擀面不行。您说切点什么肉丝，弄点什么肉丁、炒个宫保肉丁，甚至炸个丸子，咱北京的侉炖肉，这都行。

白燕升： 您现在是儿孙满堂，非常的幸福，听说您的孙子和孙女，总爱给您做美容？

尚长荣： 是的。这两个小家伙，特别活泼，我们家比较民主，爷爷奶奶，跟孙子孙女在一块儿，少有老北京的那个规矩，原来那个老北京是很有规矩的。我们这儿比较随便，有时候晚上下班回去，得先约好，爷爷，晚上咱们藏猫子，就是藏起来，藏猫，吓唬谁，揪住了，大家笑。藏完猫，又做美容。夏天还好，到了冬天，即便房子里头有暖气，凉手巾拿来了，一擦，一会儿啪啪一喷香水，也挺凉的，一会儿拿那个痒痒挠往嘴里放，给你

传统剧目《张飞敬贤》中饰 张 飞

看牙，拿一个铅笔噔噔一敲，牙坏了，得拔牙，这一敲也蛮疼的，我说留神，别等会儿敲下一半来。一会儿又给捏吧，捏着捏着，拿痒痒挠往脚心挠两下。奶奶说，你们这哪是给爷爷美容，这不是在毁爷爷吗，拿爷爷开心呢。这个滋味儿，我跟你说，其乐无穷。

白燕升：自己的孩子，拿您逗乐、取乐、心甘情愿、特别的幸福。我听说。您受父亲和岳父的影响对古玩、字画也很在行，同时您还是一位摄影爱好者。

新编历史京剧《曹操与杨修》中饰 曹 操

新编历史京剧《贞观盛事》中饰 魏 征

新编历史京剧《廉吏于成龙》中饰 于成龙

尚长荣：不应该说在行，受了一点影响，略知一二。作为一个戏曲演员，应该知道广泛一点。爱照相，受我二哥的影响，长麟二哥小时候，是个小发明家，1945年、1946年，那时候北平经常停电，我二哥爱鼓捣个什么小电瓶，这一停电，他跑过去，啪，一合闸，小电灯全都亮了。二哥在那个时候就很新潮，他喜欢照相，在50年代初，他就把一个日本的照相机送给我了。从那个时候起，就开始照黑白的，直到现在，还是很喜欢照相。

白燕升：您从北京到了陕西，在陕西待了32年，您觉得您在陕西京剧团，收获的是什么？

尚长荣：没到过陕西的人，等于不了解中国，不了解中国的古代，周秦汉唐。我是被陕西人勤劳、憨厚、朴实的情感深深感染，很受教育。这32年没有白待，即便是离开了陕西这块热土，这个情感仍然是割不断的。

白燕升：上海需要引进人才，尚先生也更需要上海这样一个开放的大都市，所以到了上海以后，好像真的绽放了尚老师艺术上的春天，接连排出了好几出有影响的大戏。比如说上个世纪末的《曹操与杨修》，可以说是京剧史上的一个经典剧目了，但我也听到，说在《曹操与杨修》20岁生日的时候，您说不演这个戏了，为什么？

尚长荣：这个戏20周年纪念，应该是2008年，到那个时候我已经68岁了，首演的时候，48岁，那个时候舞台上生龙活虎，不折腾都难受，到了68岁，我真担心，能不能顶下来。我非常希望，能有几位青年朋友，我们一起演，比方说两三个曹操，两三个杨修，那不更好吗？

白燕升：具体说说，上海带给了您什么样的影响？

尚长荣：上海素有开拓创新的传统，以前不是说海派嘛，对海派这个名词，应该说有褒有贬，上海的风格，它是锐意求新，而且比较灵活。进入了新时期，现在又跨了世纪，我觉得东西南北的京剧团体，都应融会贯通，我常说一句话，上海引进人才，上海需要我，我更需要上海。

白燕升：尚老师，我们纵观您近三十年的舞台艺术实践，就是近三十年来，您创造了许许多多新的舞台形象，比如说《岐王梦》里的李尔王、《曹操与杨修》里的曹操、《贞观盛世》里的魏征、还有《廉吏于成龙》里的于成龙，我问一个老生常谈的问题，演了那么多新的形象，您最喜欢哪一个？

尚长荣：以前我经常做这么一个比喻，有人问我，你演的最好的哪一出，我说我演的最好的是下一出。因为我知

道，贝利球王有一句话：最好的球，是下一个。这么多戏，这么多人物、应该说我都很喜欢。但如果说很吃功，很有演头、很有挖头来说，咱们实话实说，还是《曹操与杨修》的曹操。

白燕升：您的《曹操与杨修》塑造了一个全新的曹操形象，这绝对是一个突破，并且您在接下来的这几部大戏，每一部戏，都在剧坛引起轰动，于是您获得了第一个梅花大奖。已经故去的前辈大家袁世海先生曾经提出了这样一个艺术理念，叫架子花脸铜锤唱，而您提出了架子表演铜锤唱，什么意思？

尚长荣：其实这样谈呢，也不能完全概括，也不一定十分准确。实际上前辈大家，他们都是全方位的高手，都是文武双全的。像四大须生、四大名旦，特别是像我的偶像，金少山金先生，十全大净，他呢，文的、武的、靠把都好，我们晚辈望尘莫及。后来我们分得太清了，太单一了，要么就是像青衣，捂着肚子唱，其他的都差，花脸要么我就抱锤，我就铜锤，刀枪不入，或者是架子花脸，身上表演都有，嗓子又不富裕。最好就像燕升经常说的，我们应该是既有膀子，又有嗓子。这样呢，对于新时代观众的视觉和听觉的要求，应该说是比较有好处的，既能唱、也能做，比较全面一点，新世纪的戏曲演员应该全方位地去追求。

白燕升：有人说您可以自成一家自成一派？

尚长荣：我觉得在舞台上，演也好、唱也好，你的风格也好，如果说能够有自己的路子，或者说是尚长荣的路子，能够趟出一点儿路子来，就已经很不容易了。我永远不称派，永远也不敢称派，也不能称派。

白燕升：不算年轻的尚老师依然气色红润、精神饱满，我觉得这一定跟心态有极大的关系？

尚长荣：我觉得我们戏曲演员，到了舞台上，应该有血有肉地去塑造人物，通过技艺，唱、念、做、打，去打动观众、感染观众，甚至要震撼这个剧场。但我不喜欢做秀，我在私底下，不太爱出头露面，咱北京话叫怵窝子，要想神气舞台上见，不怕人来疯，但私底下不要人来疯。我觉得，私底下还是随随便便些好，我跟青年演员，像上海这些朋友，还有各地剧团的青年朋友，我真是嘻嘻哈哈，但到了排练场，或者说我在教戏，一是一，二是二，一定要严肃。这个来不得半点虚假，拍桌子、瞪眼都可以，下来拍拍，大家都是老老少少，都是好朋友，我很欣赏这个路子。

白燕升：刚才您说永远不称派，您毕竟年事已高，现在又是中国戏曲家协会的主席，像您这样一位功成名就的艺术家，还有梦想吗？

尚长荣：有梦想，这个实话实说。我这个梦想，不是在舞台上演大戏，不是的。如果我自己身体状态和舞台状态还允许的话，可以多演几年折子戏啊，或者是清唱什么的，适当演演。因为每一个演员都有戏瘾，彻底丢下自己会失落，如果状态还允许，而不去唱，恐怕也不现实，如果状态不允许，你还死乞白赖在那儿唱，那就更是悲剧了。

在主持节目时，我向戏迷朋友介绍尚老师的时候，总习惯这样说：他虽然没有继承他的父亲，四大名旦之一尚小云先生的旦角艺术，但是在我们的京剧舞台上，却多了一位既有嗓子，又有膀子的全才花脸艺术家。

年届古稀的尚长荣先生，对生活依然满怀激情，对艺术同样怀揣梦想。他用生活品质和艺术良知告诉后人：做平常的人，演不平常的戏。

饰 霸王项羽

那些角儿 THOSE PROTAGONISTS
一个"外行"眼中的梨园

马金凤：愿为奥运再挂帅
WU FENGHUA

马金凤

著名豫剧大家，"豫剧功勋杯"演员，豫剧五大名旦之一。87岁高龄的她至今仍活跃在舞台上。被誉为"洛阳牡丹"，享誉海内外。她的代表作《穆桂英挂帅》《花打朝》《花枪缘》拍成了电影，影响深远。

她在豫剧舞台上永远气宇轩昂、雍容大度，虽耄耋之年，依然炉火纯青，桃李天下。她把"巾帼英雄"的形象演得出神入化，创造了"帅旦"这个新的行当。她的艺术精神征服梨园各界，深厚造诣为豫剧立下了功勋。

2007年12月19日下午我在机房审片，忽然得知豫剧大家马金凤老师患结肠癌在北京301医院住院，于是快速审完节目，约上李晶和启子哥代表《戏苑百家》前去看望。此时，学忠刚到江苏，刘湉还在制作机房。

来到病房，轻轻推门进去，马老师还在睡觉，她明显瘦了，脸色微黄。她女儿小声地跟我们介绍病情。手术很成功！我们很欣慰！

呆了一会儿正要走，马老师醒了。她女儿说：妈妈，您看谁来看您了？我走上前，小声地叫着马老师，她微笑着点着头。我安慰她老人家：手术很成功！别着急！慢慢养一段就好了！

看着病床上的马老师，我感慨万千，是什么力量支撑着她走过了风雨沧桑世事艰难。或许对她来说，苦早尝尽了，以苦为乐成了她舞台上下的常态。她曾对我说："有人说现在戏没人看，这话不对。生活水平高了，观众更爱看戏，但他们欣赏水平也高了，爱看的是好戏。演员得赶在观众的前面，勤学苦练，不断推陈出新，为观众献上少而精的演出。演员应一丝不苟地演好每一场戏，这是对观众的尊重。我演出时，不管是冬天、夏天，戏装里面穿的总是背心、短裤，为的是动作能到位。"

马金凤，1922年出生在山东曹县一个穷苦艺人家里。原姓崔，小名金。其父崔合利是当时颇负盛名而又穷困潦倒的艺人，她6岁随父学唱河北梆子。因她刻苦好学，聪慧过人，与父同台演出了《三义记》《刘二姐赶会》，崭露头角，被誉为"七岁红"。1930年乞讨到河南开封，拜豫剧名演员马双枝为师，改唱豫剧。9岁时被卖入开封卢殿元戏班，更名为卢金凤。被赎出后随继父姓，改名为马金凤。

有道是：寒门出骄子。在旧社会的从艺路上，她历尽

艰辛饱受屈辱，在凄风苦雨中顽强拼搏，从未放弃钟爱的豫剧。

　　1956年，马金凤带着根据传统老戏《老征东》整理改编的《穆桂英挂帅》进京演出，轰动了首都剧坛，被誉为"真国色"的"洛阳牡丹"。作家老舍看后，曾欣然赠诗赞美："大众喜颜开，洛阳金凤来，打朝嘲笑谑，挂帅夺风雷。歌舞全能手，悲欢百练材。长安春月夜，鼓板绽红梅"。

　　跨入21世纪，马金凤以80岁的高龄，又重新排演了《穆桂英挂帅》，这出戏的重排在剧本、唱腔、舞点和导演手法上都作了重大改革，演员阵容强大，交响乐伴奏。马金凤不顾年老体衰场场参加排练，并在北京保利剧场连演十场，观众场场爆满，党和国家一些领导人观看了演出，在全国又利起了一场马金凤热。

　　70多年的舞台实践和不断革新创造形成了自己独特的"帅旦"艺术风格。代表作《穆桂英挂帅》《花打朝》《花枪缘》等，这三出戏全部拍成了电影，影响深远。

　　84岁的她，一直活跃在舞台的最前沿，她耳不聋眼不花，头发没染过，牙齿不松动，也没有老年人的常见病，什么高血压，心脏病等等。

　　以下是2006年6月6日在北京和她的对话。

　　白燕升：您84岁高龄了，还有这么一条好嗓子，怎么得来的？有秘诀吗？

　　马金凤：我这嗓子呀，说来话长。喊嗓子，是我青年时代最大的难处。我学戏在兰考，老师教的时候说，要靠山靠水练嗓子。靠山有山声，靠水有水音。而兰考呢，是盐碱地风沙地。正好不适合。

　　我这一辈子，为了喊嗓子，从小很不容易。在这个兰考县喊嗓子，三、四点钟就起来了，不见太阳，硬是把太阳喊出来了。现在我这些徒弟呀，模仿我都学不太像，我这个嗓子不属于那二本嗓子、大本嗓子，我属于哑音，哑音是喊出来的。人家说，三冬三夏喊出来的嗓子，我连喊带练九年。我喊嗓子，受了很大的罪，我这个嗓子是在那个沙窝里掏出来的金嗓子。我还没离开舞台，我有嗓子，我的嗓子是喊出来的，再一个就是还得会用它。

　　白燕升：除了会用，你还得会保护它。

金光华彩虽已远

凤舞龙吟在我心

马金凤：最关键的就是保护。我这一辈子，到现在还能唱，主要就是保护嗓子，我吃饭是有讲究的。

白燕升：您都吃什么？

马金凤：我在河南唱的时候，老哑嗓子，一个老中医点我的戏，我老是不能唱，老是哑嗓子。这个老中医姓谢，这个谢大夫，我这一辈子忘不了的，他给了我一个小偏方，喝甜面汤，有的叫疙瘩汤，如果加不起鸡蛋碎呢，就是甜面汤，这样我母亲给我熬甜面汤。整熬了60多年的甜面汤，刚开始跟喝药一样，也没有盐、没有油的，很寡。

白燕升：里边也不放调味？

马金凤：什么都不放，就是白水搅点面。

白燕升：马老师最懂得艺术生命价值，因而也就特别爱惜和保护那来之不易的金嗓子，您参加过大大小小的宴会，也经历过饥渴难熬的日日夜夜，成功与挫折，半个多世纪的风风雨雨，不但烟酒与您无缘，就连稍带刺激性的食品鸡鸭鱼肉、冰糕汽水等也没享用过。为了保护嗓子，您对待自己简直到了苛刻残酷的地步。

马金凤：一辈子就是这样熬过来的，所以嗓子全是保护起来的。你看我的胃又好，到现在牙齿也好，我也知道那鸡鸭鱼肉，可香可好吃，但是我为了保护好嗓子，不吃热的、凉的、酸的、辣的，这些有刺激的，我自己约束自己，就怕嗓子出了问题，小嘴受点委屈没啥。我把嗓子看得比命还珍贵，因为嗓子就是我的武器。

白燕升：大家都知道，您在上海演出时，巧遇了梅兰芳大师，成就了一段剧坛佳话，您是什么时候跟梅兰芳大师见的面，还记得吧？

马金凤：这忘不了。这是最幸福的，是我艺术的转折。那是1953年，领导为了培养我，叫我出来学习，我带着《老征东》就是现在的《穆桂英挂帅》，到了上海。正好陈毅元帅，当时他是上海市长，他去看戏，不叫别人跟我说，怕我紧张，都没叫俺知道。演完戏了，他老人就带着秘书，到后台跟俺合影、照相，非常热情，对我很大的鼓励。到第二天，又请我到他家去，跟我说，他看了一辈子小穆桂英，《穆柯寨》《枪挑穆天王》《破洪州》，他说，不知道豫剧还有这么个宝贝，穆桂英老了还挂帅。

梅先生那个时候，正好是60岁。他有个心愿，想排个晚年的戏，巧了，他老人家看戏后把我叫到他家，对我鼓励很大。他说，从服装，头面，表演各个方面可以再提高。我那个时候，说不上表演，就是抱着肚子傻唱。他说你嗓子很好，还需要练身段，你这个水袖，看起来没有功，你接印的时候，接着印就跑了，没有一点儿内容。程砚秋先生，正在上海人民大舞台演出，票给你买好了，你先去看看程先生的水袖，你学学他的水袖。我去看了程先生的水袖，正好盖叫天老先生也在那个舞台演出，他说你注意盖老的台步，你这个台步还需要改革。

梅先生化妆一般不叫别人看，他给我票，准备好提前两个小时，让我坐他跟前看他化妆，我现在的化妆全是梅先生教的。他说，一个演员要演好戏，首先是学，除去睡觉都在学习，向人民学习，向社会学习，向大自然学习，见了好的都要学，学别人的东西，不要生搬硬套，要化成你自己的东西。

白燕升：您几十年的艺术实践，形成了自己独特的"帅旦"艺术风格，您认为对于演员最重要的是什么？

马金凤：我演出时戴的凤冠，是梅先生最心爱的，他赠给了我，一戴上凤冠，我就想起梅先生教导我的：艺术无止境。

我严格要求自己，做到三件事，一辈子约束着自己，首先保证把戏演好，一个是不闲着，再有就是练你的基本功。你比如说我今天晚上要演《花打朝》了，我要从头到尾把这个戏练几遍，练得心应手。记住：练基本功，一天到晚不闲着。

白燕升：除了练功不闲着，您做家务吗？

马金凤：家务我也做。我一辈子没用过保姆，到现在还是自己化妆，因为咱从小受党的教育吧。毛主席都说，要艰苦朴素，要勤俭节约。还有一个，多做好事、不生气，同行是冤家，有的人专门来气你，你要有大肚量，先反省一下自己，有没有对不住人家的，责备一下自己，反过来跟那个人交换心意、互相爱护。

马老的养生之道，十个字我记在了心里：不闲着、不生气，多做好事。

和马老经常在不同的场合见面，印象中她总是神采奕奕，宝刀不老的模样。以85岁高龄创造着她戏曲人生的奇迹，总觉得她不会倒下。豫剧六大名旦，已有五位与世长辞了。只有马老活跃在舞台上。

她女儿告诉我，老人家（2007年）11月16日还在石家庄演出，当晚就感觉不适，强忍着演完，没几天就住进了医院。

我看着病床上的马老。心里很酸楚！想起2006年的3月2日和6月4日，我邀请马老到北京录制节目时，她几次握住我的手恳切地叮嘱我：小白同志，2008年，请给我创造个机会，我现在最大的心愿就是带着十代穆桂英到北京来《挂帅》，为奥运会做贡献！

不久，马老病好出院了，休养了一段时间后，她还几次让女儿发短信给我，主动要求为戏迷演出。我惊喜更感动。

2009年，马老87岁高龄了，依然健康矍铄，这是爱她的我们最大的心愿！！

那些角儿 THOSE PROTAGONISTS
一个"外行"眼中的梨园

黄宗江：戏痴的三层初恋
HUANG ZONGJIANG

黄宗江

1921生于北京，浙江瑞安人。他在中国同时代的文化人当中，是极富传奇色彩的一位杂家。

十岁时即以"春秋童子"的笔名在《世界日报》上发表独幕剧，后就读于天津南开中学，毕业后入燕京大学外文系，与孙道临等一起组织燕京剧社，演出曹禺《雷雨》等名作。1949年加入人民解放军，1958年调入八一电影制片厂任编剧，先后创作了《海魂》《柳堡的故事》《农奴》等优秀的电影文学剧本。

黄宗江才华横溢，生活积累厚重，并有着深厚的文化修养，曾被聘为西柏林国际电影节评委。"文革"后的电影剧作有《柯棣华》和《秋瑾》。

最早采访黄宗江先生是2001年的夏天，那个时候，我妻子的骨股颈骨折正在恢复中，很长一段时间，人们见了我总是关切地小心翼翼地问一句话：夫人好些了吗？那天和80高龄的黄宗江老先生一见面，他很激动地说：燕升啊，不容易呀！小周的伤好了吧？我忙说：谢谢黄老！她挺好的！正在恢复。您多保重！

2007年的夏天，我又一次请到了这位极富传奇色彩的杂家。新中国成立前，他是中国话剧的倡导者，如今他已步入耄耋之年，仍是一位笔耕不错的剧作家和影评人。他担任编剧的电影《柳堡的故事》，给一个时代都留下了深深的印象，他也曾经到美国演了英文版的昆剧《十五贯》。他的兄弟姐妹都是钟情于戏剧的大演员，艺术家。

他告诉我，他的年龄就是看戏的年龄，因为在妈妈肚子里就开始有戏曲胎教了。他年轻的时候，演过《陆文龙》《打面缸》《李凤姐》《战宛城》《骂殿》《甘露寺》《群英会》《黄鹤楼》等等，演了很多行当，和戏的缘分颇深。

我们的对话自然从戏开始。

白燕升：您在妈妈肚子里就已经听戏了，那您大概是在几岁的时候对戏有了浓厚的兴趣？

黄宗江：我是南戏故乡温州人，可是我生长北京，所以自小就看京剧。我还是赶上了一些人吧。老谭（鑫培）我没赶上了，因为老谭殁于1917年，我是1921年生的。我现在知道谁赶上了——刘曾复，他是1914年生的。他说：我倒是赶上了，那时3岁。他也没说是在他妈还是奶奶怀里睡着了，我看现在见过老谭的人不多了。

白燕升：黄老，提到您的时候，有人开玩笑的说：黄宗江老先生，台风很棒，但是唱功不咋的。

黄宗江：因为从小我这个嗓子就不怎么样，同学们还有管我叫破锣的，我自知这祖师爷没赏饭。

白燕升：黄老，从那么小的时候就喜欢戏，装了一肚子的学问，装了一肚子的戏，哪出戏给您印象最深刻？

黄宗江：你说哪一出最深刻呢？那很难。我那时候我的欣赏已经是多元化了。我不能捧这个，就把那个给撂下。你像梅、尚、程、荀我都很喜欢。尤其是荀，因为荀比较生活，像我这种年轻的观众容易坠入这个感情。

白燕升：上个世纪二三十年代的时候，那个时候还习惯叫听戏。在戏楼，一边喝着茶，微闭着眼睛，一边喝着茶一边听戏，非常过瘾，现在有电视了，有大剧院了，您见证了从听戏到看戏的这样一个演变，您觉得是当初听戏过瘾呢，还是现在看戏过瘾？

黄宗江：最早老爷子带我去的时候，广和楼还叫广和茶楼，一边喝着，一边看着，很休闲，那会儿听得也很好，因为是原始形态的剧场。后来就比较现代化了。到现在的大剧院，因为我现在相当聋了，戏曲还可以，话剧简直听不懂什么话了，我宁肯看您主持的节目。

白燕升：黄老，我们看了很多老照片，您饰演过许多行当，还有很多旦角，听说你在读南开中学的时候，演过许多女性。

黄宗江：也没演过许多，我们演大戏。

白燕升：演大戏？都演过什么？

黄宗江：我主要是演易卜生《人民公敌》里那个女主角。那时候曹禺演娜拉，曹禺比我大11岁，周恩来比曹禺大概还大一轮吧，那会儿演女角最多的是周恩来同志。有一年啊，就是抗战胜利40年，那已经是文革后了，重庆那会儿叫雾季戏剧节，有个学校就把我们这些戏剧人，连话剧四大名旦：白杨、舒绣文、张瑞芳、秦怡都请去了。那个校长是四川人，就介绍：黄宗江同志、曹禺同志、周恩来同志，是南开三大女演员。周恩来同志演得最多。

白燕升：周恩来总理也好，曹禺先生，包括您，当年年轻的时候，都是帅小伙，有这个条件，才能扮成漂亮的女性。

黄宗江：不是帅小伙，是帅姑娘。

白燕升：您的妹妹黄宗英老师，弟弟黄宗洛老师，都是响当当的艺术家。他们喜欢戏吗？

黄宗江：多多少少吧。因为我们是属于书香世家，在我这儿败坏门风了，就唱戏了，当然唱的话剧了。

白燕升：问个有趣的问题：在你们兄妹三人当中，谁的名气最大？

黄宗江：最早的时候我最有名，后来是黄宗英，到最后呢，黄宗洛演得最欢了。黄宗洛在我们家是最不受重视了，因为家里孩子多，他最不受重视了，他说话又说不清楚，稀里糊涂的。

白燕升：您说他条件比较差？

黄宗江：黄宗洛的表演条件小时候最差了。他不但上台忘词，还尿台，谁也没想到，他当演员，还演到底了。他演的小人物非常传神，他现在也不演了，因为他股骨换了，行动也不便了。我跟你说一个真事，有一次我坐车违反了交通规章了，我那个部队小司机说：黄老师快下来。我下来后，他就跟那个警察介绍，这是黄宗英哥哥黄宗江。警察接着问，黄宗洛是你什么人？我忙说是我弟弟，警察立马说：走人。小时候瞧不上人家，后来沾了人家的光了。

白燕升：您最早是一个演员，怎么后来又成剧作家了？

黄宗江：我小时候是戏迷，看京剧最多了。也有些地方戏，像山西梆子丁果仙来了，连马连良都很赞美丁果仙，还有河北梆子的李桂云，那会儿越剧都没有兴起来呢。我不能当京剧演员，当然有遗憾，这个我早就认命了。可是自从1934年看到曹禺的《雷雨》之后，我觉得我可以干话剧，所以我就立志于写戏。我在当话剧演员很红火的时候，我就放弃进入写戏了。文革后我还写了好几个京剧现代戏，你可能都没有看过。

白燕升：黄老，后来因为您一直从事剧本的创造和研究，但是我还听说了一件事儿，在上个世纪80年代末，您被美国圣地亚哥大学邀请去讲中国戏剧，您还专门开了一个中国戏曲课程。

黄宗江：是一个国会议员，他设立了一个奖学金，专请国际知名学者。当然戏剧是很小的一个行业，什么化学、物理，请国外的学者讲学，条件也很优越。后来我一看那年的名单，都是博士，除了我还有一个捷克人，大概什么士都不是。因为我念大学念了九年，到现在还没有毕业。

白燕升：您太谦虚了。

黄宗江：后来我就开了这么一个课，美国大学一般是三个学期，中国戏曲、中国戏剧、中国电影各一个学期，我讲了一个学期的中国戏曲。那个时候录像带还很少，也买不起。我那时候，我幸亏还找了些带子，那会儿我自己家都没有录像机，像胡芝风的《李慧娘》、李炳淑的《白蛇传》、还有台湾的朋友借给我的葆玖的《挂帅》。我当时放着这个录像带，随着录像带我来口译。

白燕升：您用英文讲课？

黄宗江：当然，在美国我以为我的英文不行了，这个语言经常不用会忘的，可是我一讲，还行。还有呢，我是演员出身，所以我这一堂课得落个好我才能下课。

白燕升：怎么落好？

黄宗江：就是学生都满意，要拍掌下课，我得落一个这个好。因为我是演员出身的教授啊。

白燕升：黄老师，您在上个世纪80年代，就已经把中国戏曲传播到美国大学里去了。其实不光如此，我还听说您跟话剧表演艺术家英若诚先生，还演过这个英文版的昆剧《十五贯》，这是什么时候？

黄宗江：大概是1983年吧。我当时在美国讲学，那个时候美国有一个奥尼尔中心，奥尼尔是美国的莎士比亚，美国的汤显祖这样的人物。他有一个戏剧中心，这个在美国叫不盈利的剧场。每到暑假，专找一些职业的剧人，作家、评论家、演员去，在那儿连避暑带演出。这个演出基本上是不化妆的，就跟排戏一样，剧本还可以手里拿着演，就可以这么演，他叫舞台阅读。那个时候他们要搞个中国夜，我就带了个团去了，我是团长。到那儿因为这里头没有少女，我女儿正在美国哥伦比亚大学读博士，我就把她找来了，我们演了一场，我跟我女儿演一场曹禺的《家》。英若诚当时在坎萨斯大学讲课，我就把他给招来了，我说咱俩演一出《十五贯·访鼠测字》，我说咱们演这个，我们还拿着剧本，我说我的苏州英文，因为是昆曲嘛。

白燕升：苏昆。

黄宗江：讲的苏州英文。因为我跟王传淞是好朋友，益师益友，他的《访鼠测字》很有名。

白燕升：那当然。在好多年以前您送了我一本书，叫《戏痴说戏》，里面写了很多您和戏的缘分，还有和许多剧种的大家和演员的交往，以及对他们的认知和点评。我从中受益匪浅。其中比如说我非常敬重的一位大家裴艳玲，您在写她的时候，有几句话，我特别有感触。您在说到演员的培养的问题上，您说演员既是培养出来的，也是捧出来的，更是自己摔打出来的。我觉得特别有道理。

黄宗江：是，这里头也还有一段笑话。

白燕升：还有笑话？

黄宗江：因为前些年在上海，刘厚生写了篇文章说演员是捧出来的，就是我们应该重视，来捧这些演员。可是袁雪芬同志看了，不高兴了。她说厚生同志，演员是党培养的。于是我来和稀泥，我说演员既是党培养的，也是捧出来的，更是自个摔打出来的。我和这么大一个稀泥。

白燕升：说到底，演员的成功，我觉得最终还是要靠自己。京剧的起起伏伏，风风雨雨，您都见了。面对当今的舞台，面对新一代的京剧人，您还有什么期望吗？

黄宗江：我跟你讲一点很有意思的事情，王佩瑜这个余派唱得很有道理了。王佩瑜那时候在北京演了几场，请我看了几场，然后开了个座谈会，也请了谭元寿，刘曾复，朱家溍，还有王佩瑜的业师王思及，这是很重要的人物，都说了一些。元寿来晚了，他一进门，也没嗯哼，也没有闷帘导板，走着过来了。他说"杨梅余"不可再了。后来我写了一篇文章，既不可再，也可再在。因为任何一个演员都是不可再了，这个不能克隆，都是不可再了。可是也还都有继承，又有发展。你看王佩瑜是个女的，你看于魁智，看李胜素，看孟广禄，看安平等等，一个是一个的，可是我还有一个说法：过去的京剧发展史，也可以说是流派发展史，今后它会发展到什么程度？新的流派将很少产生，因为张君秋的张派，跟裘盛戎的裘派，那是解放后产生的，现在很难再有新的流派，为什么呢？因为现在的演员都是更综合了，从人物出发，身上也有流派的东西，那少不了有继承，可不是死学一个流派，所以我觉得现在的戏曲发展史，它不是流派发展史了。上海的的评论家翁思再就是这么说的，后来我呼应了一下。梅兰芳说过，我梅派我没派，就是我没有派。

最近我在《空中剧院》里看见了刘长瑜。说有一次她在学校里，演得非常得意，下来之后，荀（慧生）先生过来了，她以为要夸她呢。荀先生说刘长瑜，你净糟改我了，我不教你了。把刘长瑜吓坏了，后来荀先生说，我是60多岁老头子了，你不能演我这糟老头子呀。你要接我这荀派，你不是接我的那个死气白咧一招一式，不是这个，我觉得很

有道理。还有一个世海也说过，郝先生教他的时候，说你不能再演一个郝寿臣，你得把我砸碎了，你再捏成一个新的袁世海。所以现在现在没有新的流派产生，用不着担忧。有一次吴祖光跟我说，现在的演员真不错，一个是一个的，演员不是今不如昔。我告诉你：观众断档了。像我这种观众，一辈子培养出来的，再培养个黄宗江，那是不容易的事情，当然不用培养成像我这样的，我也老朽了。可是的确观众断档了。有一次台湾刊物叫我写一篇关于京剧的文章，我就用了一个题目《京剧是我的乡音》。因为人一般忘不了故乡，尤其忘不了故乡的文化。我的故乡呢，可以说温州，更可以说是北京，所以京剧是我的乡音。我告诉你，什么地方哪个机关票房最多？外交部，各大使馆票房最多。因为他们最想听的是乡音。京剧就是我的乡音，我爱祖国，爱人民，爱文化，爱我的乡音。

很多有海外生活经历的朋友，回来告诉我：真的很奇怪，在国内的时候，并没有觉得京剧多么地迷人，多么地好听。当在国外的时候，从一个胡同里，或者一个咖啡馆里，飘出了京胡的声音，马上就会流泪的，似乎就找到了家的感觉。想想非常奇怪，一把京胡，两句皮黄，就能够把黑头发、黄皮肤的中国人紧紧地联系在一起，这就是京剧的魅力。

　　黄宗江老师，2009年88周岁了。他的人生就像一本丰厚的书，里面什么都有，话剧、写作、京昆，似乎样样都能拿得起来，尤其对于京剧。黄老师看了一辈子戏，自己也身体力行，对于京剧艺术，对于京剧演员，对于当今的现状，也有着自己独到的见解，给了我很多启发，让我这个晚辈受益匪浅。

　　和黄老聊天，他总是眉飞色舞笑容可掬，透着慈祥善良和简单纯净，不论说家事还是说戏剧，他都是充满活力随性率直。虽已步入耄耋之年，依然激情不减当年。忽地想起曾经看过的一篇名为《我的初恋》的散文，是黄老1944年写的。让我没有想到的是，当他真的走上戏剧舞台之后，竟然神魂颠倒地爱上了《雷雨》中演四凤的女同学，这一场初恋毫无结果，不久他又为了另一场无望的恋情服药自尽，幸被救起……少年时代的黄宗江，是一场多情又纯情的风花雪月，是一部在中国上演的"少年维特之烦恼"。他说，他不仅爱戏剧，还爱南开、爱女主角，他的三层初恋都发生在他的南开岁月中……

感恩"对话"

——后记

一个人独自静下心来,和自己的身体对话,和自己的心灵交流,体悟和谐的妙处,是现代人的一种奢望,更不要说修行到心神合一的至高境界了。

身体既是思想的载体、工具,又有自身内在的运动规律和诉求,对待身体我们不能只是利用而不懂得爱惜,不能只是任意挥霍而不知节制。否则,身体会早于思想而衰老,使生活质量急剧下降甚至壮志难酬。所以,要重视与自己身体的对话,要尊重身体。

现代人存在许多误区,信息时代信息发达,整个生活被大量有益无益的信息充斥,自己已经没有心灵的空间,也无暇和心灵对话,可每个人又都向社会中心靠拢。

林语堂推崇人要有意让心灵"边缘化",既适应这个时代,又在边缘中保持自我,同时更好地看清那个中心。他同时希望人能停下来,让时间静止,这样就把时间空间化,进而体会生命之广,体味心游万仞的自由乐趣。

读过一篇林语堂的文章,意思是说人要是感到身体哪个部分的存在,那就是这里病了。平常没在意眼睛存在,但当一粒沙尘进眼睛,会立刻意识到眼睛存在,因为眼睛不舒服了。

面对如川剧"变脸"般变幻莫测稍纵即逝的社会现实,面对没时间细嚼慢咽的快餐时代,人们面临的最大障碍不是困难而是诱惑,因为现代人的修养和欲望不成比例,所以很容易在觥筹交错中迷失自我。

一个崇尚实用和物质的民族,对精神和信仰的追问坚守还显得不那么执着,"文化大革命"留下的惨痛教训,没有成为人格的"钙片",反倒成了世俗的润滑剂。

具体地说，当一个行业衰落的时候，做为从业者要多些自省，要拿出应有的姿态，坚持艺术良知。戏曲最终走进博物馆甚至灭亡都不可怕，关键是以怎样的品质留给后人，留下这个时代的记录，这才是能否赢得尊严和地位的要素，无关乎世俗的所谓成败。

《戏苑百家》做为戏曲频道唯一的一档访谈类栏目，搭建起了人与戏对话沟通的桥梁。几年来，在栏目形式上，追求现代气息，竭尽全力扩宽戏曲收视群，在节目内容上，不拘泥于收视率的终极目的，努力观照到更多的戏曲人，甚至一些鲜为人知，容易被遗忘、被忽略甚至边缘化的人物，只要他们执着于此，贡献着全部身心，就会得到我们的关注。比如锡剧、淮剧、晋剧、婺剧、茂腔等地方剧种。

我们一直以"不了解不代表它不好"的想法要求自己，尊重他人，用自己的责任和良知，尽量做到平衡、客观，尊重着所有对戏曲有贡献的人。我一直告诫自己：美好的经典的，不会尘封；尘封的一定是我们的双眼。

为庆祝2008年我国第24个教师节，《戏苑百家》在金秋季节隆重奉献了"追忆大师，赏析精华"系列：程砚秋、常香玉、新凤霞、小白玉霜、王玉磬、李少春、方荣翔……通过这一系列的访谈，我们一边感悟梨园大家的人格魅力，一边细细品味他们经久不衰的舞台风尚。这些中国现当代梨园大家炉火纯青的高端风范，无疑对戏曲界内外都是一个启迪和互勉。该系列节目受到了高层领导的好评，给了我们动力和鼓舞，然而由于题材的年代局限等原因，收视率却不容乐观。

几年来，我们一直在这种责任感和收视率的两难境地里徘徊前行。莫名其妙的收视抽样调查，让人很快发现了"走捷径"的窍门。你放心大胆地播放某一两个剧种，不论多烂的戏，都会有不错的收视。按说，我最该知道哪些人

哪些戏哪些剧种对栏目生存的硬指标——收视份额有立竿见影的"疗效",但职业良知使我无论如何也不能为了眼前的"虚高收视"只盯着有限的一两个剧种,从而对其他剧种漠视——即使顶着栏目被淘汰的风险和可能。

60分钟的《戏苑百家》栏目经费仅仅能维持一个编辑性节目的开支。但《戏苑百家》的定位却不允许它"东拼西凑",访谈节目的时效性、社会性、人文性,只能大部分通过原创实现。可栏目经费的局限和国家频道的责任感两者碰撞下,为了实现原创,只能在与对方的合作中不断"妥协",缺失了应有的风范甚至尊严。

感谢戏曲频道的兄弟栏目!感谢我的各位制片人同行!

我天生不愿求人,更不要说张口要钱。但为了栏目生存,为了传播值得传播的人与事,我几次开口向关系不错的频道同行"求援",尽管他们的栏目经费也不宽裕,我从未遭拒,这才让《戏苑百家》有了每年一次的"变脸",至少保证了不错的"面子"。事实上,借钱买了马还是配不上鞍,舞美场景这个漂亮"面子"有了还不行,同样没有够用的经费租用演播室,于是我就自我加压。两天演播室,我恨不得当四天用,马不停蹄玩儿命地连续作战,每天录五期访谈,不停地沟通碰撞或保持交流状态的倾听长达十个小时,工作量严重超负荷，目的就是力取把每期节目成本降到最低，工作人员和演员多次劝我休息一下再录，我每每都假装兴奋地说不累。到最后累得讨厌了工作厌倦了自己，也还是不足以弥补经费缺口。

工作上的种种难处和障碍，我的家人闻所未闻，对你满怀期待的观众也无从知晓，因为我对亲人朋友从来都是报喜不报忧，我从来都是胳膊折了往袖里藏——自掩苦处，更因为电视戏曲的尊严要维护，CCTV的尊严要维护。

我不知还能支撑多久？

每一个人都渴望干自己喜欢的工作，在自己服气的领导手下工作。这样，工作就可能变成事业。对事业投入心血再大，工作再辛苦，也用不着鼓励表扬，因为心甘情愿。喜欢就会痴迷，痴迷是一种幸福状态。

实际上，不少人在工作中都在看脸色行事，勉强应付公差，甚至占着茅坑不拉屎。你在一个操守、良知、价值、文化、技能都失灵的体制环境里，一切的专业理想都会变成虚幻的泡影。于是"能为的"和"无能的"只好一道消极无为，当一天和尚，撞一天钟。往小里说是浪费是渎职，往大里讲是腐败是犯罪。

可惜的是，"能为的"而无法为，年纪轻轻，"精神"却已退休。当然工作是饭碗，对饭碗必须认真，这是常识，也是职业操守的最低标准，更是做人的基本原则。即使工作再不喜欢，领导再不作为，你是在挣自己的衣食住行，你是在证明自己的能力，你是在体现自己的生命价值。

问题是你喜欢，也认真，你痴迷，也有能力做得更好，可就是没条件没氛围没舞台，就这样，一年又一年地消磨着激情、耗费着青春。

很奇怪，身心疲惫的你竟然心中无恨。你找不到一个具体的人去埋怨，你也不想找任何人去做无谓的倾诉，你对上上下下所有人的态度言行似乎都能理解。显然，你面对的不是某几个人，而是一种不良体制。

年轻气盛的时候，具体地说是女儿出生前，总自觉不自觉地和环境争执较劲。这几年发现自己原先很幼稚，个体不可能影响改善不良系统生态，再说工作不应成为生命的全部，事实上，只为工作而工作也干不好工作。于是决定躲开一些事，减少自己超负荷的工作量和出镜率，甚至走到幕后，少一点介入名利场、是非地，多一点时间陪家人和孩子，独善其身地读书写作，希望有一天去开拓专业视野，比如到大学里再深造，如允许也想兼职去做传统艺术的市场推广和文化创意产业研发……

我一直都很佩服并尊敬那些迫不得已离开"家园"的贤人或壮士，对那些与不良体制混在一起的人，我也渐渐从不屑变为麻木无语直至报以同情理解。实话说，他们也有难言之隐，他们未必是坏人，只不过是在时代变革和文化体制转型期的夹缝中投机谋生的牺牲品，值得一悯。

换汤不换药的无谓轮

没什么可给你但求凭这阕歌

谢谢你风雨内都不退愿陪着我

——摘自张国荣的歌《共同渡过》

回让我想到了杜牧在《阿房宫赋》中说的:"秦人不暇自哀,而后人哀之;后人哀之而不鉴之,亦使后人而复哀后人也。"

著名演员濮存昕在一次访谈中说过:"古人说,先有伯乐,后有千里马。我先做匹千里马吧,管他伯乐在哪!"我感同身受。多年来走在梨园小路上,没有感受过被遗忘和漠视,就没有我在挫折中的坚韧;没有体验过无端的责难和排挤,就没有我内心的淡泊宁静。有人说"绚烂至极归于平淡",我要说悲观至极便是达观。

人生有太多的不确定,如哲人所说,人不能两次踏入同一条河流。40年的人生经历,近20年的职业生涯,沧海桑田世事难料,星星已不是那颗星星,月亮也不是那个月亮了,我唯一不变的就是拥有一颗多变的心,因为内心深处还有良知和情怀以及对真善美的渴望。正如鲁迅先生所言:"只要让我当一天和尚,钟我总要撞,而且用力地撞、认真地撞。"

忽地想起了华彦钧——"瞎子阿炳",一位民间音乐家。

80多年前,无锡街道的上空时常有阿炳卖艺乞讨的琴声飘荡。他忘我地即兴演奏,成就了《二泉映月》这支自述式的悲歌,他完成了一次和自己心灵的交流,也完成了一次和苍天大地的对话,更主要的是它摆脱了那种赏玩式的心态,升华为一种与我同在的共命运感——对人世的关切,对自我的思考,以及对磨难的隐忍。每次听到它,使人很容易地把他和贝多芬相提并论。它不是让人怜悯同情,不是无助地倾诉活着的艰难,更不是古人挂在嘴边的"天降将大任于斯人",而是从自己内心最深处流淌出的悲悯情怀,震撼人心。

一部伟大的作品就是一部作者的心灵史,它折射了人之所以要站立的原因。在阿炳的音乐里我能感觉许多是非善恶。

看过一段介绍日本指挥家小泽征尔的文字,他第一次听到《二泉映月》时泪流满面地说:"像这样的乐曲应该跪下来听。"

有的音乐不必跪下来听,只需驻足侧耳,能品出它的美妙更好,否则停下脚步哪怕片刻,感知到它的存在,也算完成了一次短暂的精神对话。

有个男人站在华盛顿的一个地铁站里,开始拉小提琴,那是冬日里一个寒冷的早上。45分钟的时间里,他演奏了6支巴赫的曲子。此时正值上班高峰,有几千人穿过这个地铁站,从他身旁走过,大多数人是在赶去上班的路上。

三分钟后,一个中年男子发现有个音乐家在演奏,他放慢脚步停了下来,几秒种后就着急地走开了。

又过了一分钟,小提琴家收到了第一笔小费:一位女士把钱扔进了琴盒,停都没停就走了。

几分钟后,有个人靠在墙边听他拉琴,不过那个人看看表,很快也离开了,很显然,他担心上班迟到。

最注意他的是一个三岁男孩。妈妈拉着他急匆匆地走,他停下来注视着小提琴家,母亲用力推着孩子逼着他继续前进,孩子走开的时候依然不停地回头张望。

在音乐家演奏的45分钟里,只有6个人停住脚步并稍加停留。大约有20个人给了钱。他一共收到了32美元。

没有人知道,这个小提琴家是JoshuaBell,世界上最好的音乐家之一。他用一把价值350万美元的小提琴演奏了难度极高的系列乐曲。

他在地铁演奏的前两天,Joshua在波士顿一座剧场的演奏会门票全部售光,平均票价100美元。

Joshua以无名氏身份在地铁站演奏是一项关于感知、品味和择选的社会实验中的一部分。我们无意指责听者在一个未曾想象的公共场所、在一个不合适（欣赏音乐）的时间段里无视天才的存在。但从这个实验中，我们会得出这样的结论：如果我们没有时间停下来聆听世界上最好的音乐家演奏世界上最好的音乐，行色匆匆的我们还会错过多少美好的事情呢？

英国作家哈代说过：呼唤的和被呼唤的很少能相互答应。

但我想，用心感知善意对话，一定会有奇迹发生。要不怎么"水知道"呢。

《水知道答案》用图片和文字告诉我们，每个人都应怀有一份爱与感谢之心，从点滴做起，创造美好世界。这项震惊世界的实验由日本研究水结晶的Ｉ·Ｈ·Ｍ综合研究所的江本胜博士主持，进行了10多年。所有风姿各异的水结晶照片都是在零下5度的冷室中以高速摄影的方式拍摄而成。

水听着美丽的古典音乐，形成了美丽的结晶。相反，水听了充满愤怒与反抗色彩的重金属音乐时，结晶形状全都是凌乱而破碎的。

还有更奇妙的，让水"阅读"文字。从常理来说，因字面意思的不同而让水改变结晶形状，简直是不可能的事。结果揭晓时令人大吃一惊。看到"谢谢"两个字的水结晶，非常清晰地呈现出美丽的六角形；而看到"浑蛋"两个字的水结晶，像听到重金属音乐的水那样，破碎而零散。

水能感知善恶，世间万物莫不如是。

试想，人体内水份占到将近70%，如果心存不善或是邪恶，水会在体内发生多么可怕的变化，直接伤害的就是自己。古人讲：相由心生。人的脸色，人的皮肤都是由心造，如果心不善，心的生长环境一定也不会"面善"。

当今世界纷乱不堪，人们的忧愁、烦恼与日俱增，疾病、瘟疫、战争、天灾、人祸越来越频繁，使人类乃至动物植物都感到身心不安，这是为什么？日本科学家江本胜博士的这本《水知道答案》或许能给你答案：这个世界越来越缺乏'爱与感谢'，缺少人与人、人与自然的关怀和爱护；崇尚自我与竞争，为了一己私利而去与人争，与自然争，甚至敢与天地争，其结果焉能不遭受到天灾人祸的报应。

中国的净空大法师也告诫人们：只要心中充满爱与感谢，值得我们去爱与感谢的事物就会不知不觉地降临，我们的生活就会充满幸福与健康。如果人类发出的只有怨恨、不满或者悲哀的波动，人类就会越发深陷于仇恨之中，最后堕落到灭亡的地步。

佛笑我无沧海量
我等笑看一线天
——九华山顿悟

选择什么样的态度，将拥有什么样的人生，这种选择可能全在一念之间。

过去的所作所为决定了自己的将来，投之以桃报之以李，过去对别人的所作所为将来也会报于自身。每一处小细节都是造就一个人的关键，正是这些细节让人生多样，让未来充满玄念。不知觉中培养了这些细节，也在不知觉中造就了自己的将来。遇到不如意不必想为什么，一切都是自身造成的。前世的因带来今生的果，少时的因造就老时的果，今世则会影响来生，这话似乎唯心，但我愿意去相信，它的本意是劝人为善，做事多看后果。为自己，为女儿，为家人，为亲朋好友，为未来世界，要学会爱与感恩，人善天不欺！

2009年，工作之余我先后推出了两本书，需要感谢的人很多，首先要感谢我的妻子和女儿。妻子十年前摔伤的骨股头2008年年底还是出现了坏死，一直吃中药在家静养，当然也为了更好地照顾年幼的女儿和这个家，三十几岁的她经过一番激烈的自我调整和深思熟虑后，毅然放弃了工作。我在家写作或录节目前做准备工作时，都是妻子照看女儿，轻易不让宝宝到书房影响我。

2007年4月6日,"戏苑百家走进厦门大学演唱会"获得圆满成功。

2007年9月22日,"戏苑百家走进河南大洞演唱会"排练现场。当晚,十里八村的三万多人观看了演出。

"戏苑百家走进'陶都宜兴'贺新年演唱会"在2008年春节期间播出,创收视冠军。

感谢我的团队我的兄弟姐妹——启子哥、李晶、学忠、刘浩、顾姐，还有"外援"佳佳和包子。几年来，我们怀揣理想同甘共苦，有欢笑、有泪水、有心有灵犀的认同，也有面红耳赤的争执，今天都变成了美好的记忆。

想起为2007年春节戏曲晚会忙碌的日子，尽管有人为的"障碍"和"麻烦"，但我们自始至终充满激情地享受着创作的全过程。忙累了，席地而卧；半夜饿了，互相泡方便面充饥鼓劲儿；真的有种患难与共，相依为命的感觉。实在绷不住了，一天半夜我竟率领剧组的兄弟姐妹去看当时的最新大片《满城尽带黄金甲》。这件事儿，让我妻子大吃一惊：没想到你这老男人还有如此青春的冲动！

仅有的一次休闲调剂，无法解除超负荷的工作压力。在录音录像的前前后后，大家都相继生病了，只有制片启子哥还扛着，他给我们每人买来了感冒和泻火的药，起初我惊讶于他的坚强。但"好景不长"，20号录像全部结束后，21号一早我打电话给他，他也发烧卧床了……

几年来，我的团队我的兄弟姐妹帮我实现了很多梦想，我心存感激并将铭记！

感谢青年摄影师刘建峰！

书中选用的200多幅照片绝大部分都出自他手（除个别署名和部分演员提供的一些外），我是从他拍摄的上万张照片中精心挑选的，绝对独家，大部分照片首次曝光，值得期待。通过"拍戏"，对戏曲一窍不通的他竟然成了戏迷。

感谢好友谢青桐！严格地说，他是我目前为止唯一的"网友"，我们至今尚未谋面。两年前，我无意中在网上看到了他的文字，被他的道义和深刻打动，于是设法和他取得了联系，还算有缘，他对戏曲对我也有所关注。他曾在报纸传媒从事新闻工作12年，2005年后在澳大利亚担任访问学者，先后国内外报刊刊发了大量新闻类、理论类和文学类作品。目前从事着文化遗产研究传播工作。

我的新书《冷门里，有戏》和演唱专辑《燕歌行》第一时间寄给了他。我们都比较忙，有好几次在北京在上海在杭州等城市擦肩而过，无缘面叙。没想到有一天他给我发来了一篇"评论"——《生命与职业的"人戏不分"》，有情的文字记录了我们的友情，读后颇为感动，于是把它放进书里与你分享。

感谢余秋雨老师！五月下旬，我给"上海·秋雨文教基金"的朋友发去短信，请余老师作序。很快收到回复：现在香港，几天后回沪即写。很快，我收到了余秋雨老师百忙之中写就的如此用心且让我愧不敢当的文字。

感谢赵忠祥老师！他是我进入央视的主考官，也是我成长的见证人。我们没有频繁的联系，但在一个小众的群体里，遇见一位亦师亦友的知音何其不易。赵老师以广阔的胸襟和眼界指点过我的专业；以慈祥可亲的言语感化着我时而困惑，时而沸腾的心绪。更为难得是，一位受人钦佩的播音前辈，没有高高在上，相反，他懂你。

感谢本书的责任编辑李勇！他是一位作家和知名网络人，笔名十年砍柴，我身边好几个朋友都喜欢读他的文章。2008年10月，他"告别圈养的记者生涯"，开始了"四书"生涯：读书、写书、编书、卖书。已出版了《闲看水浒》、《皇帝、文臣和太监》《晚明七十年》《闲话红楼》等著作。我们年龄相当，有着相似的成长经历和对传统艺术的看法，又都是学中文的，所以彼此交流甚洽，合作愉悦，他来"把脉"此书，我很放心。

感谢每一个接受我采访的人！这本书参考了电视访谈的部分话题，除此之外，此次写作中，我几乎和每位嘉宾重又进行了或是面对面或是电话或是短信的探询求证和追问补充。书中有大量鲜为人知的往事追忆和第一时间的独家资讯，有我的评介和我的祈盼，有我的视角和我的感动。

让我感动的戏剧人还有很多，比如白先勇、魏明伦、汪世瑜、杨小青、茅威涛、何英、关栋天、严庆谷、李政成、陈澄、李梅、李仙花、柯军、马莉莉、陈美兰、冯玉萍、倪惠英、武俊英、李敏、陈洪翔、宋长荣……让我们相约未来、随缘而聚、快乐"对话"。

和这些我敬佩或至少是我感兴趣的人物对话是我的幸福，他们舞台上下的双重境界让我感叹，与戏为伴苦中作乐的他们简单感性，痴迷执着，让我懂得了"人生如戏，戏比天大"的涵义。我会把这份幸福和感悟与您分享，但愿还将惠及更多的人。

要保持神清气爽心平气和地状态和他人"对话"，经常独处"和自己的身体对话"显得格外重要。这是对幸福对健康理解的升华，是从一个新的角度去认识自我，尊重自我，完善自我的绝佳方式。

心理学家研究表明，一个人如果能总能"对话"自己，面带微笑，他的心理自然是愉快的。

尽管我和电视戏曲的未来命运难料，尽管电视戏曲改革的曙光未见，尽现实还有种种麻烦和枷锁，我会依然故我地用坚韧和良知乐观面对，用快乐的方式带着镣铐与"麻烦"共舞，与心灵对话。"这世界上没有什么救世主，只有自己救自己"这是《国际歌》里的歌词，佛陀也这样说。我们的生活方式，我们对工作的态度和行为，我们每天的待人接物及思想情感的表达决定着我们每个人的未来。

书里的许多提问或许并不精彩，或许让嘉宾难为情，不少文字的表达也一定夹杂了自以为是和片面的东西——我终究是个"外行"。在这里，我真诚地向每一位读者致歉，如果有什么因果关联的话就让我一个人来承担吧。

祈愿您能从这本书里获得人生如戏，戏如人生的启示，了解艺术家的简单、纯粹、脆弱、坚韧，从而唤起理解和认同，获得淡定和平等的心境，和谐世界，众缘和合。

再次感谢每一个接受我采访的人！

"冷门里"的人和戏，我会继续"书"写下去。

2009年7月16日凌晨

女儿四周岁生日到来之际

戏里不知身是客
——《那些角儿》编余散记

十年砍柴

刚拿到燕升兄这部书稿时，我以为这只是一位央视主持人诉说自家功业。——因为近年来主持人出名而著书似乎是一种时髦。看完书稿后，我才明白燕升写这本书，不是为了炫耀自己从业的经历，而是要表达一种郁结他心中多年的情结，乃至向世人释放一种焦虑，以及一种心犹不甘的企盼。他对被其称为"冷门"的梨园所有的爱与盼基本上浓缩在这本书稿里。

在这部书里，我看到的不是他作为中国最资深、最著名的戏曲电视栏目主持人的风光，而是他和他的团队，在娱乐形式多样、传统戏曲渐次衰落的转型期中国，努力赓续戏曲文化的使命感，以及繁华的尘世中，已显落寞的梨园名角们，如何执拗地守护祖师爷传下来的那角戏台。

因此，我笑话燕升，这部书尽显"遗民"心态，他以为然。凡有"遗民"心态的人，多是至诚至性之人，他们的怀旧、忧虑、愤懑不是出于个人得失，而是出于对一种文化或一种秩序的爱恋，这样的人并不是抱残守缺者，多半是理想主义者。诚如陈寅恪痛悼王国维所言："凡一种文化值衰落之时，为此文化所化之人必感苦痛，其表现此文化之程量愈宏，则其所受之苦痛亦愈甚。"

传统戏曲在今日中国，确实是"冷门"？像我这样一个职业与文化传播有关联的书生，进京16年来，到剧场看戏的次数屈指可数。可在一两百年乃至半个多世纪以前，传统戏曲那可是真正的"热门"。上至达官显贵，下至引车卖浆之流，无论贫富贵贱，不同群体的中国人，最能找到文化交集的，恐怕是对戏曲的共同喜爱。

是什么让"热门"变成"冷门"，难道戏曲的衰落是中国社会现代性转型必须承受的代价？这样的结论似乎只是皮相之论，看看东邻日本，这个曾长期受惠于中华文化的国度已经完成了社会各个层面现代性转型，他们各种传统艺术包括传统的戏曲、歌舞不但保存下来，还颇有生命力。那么，中国的问题究竟出在哪里？或许是一个天问。

燕升的这部书，不但勾起我的这种"天问"，也勾起我对自己的成长期，乃至民族的成长期和戏曲种种因缘的思考。说戏曲伴我们这代人成长，甚至伴随我们这个民族成长，一点也不嫌夸张。

我从湘中山乡来到这个北方古都后，最熟悉的一首本地童谣就是："拉大锯，扯大锯；姥姥家，唱大戏。接闺女，请女婿，小外孙子也要去。"这一幕，对上世纪70年代以前出生中国人来说，地不分南北，都能激活一种童年的记忆。以"看戏"为关联，将中国民间社会的人伦之情、礼法秩序以及人生的狂野想象全部串在一起。戏曲成为中国人社会生活的媒介。当一位老爷爷带着稚气未脱的孙子走进城市的戏园子，或者坐在乡村露天戏台的下面，和熟悉的老兄弟打拱寒暄，互相夸耀彼此的晚辈，并让孙子叫一个陌生人某某爷爷，某某叔伯，某某舅舅。天真的孩子面前打开了一扇中国社会人际关系的大门，他懵懵懂懂地感知，这个世界好复杂。没错，千年以来，唱戏和看戏，是最能密集地传承华族的集体性格和文化基因。尽管，天南海北的中国人，看的不是一样的戏曲，或京剧，或黄梅戏，或豫剧，或秦腔，或粤剧，或越剧……那样千姿百态的地方戏曲，却能共存于一个文明古国中。这些差异巨大的戏曲能传达中国人相同的审美情趣：哀而不伤，乐而不淫。也能传达传统共同的价值观：仁义礼智信。就像中国人方言南北殊调而彼此使用同样的汉字一样，中国人数千年来和而不同却能融合成这个星球上人数最多的民族，因为共同拥有一种文化共同体。

燕升长我两岁，算是一代人。他在渤海之滨的盐碱地上长大，而我的童年在湘中万壑青山中度过。我们的家乡之间相隔关山千万重，但我俩却有许多共同点，不仅仅是我们在上世纪80年代末期先后考入大学的中文系，而且因为我们身上那点爱好文学、生性浪漫、崇尚唯美的因子，是传统戏曲种下的。当然，他听得最多的是河北梆子，我听得最多的则是花鼓戏。燕升的父亲是一个在农闲季节粉墨登场的业余演员，他因此有近水楼台之便，从小受到戏曲的熏陶。这种半农民半演员的民间表演者多数籍籍无名，死后与草木同腐，不可能像大都市的名角那样，能进入主流话语体系。但正是这样的民间艺人，才是中国老百姓最佳的精神慰藉者，如果单靠长安戏院那样的场子，怎么可能支撑起中国普通百姓的娱乐天空？就如我那位乡村老中医的父亲一样，他到退休都没有职称，但他在方圆几十里内乡亲们的心目中，威望胜过任何一个大都市的名医——因为后者远在中国多数百姓的视野之外。

家母是超级戏迷，我的一位姨妈和一位堂舅曾是业余祁剧团的演员。若以学术的眼光来衡量，他们的欣赏水平和表演水平，实在不值一提。家母看戏看到伤心处就泪眼婆娑，从来不管人家编出来的情节是否合乎常理；我那位演丑角的堂舅喜欢即兴发挥，满口村话，但看戏的老乡们从没有人怪罪他"犯规"。现在回想这些事情，我才明白，我的乡亲甚至可以说中国传统社会多数看戏的百姓，最注重的并非演员的技艺精湛，而是在看戏的那一段时间内，忘却尘世的烦恼与痛苦，跨越时空，和戏里的角色一起进入另一个世界。佛说，人生是苦海无边。李白说："夫天地者，万物之逆旅；光阴者，百代之过客。"每个在此世活过一遭的人，无论是富贵还是卑贱，都是一个过客。在进入戏曲营造的世界里，他们就会达到精神上的平等——戏里不是身是客。看戏者如此，演戏者更如此。我小时候印象深刻的一个戏迷是邻村一位晚年因白内障而目盲的老妪，她有戏必到，用耳朵听一曲曲熟稔之极的唱腔，枯如松皮的脸上浮现出幸福的表情。我想她对戏的痴迷，和当年执掌国柄、以天下第一人的身份来捧角儿的西太后又有什么区别呢？在听戏中，两位老妪，一人却掉了贫穷，一人忘掉了富贵，也许曲调唱腔最能击中的是她们心中最隐秘的软驱——那里有关于少女时代的回忆。

　　古罗马时代，帝国的执政者对城邦居民的许诺是"面包与马戏"，这可视为政府对公民基本福利保障的责任体现，即起码的物质条件和起码的精神享受。而在中国长达两千多年的帝制下，执政者是重权力而轻责任，广大臣民则是只有纳粮完税、当差服役的义务，而没有要求官府提供"面包与马戏"的权利。但这并不意味着中国老百姓不需要"面包和马戏"，我国传统社会经济上是自给自足，精神生活上亦是如此。朝廷不管小老百姓，小老百姓自娱自乐。中国各地品种繁多的戏曲，便是中国老百姓自己娱乐自己的结晶。

　　人常说，中华民族的主体民族汉人，是一个政治上早熟、很早失去娱乐精神的民族。考诸历史，此说有一定的道理。自秦大一统，强调思想统一，历朝历代不遗余力消灭"思想异端"，中国老百姓的普遍生活状态是：乐岁终身苦，凶年不免于死亡，所忍受苦难的程度，在世界各民族中恐怕首屈一指。如此培养了这个民族坚忍不拔、内敛静默的集体性格，喜怒不形于色、"与人只说三分话，不可抛却一片心"是受到普遍推崇的立身处世态度。于是，这个民族早期所具备的热烈奔放的"酒神性格"被深深隐藏起来。——其实，在我们民族的早期，和其他民族一样，并非天生就是老成持重，崇尚权谋。看看《山海经》《诗经》《九歌》就知道，我们的民族当年也是一个无拘无束、随歌起舞，喜欢载酒狂欢的民族。但"酒神性格"被隐藏，并不是说完全消失了，戏曲，就是在风雨苍黄、沧海桑田的历史变迁中顽强地保存中国人那点幻想、浪漫、诗意的血脉。有一句民间俗语流传至今："唱戏的是疯子，看戏的是傻子。"演戏的和看戏的，用"疯狂"与"痴迷"，共同营造了一种"场"。

我和燕升的童年和少年时代，正处于中国农耕社会的"尾巴"，一场社会大变迁即将来临。戏曲此时，正好也有过一段"回光返照"式的辉煌。挟八个样板戏之余威，各种民间戏曲草台班子遍地开花，土地承包对农村生产力的解放，使广大农村也有了唱大戏的经济基础。但今天回想，那时候隐忧已在一片风光中。当时我和小伙伴们看戏，可以通过两种途径。一是看土剧团的现场演出，有祁剧、花鼓戏、木偶戏，甚至有一两人就能戴上傩面表演的"土地戏"。二是露天看摄制好的戏曲电影，电影里的戏曲已经完全被固化了。我们通过《打铜锣·补锅》，欣赏省城里的角儿演唱的花鼓戏；通过《红楼梦》了解越剧；通过《火焰驹》了解秦腔；通过《花木兰》了解豫剧；通过《天仙配》了解黄梅戏；通过《花为媒》了解评剧……电影技术扩大了中国老百姓看戏的视野，让他们知道，天外有天，戏外有戏。

戏曲电影的出现，只是对现场演出的戏曲一种有益的补充，那种群聚的场没有失去，无论大戏开锣前还是电影前，台下黑压压一片观众参与营造的相同的气氛——那是中国传统社会所特有的烟火气。有老人的咳嗽、青年男女的眉目传情、小孩的嬉闹以及壮年父母对小孩的训斥、卖甘蔗瓜子小贩的吆喝。

电视的普及，使多数中国人主要的娱乐场地，从社区、村落的公共场所，退隐到一家一户的客厅或卧室，戏曲需要的"场"便急剧萎缩。三十年内，戏曲从古庙、祠堂、码头、打禾场一点点消失了，退到都市里几家装潢豪华、灯火辉煌的剧院。戏曲，就这样从"热门"变成了"冷门"。

是电视这种传播形式使戏曲、相声、评书等传统艺术方式影响式微，而白燕升这样的另类电视人，在这股大潮面前，希望再通过电视的方式，来为被雨打风吹、日见落魄的戏曲续命，颇有一番救赎的悲壮意味。近二十年来，燕升在电视圈这个名利场内，就这样一天天、一期期地通过电视，向观众展示中国戏曲的神韵与风采。或许，他是想把电视打造成戏曲一个新的舞台，而非展览文物的橱窗。

燕升和他的团队，这些年的工作，能够起到何种效果，也许还要过一些年头才能做出公允的评价。胡适喜欢一句佛家语："功不唐捐"，清代大儒曾国藩说："只问耕耘，莫问收获"。对燕升所做的努力，我亦作如是观。

让我们进入这本书，通过燕升的笔触，来了解一个个生不逢时的角儿。他们的名字，或许不被大多数国人所知，但在他们自己的那角天地里，都是当之无愧的王者。他们替我们这个民族，坚守着祖先们曾最为珍爱的艺术瑰宝，这样的瑰宝，怎么能让它的光泽继续暗淡下去？

看《那些角儿》，候王者归来。

图书在版编目（CIP）数据

那些角儿/白燕升著.—北京：语文出版社，2009.8
ISBN 978-7-80241-153-1

Ⅰ.那… Ⅱ.白… Ⅲ.京剧—艺术家—访问记—中国
Ⅳ.K825.78

中国版本图书馆CIP数据核字（2009）第134898号

那些角儿
一个"外行"眼中的梨园

白燕升　著

*

语文出版社出版
100010　北京朝阳门南小街51号
E-mail:ywp@ywcbs.com
新华书店经销　　北京市大天乐印刷有限责任公司印刷
787毫米×1092毫米　　16开本　　18印张　　190千字
2009年8月第1版　　2009年8月第1次印刷
印数：1—10,000　　定价：48.00元

本书如有缺页、倒页、脱页，请寄本社发行部调换。